NF文庫
ノンフィクション

スナイパー入門

銃の取り扱いから狩猟まで

かのよしのり

JN131611

潮書房光人新社

スナイパー入門——目次

第一章　スナイパーへの道

第二章　射撃の基礎講座

第五章　ハンティングに行こう

第六章　獣類のかずかず

第七章　鳥猟もしよう

第八章　ジビエを食べよう

スナイパー入門

銃の取り扱いから狩猟まで

第一章　スナイパーへの道

良太郎、スナイパーを志す

「良太郎君、鹿のシチュー食べにおいで」

おじさんから電話があった。

おじさんは毎年、北海道へ行って鹿を撃ってくる。そして鹿のシチューだのステーキだのバーベキューだのを良太郎にごちそうしてくれるのだ。

鹿だけではない。猪鍋をご馳走になったこともあるし、カモ鍋をご馳走になったこともある。ハトのローストやスズメの焼き鳥も。

そして、料理とともに出てくるワインがまた上等なのだ。おじさんは、あまり飲兵衛ではないので量は飲まないぶん、上等なワインを少し飲むのだ。

良太郎はもうすぐ二十歳。このワインも、もうすぐおおっぴらに飲める。

だが、それ以上に二十歳になることで良太郎が期待していることがある。

二十歳になれば、銃を持ち狩猟免許がとれる。おじさんといっしょに狩りに行けるのだ。

おじさんは何梃も銃を持っている。

「猟銃」ということばから最も連想しやすい二連の散弾銃もあるのだが、アメリカのアクション映画によく出てくるスライドアクションのショットガン、第二次大戦で米軍が使ったM1カービン、M16やレミントンM700スナイパー・ライフルまであるのだ。

良太郎はそれらを触らせてもらったことがある。

おもちゃのエアガンとは違う本物の感触。とくにスナイパー・ライフルの引き金を引いたとき、その引きの滑らかさに感嘆した。

これが本物だ。

日本の法律では二十歳になれば凶悪な前科がなく、暴力的な素行の悪さといった重大な問題がなければ猟銃を持つことができる。しかし、空気銃や散弾銃は持てるけれども、ライフル銃はすぐには持てない。散弾銃を継続して十年以上持っていなければ、ライフル銃を持つ資格ができないのだ。

でも、良太郎は十年がんばってライフル銃を持とうと思っている。

おじさんは良太郎が二十歳になったらレミントンM870スライドアクション散弾銃をくれるという。そしてさらに十年も先のことにはなるが、M700スナイパー・ライフルさえ

おじさんのライフル銃。10年後には自分も持ちたい

もくれるというのだから。

銃を持つためには、まず「猟銃等講習会」というのを受け、試験に合格しなければならない。まずは、それを受ける。

その講習会は、いつどこであるのか、申し込み手続きはどのようにするのか、おじさんは、

「鉄砲屋へ行って聞いてごらん」

といった。

「猟銃等講習会」は自分の住所を管轄している警察署の「生活安全課」で申し込みをする。申し込み書類もそこに備え付けてある。しかし、警察に行ってから記入するより、あらかじめ記入した用紙を持っていったほうが早いであろう。

そこで、まず銃砲店へ行く。銃砲店にも申し込み用紙はあるから、記入要領をそこで教わって書いてから警察へ行くほうが簡単だ。

それと、銃砲店で三百円で売っている予習用

のテキストを買うのだ。

講習会は話を聞くだけではなく、その最後に試験がある。それに合格しないと「講習終了証明書」をもらえない。

なにしろ講義のあとすぐ試験だ。予習をしておかないと合格率が低い。そこで予習用のテキストを買う。そして申し込み書類をもらい、記入要領を教わり、講習の日時・場所などの情報ももらう。

それにしても、銃砲店というものは、一度も入ったことのない人にとっては敷居が高いものらしい。実際にはそんなことはないのだが。

「おじさんなどは、銃砲店よりケーキ屋のほうが敷居が高かったよ。ほれ、あのコートなんとかってケーキ屋ができたとき、店の入口の飾り付けがあまりにかわいかったので、女の子じゃないと入ってはいけないのではないか、というような気がして入るのを躊躇したもんだよ、その点、銃砲店はガキのころからスリングショットの鉛玉を買いに行ってたからね。でもって二十歳になったら銃を買うということで、お客さん用の椅子に座ってタダでコーヒーまで飲ませてもらってたもんさ」

おれの叔父さん、そんなにツラの皮厚かったのか。

「こんちは、『銃砲所持許可取得の要点』って本ありますか」

良太郎は銃砲店のドアを開けた。

銃砲店の入口。まずは気軽に入ってみよう

まずは猟銃等講習会へ

「はい、もうこちらは商売ですから、鉄砲買ってくださる人が増えればありがたいんで、初心者のかたには手取り足取りお世話いたしますが、鉄砲関係の手続きは本人が行ってしなければならないことに決められていることも多ございましてね、それで『鉄砲撃ちには親戚に葬式が多い』なんて冗談がありまして」

良太郎を椅子に座らせ、コーヒーを出し、書類を準備しながら店主がいう。

警察は年中無休のようであるが、役所としての仕事をしているセクションは、市役所などと同じで平日しか係はいない。パスポートの申請を旅行会社の人が代理で行ってきてくれるのと異なり、銃の場合、ほとんどすべての手続きは本人が行

「猟銃等講習会」のテキスト

かねばならないから、平日に仕事場を抜け出して手続きをしに行くことが難しい人には、これがネックなのだ。それで、

「ちょっと親戚で不幸がありまして」

といって、じつは警察へ行って来る。ということなのだそうだ。

銃砲店で用意してもらった申し込み書、写真（三十六×二十四ミリ）二枚と印鑑、それに受講費六千円を持って、良太郎は警察の生活安全課をたずねた。

警察というのも敷居が高い。だが、おじさんは良太郎にいったものだ。

「好きな女の子と結婚したくて、その娘の父親のところへ『お嬢さんをください』といいに行く気の重さを考えれば、警察へ手続きに行くくらい何でもあるまい」

まあ、それはそうだ。

「それにな、あそこの署の係はきれいなお姉さんだぞ」

実際、全国的にも、生活安全課の猟銃担当官は人あたりのよい女性のことが多いらしい。

もっともなかには、「うちの署の担当なんてヤクザみたいなこわいおじさんだぜ」という例も皆無ではないらしいが。

「こんちは、おじゃましまーす」

ドアをあけ、いやドアは最初から開け放しになっていた。良太郎を迎えてくれたのは、おじさんから見れば「お姉さん」かもしれないが、良太郎から見ればおばさんだった。しかし、こわいおじさんよりはいい。

にこやかに手続きを受け付けてくれ、当日に使うテキストと受講票を手渡してくれた。

講習は、ほぼ一ヵ月に一回くらい行なわれており、場所は警察の会議室であったり市民会館であったり、射撃場の一角に設けられている講堂だったり、あちこちで行なわれている。自分が参加しやすい場所と日程を選んで申し込めばよい。

良太郎の住んでいる地域では講習会はほとんど県営射撃場の講堂で行なわれ、そこは交通の便がよくないのだが、おじさんが車で連れて行ってくれるということになった。

さあ、予習だ。テキストを読んで勉強する。内容は銃そのもののことはごくわずかで、銃を持つ以上、知っておかなければならない法律の知識がほとんどだ。だからテキストを読んでもまったくおもしろくないのだが、とにかく試験に受からないと銃は持てない。銃砲店で買った予習用テキストの模擬試験問題を繰り返してやってみる。

さて当日、おじさんの車で射撃場へ送ってもらった良太郎は警察でもらった受講票を提示

第7号の4（第6条の5関係）

第　1707号

交付　平成　9年10月　1日

講習修了証明書

本　　籍　茨城県つくば市花畑５２８番地

氏　　名　奥山　良太郎　　　　　　（男）

昭和　52年　1月　11日　生

1　受講月日　　平成　9年10月　1日

2　受講場所　　筑波射撃場

上記の者は，銃砲刀剣類所持等取締法第5条の3第1項の講習を受け，その課程を修了したものであることを証明する。

茨城県公安委員会

注意事項

許可申請に際し，本証明書を提示できる期間は，交付を受けた日から起算して3年を経過しない期間である。

して受付をする。

受講者のなかに制服姿の女子高生がいる。射撃部のある高校があるのだ。射撃部に入って、国体やオリンピックめざしてがんばる、ということで日本体育協会から推薦状をもらえば、空気銃なら十四歳から持てる。

もちろん、「めざしてがんばれば」よいのであって、結果的に国体やオリンピックに出られるまでにならなかったとしても、それは問題ではない。

「そういう方法があったのだな、そうして空気銃で腕を磨いていれば……」

と、良太郎は思ったけれども、良太郎の通っていた学校に射撃部なんてなかったどころか、射撃部のある高校が、この世に存在するなどということさえ良太郎は知らなかったのだからしかたがない。

さて、退屈な講義ではあるが、居眠りなどしていると落とされる。まじめに聴いて、そして最後に試験。うん、模擬試験問題をやった成果があった。わかるぞ、わかるぞ。

試験が終わり、合格した人は一人ずつ名前が呼ばれて、「講習終了証明書」が手渡される。これでつぎのステップ、「射撃教習」を受ける資格ができたのだ。

射撃教習で初実弾射撃

講習を受けて合格しただけでは、まだ銃を持つことはできない。空気銃は講習に合格するだけで、あとは欲しい銃をきめて「所持許可申請」に持っていけるのだが、火薬を使う銃は、さらに「射撃教習」を受けなければならない。

射撃教習は警察で申し込むけれども、実際の教習は鉄砲屋さんがやってくれる。制度としては警察が行なう「技能検定」もあり、これを受けてもいいのだが、初心者がいきなり受けて合格するとは思えないので、鉄砲屋さんがやってくれる教習を受けるのが妥当である。

射撃教習の申し込みには、つぎの書類が必要である。

講習終了証明書（これは提示するだけだが、提出用のコピーも持っていく）

射撃教習受講資格認定申請書

経歴書

同居親族書

戸籍抄本

住民票

写真

診断書

射撃教習受講資格認定申請書、経歴書、同居親族書は警察に備え付けてあるが、それよりも銃砲店でもらって、書き方も銃砲店で教わればいい。診断書は銃砲店で用紙をもらって、獣医や歯医者以外なら産婦人科でも泌尿器科でもどこでもいい、病院で書いてもらう。もっとも、銃砲所持許可用の診断書を一度も書いたことのない医者もいて、医者がとまどうこともあり得るので、どこの医者が心得ているか鉄砲屋で聞いて行くのもよい（この本の初版が書かれたころはそうだったが、その後、指定の医師でなければならないことになった）。

書類一式を生活安全課のおばさんに提出して一ヵ月ほどすると、

「射撃教習受講資格認定証ができました」

という連絡が来た。これを受け取りに平日、警察へ行かなければならない（そして教習を受けるのも平日だから、かなり親戚や友人に不幸があったことにしなければならない）。

実弾射撃の教習を受ける以上、弾がいる。そこで「射撃教習受講資格認定証」をもらうとき、弾を買う許可ももらう。これは、「猟銃用火薬類譲受許可申請書」を書いて、「猟銃用火薬類譲受許可証」を発行してもらう。

良太郎は銃砲店に電話を入れ、射撃教習の予約をした。

当日の朝、銃砲店へ行き、銃砲店のオヤジの車で射撃場へ。

これはマンツーマンの指導であり、短時間でも射撃場の一角を借り切ることになるので二万五千円くらいかかる。

クレー射撃用の上下二連散弾銃で、銃の取り扱い上の注意や構え方を教育され、いよいよ

銃砲店の店内。初心者には手取り足取り教えてくれる

本番、射台に立って前方十五メートルのクレー放出点を狙う。

「ハーイ」

と、コールすると蛍光オレンジのクレーが飛び出す。クレーを追いかけて銃を振りながら、座学で教わったとおりに追い越しざま引き金を引く。

クレーが砕けた。生まれてはじめて撃った実弾が、命中した。反動は強かったが、夢中で狙って撃っているとあまり感じない。

しかし、その後は失中の連続、さっきの命中は、まぐれだったか。

二十五発の練習ののち、本番二十五発。二十五枚中、五枚のクレーに命中したが、最低二枚に命中すればいいのだ。命中よりも安全・確実な銃の取り扱いができているかどうかのほうが重要なのだ。

銃砲店のオヤジが「教習終了証明書」を書いてくれた。これで正式に銃を買う申請をする資格ができた。

では、銃を選ぼう。

お気に入りの銃を選ぶ

良太郎は鳥撃ちよりも鹿などの大物猟をやりたいと思っている。大型獣を撃つには当然、ライフル銃がいいのだが、日本の法律では、いきなりライフル銃を持つことはできず、散弾銃を継続して十年持っていなければライフル銃の所持許可申請をする資格がないのだ。

もっとも、散弾銃では大物猟は不可能だというわけではない。散弾銃は散弾を、つまり粟粒のように小さな鉛粒を百個以上も詰めて空飛ぶ鳥を撃つためのものだが、直径八ミリくらいの大きな鉛玉(「バック・ショット」という)を九粒とか十二粒とか詰めて獣を撃つこともできるし、ライフル銃のように銃身の内径ぴったりの一個の弾丸を発射することもできる。それを「スラグ弾」といい、熊にさえも有効である。しかし、それは火縄銃を撃つようなものので、有効射程はせいぜい五十メートル。それなのに反動だけは二倍以上の火薬が入っているライフル弾より強いのだ。

まあとにかく、散弾銃でも鹿や熊が獲れないわけではない。

おじさんはレミントンM870スライドアクション銃をくれるという。

クレー射撃をやるなら、上下二連がいい。銃を根元で折り曲げて、二本の銃身に手で弾を込めるやつだ。かっこいいとは思えないが、クレー射撃には適している。

自動銃はクレーを撃つには適していない。使ってはいけないわけではないが、まったく適していないので、狩猟用に自動銃を持つとクレー射撃用にはもう一梃、上下二連を持つことになるだろう。その点、姿は似ていてもスライドアクション銃ならばクレー射撃もなんとかなる。

さらに、スライドアクション銃は信頼性が高い。自動銃は、ときとして円滑に作動しないことがある。とくに散弾銃の場合だ。

なぜかというと、クレー射撃用の弾は散弾が二十四グラム入っている。ところが、狩猟の場合には散弾はたくさん入っているほうが有利だから、三十二グラムとか四十グラムとか、薬莢の長い三インチマグナムならば五十三グラムもの散弾が入っている。それだけ散弾の量が違い、それに応じて火薬の量も違う弾を暑い日も寒い日も、雨の日も雪の日も円滑にオートマチックというのは難しいのである。その点、スライドアクションならば手で操作するのだから確実だ。

アメリカでは多くのハンターに絶大な支持を得ているスライドアクションだが、日本ではあまり使う人がいない。

「アクション映画のように、自動銃に負けないほどの速さで左手で先台を往復させるのは相当な熟練が必要なのではないか」

と思って、しり込みするのだろうか。

「心配御無用、発射の反動がたすけてくれる」

と、おじさんはいう。発射の反動で先台が勝手に動いてくれるような感じがあって、カラ撃ちより実弾のほうが円滑に操作できるのだ。だからスライドアクション銃は、おもちゃの銃よりも本物で実弾を撃つほうがうまくいくのだ。

さらに、スライドアクションは即応性・安全性が高い。

安全のためには、薬室に弾を入れて歩きたくはない。銃というものは目標に銃を向けてから弾を薬室に送るものだ。だが、予期しない突然の目標出現に元折れ銃はもちろん、自動銃もコッキングハンドルをガシャッと引いて第一弾を薬室に送り込むのは一瞬の遅れが出てしまうものだ。

だが、スライドアクション銃ならば、それこそ映画のようにジャキーンと音を立てて瞬時に弾を送り込めるのだ。そして、もし撃たなかった場合、弾を抜くのも自動銃より容易である。

「これほど信頼性が高くて万能に使える銃はないよ」

おじさんは経験にもとづいて実用性の高さですすめてくれる。良太郎はそのへんのことはまだよくわからないが、アクション映画によく出てくるかっこいいショットガンだから、

「うん、これがいい」

と思う。

それに良太郎の場合、おじさんが銃をくれるというのだが、自分でお金を出して買う場合でもスライドアクションが一番安いのだ。つぎに安いのは自動銃で、構造が簡素な二連銃は意外や職人の手仕事が多いので高いのだ。

さらに、おじさんは空気銃も一梃くれるという。日本製のポンプ式空気銃シャープ・イノバだ。「スズメやハト、ムクドリ、ヒヨドリなどを撃つのにいい。キジだってとれる」と、おじさんはいう。

銃砲所持許可証を取得。これで銃は俺のもの

おじさんは銃を銃砲店に譲り渡し、おじさんが銃砲店に売った中古銃を良太郎が買うかたちをとった。おじさんから直接、良太郎に譲渡することもできるのだが、おじさんとしては、良太郎にこういう親切なおじさんがいない普通の青年と同じ経験をさせておこうという、教育上の配慮があるらしかった。

銃砲店に銃砲所持許可申請、譲渡承諾書などの書類一式を準備してもらい、同居親族書、経歴書など自分で書かなければならない書類は用紙をもらって書きこみ、診断書、戸籍謄本、住民票など必要書類を揃えて警察の生活安全課に提出する。

ほとんどの書類は、射撃教習の申し込みのとき提出したものと同じだから、もう慣れたも

第４号（第４条関係）

証紙貼付

※整理番号	
※受理年月日	
※許可証番号	
※許可番号	

銃砲所持許可申請書

銃砲刀剣類所持等取締法第　4　条第　1　項の規定による銃砲の所持の許可を次のとおり申請します。

年　　月　　日

公安委員会殿

申請人氏名　　　　　　　　㊞

申請人	本　　籍			
	住　　所			
	電話番号			
	職　　業			
	ふりがな 氏　　名		性別	男・女
	生年月日	年　　月　　日（　　歳）		

関係証明書等	交付年月日	番号	交付者
現に交付を受けている猟銃・空気銃所持許可証	年　月　日		
講習修了証明書	年　月　日		
技能検定合格証明書	年　月　日		
教習修了証明書	年　月　日		

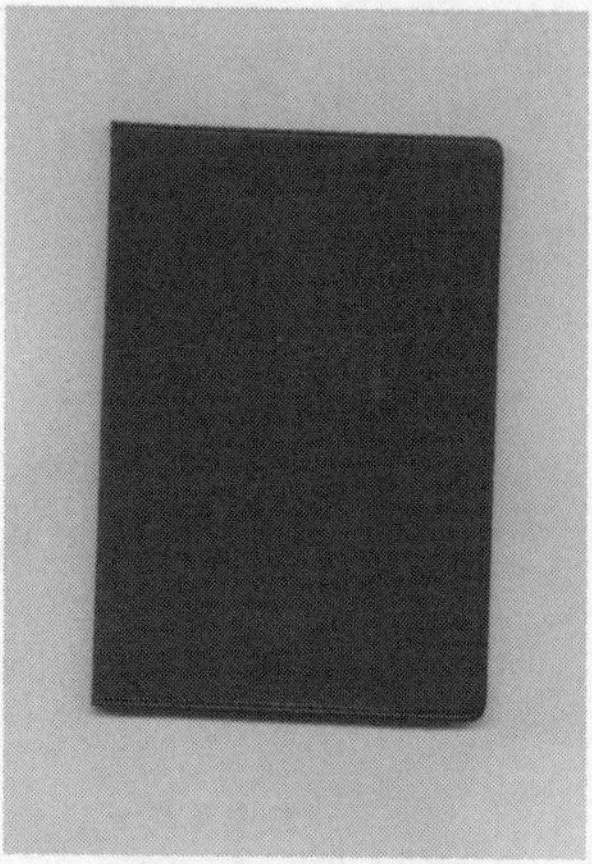

銃砲所持許可証。12梃の銃を記載することができる

のだ。

「また同じ書類を出すのかい」という感じであるが、法律でそうなっているからしかたがない。

だから、戸籍謄本や住民票などは、射撃教習用の申し込み用のぶんを市役所へもらいに行ったときに、所持許可申請用のぶんももらってきておけば、市役所へ行く手間がはぶける。

所持許可申請を出して一ヵ月ほどして、

「許可が下りました。印鑑を持って受け取りに来てください」

という連絡がきた。

生活安全課へ行くと、青い表紙に金文字で「猟銃・空気銃所持許可証」と書かれた手帳が待っている。

銃をたくさん持っている人のために、許可証には十二梃ぶんの記載欄がある。そこに二梃、良太郎が銃砲店経由でおじさんに譲ってもらう散弾銃レミントンM870と空気銃シャープ・イノバの名称・口径・全長・銃身長・製造番号などが記載されている。

これを持って銃砲店へ行き、銃を受け取ってふたたび警察へ行き、銃の現物確認を受ける。

さあ、これで銃は俺のものだ。アクション映画のなかの存在でしかなかったスライドアクション・ショットガンが、いま自分の手のなかにある。家へ持って帰り頬擦りし、キスをし、抱いて寝よう。

おっと、忘れてはならない。銃は撃つために買ったのだ。弾がいる。銃の現物確認を受けたら銃を家へ持って帰る前に、その場で今度は「猟銃用火薬類等譲受許可申請書」というのを提出して、所持許可証の後ろのほうのページにある「猟銃用火薬類等譲受許可証」という欄に弾の譲受許可の記載をしてもらおう。有効期限は、ふつう一年間である。

クレー射撃に行こう

さあ、射撃場へ行こう。しかし、射撃場は射撃教習で行っただけ。あのときは銃砲店のオヤジと自分だけで射撃をした。ほかの人といっしょに撃った経験はないので、いきなり自分ひとりで行くのは不安だ。おじさんは忙しいようで、

「いっしょに行ってやる暇がないが、銃砲店がお客さんのために企画する大会があるから参加するといい。店のオヤジは、この人は初めてだということをわかっていて気をつけてくれるし、射撃をするほかの人もその店のなじみ客だから心配はいらないよ」

という。それでもまだ不安だが、たいていの初心者には射撃のことを教えてくれるおじさ

んなんていないのだから、自分もおじさんに連れて行ってもらわないと不安だなんていっていられない。

銃砲店主催のお客のための射撃大会、教習を受けた射撃場の場所を再度、地図で確認したから自分で行くことも可能だが、今日はとりあえず銃砲店へ行き、店の車で連れて行ってもらうことにした。車の後ろは大会の賞品が満載だ。

クレー射撃にはトラップ射撃とスキート射撃があるが、トラップを撃つ人が圧倒的に多い。狩猟の練習にはスキートのほうがよいといわれているが、なぜトラップの人が多いのか謎である。今日もトラップだ。

参加者を見ると全員が上下二連である。

クレー射撃に自動銃を使う人はほとんどいない。とくにトラップでは。使ってはいけないわけではないが、使いにくいからである。

自動銃は薬莢が隣の人のほうへ飛んでいく。また、初矢でクレーが割れたら、二発めが自動装填されているので、この弾を抜き取らねばならない。元折二連銃ならば銃を折るだけでよいが、自動銃はガシャッとコッキングハンドルを引いてやらねばならない。抜けた弾は地面へ落ちて拾わねばならない。元折銃ならば、順番を待っているとき銃口を射台の隅に置かれているゴム板につけたり自分の靴のつま先につけていてよい。ところが自動銃は、つねに抱えて銃口を前方に向けていなければならないのである。

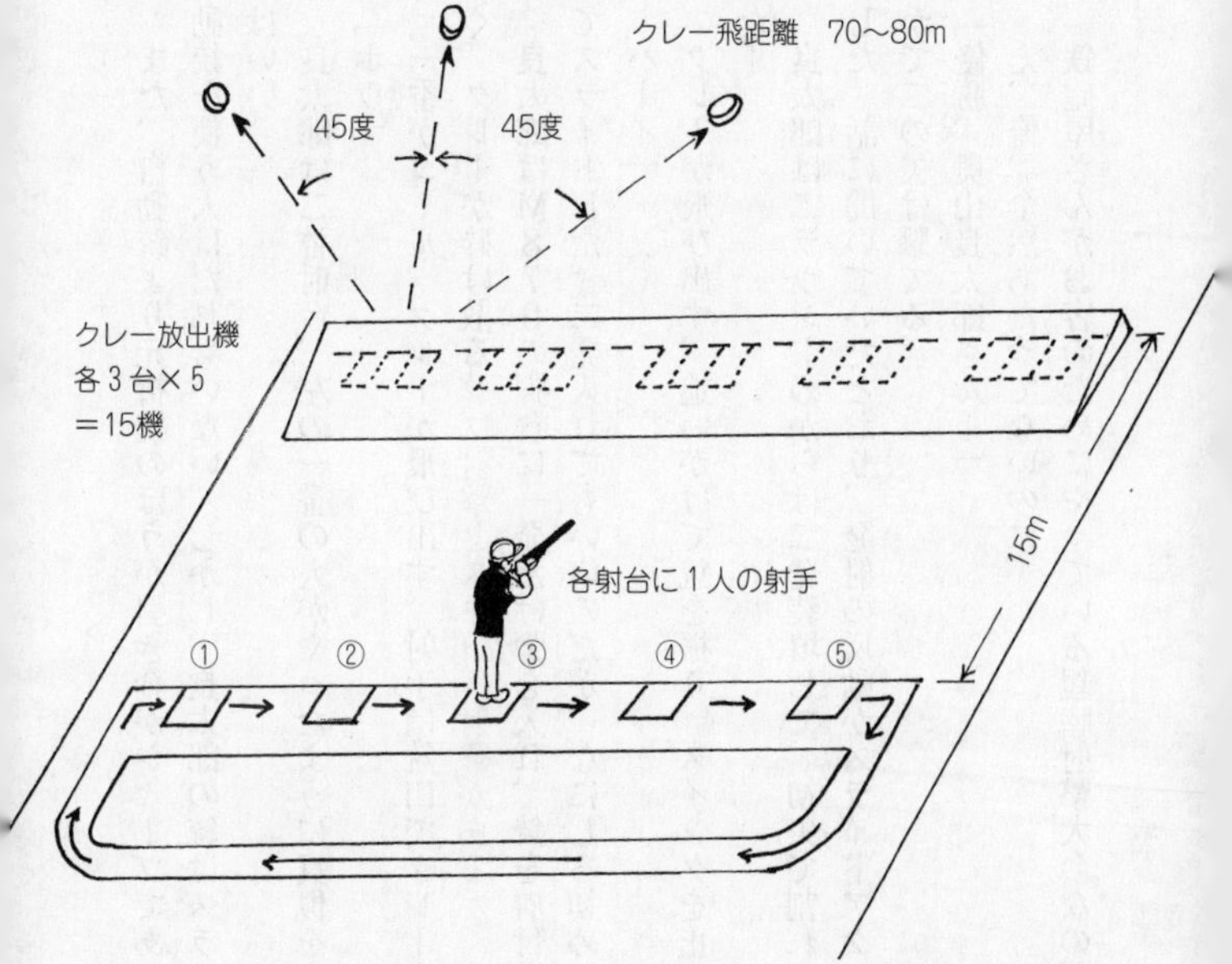

トラップ射撃

クレーとの距離は遠い。左右45度の範囲でクレーがどう飛び出すかは予測できないが、逃げていくのを撃つ。狩猟の練習としてはカモ猟にちかいまた、自動銃より元折銃のほうが引き金がシャープであるから、本格的な競技になれば自動銃を使う人はだれもいない。しかし、良太郎の銃はスライドアクションだから自動銃よりはいい。

良太郎は二番射台、左の一番の人がやったように真似をすればいいのだ。

「ホウ」

一番がコール、クレーが飛び出す。射手は銃口でクレーを追ってスイングし、引き金を引く。クレーが砕け散る。

良太郎はM870の弾倉に一発だけ弾を入れ、銃を肩付けしてからジャキーンと音を立ててスライドした。二発入れてもいいのだが、なにしろ初めてなのだ。まずは一発。

「ハーイ」

クレーが飛び出す、追いかけて銃を振り、スイングを止めることなく引き金を引く。割れた！

良太郎は二ラウンドめからは二発装填して、初矢で割れなかったら二の矢をかけることにした。話に聞いていたとおり、発射の反動がスライドアクションを助けてくれる。○・何秒かで二の矢は撃てる。

「優勝、奥山良太郎さん！」

え、俺、全然あたってないのに。

鉄砲屋さんがお客のためにやっている親睦射撃大会なのだ。初心者にはものすごいハンディを付けてくれたのだ。実際は一番あたっていないのだが、トロフィーと「優勝」の賞状をもらった。

スラグ射撃の反動は強烈だ

良太郎は大物猟をめざしている。散弾銃だが、ライフル射撃のようなスラグ射撃の腕を磨かなくてはならない。これも銃砲店主催の大会がある。今度はおじさんもいっしょに行くという。

ライフル射撃場は、クレー射場とは何か雰囲気が違う。

「すごい」

と良太郎は思った。ドラグノフ狙撃銃がある。M1ガーランド・ライフルがある、M14ライフルがある。M16がある。M1カービンがある。

もちろん日本の法律で猟銃として認められるように改造されている。外観上は二十連の弾倉がついていても、詰め物がしてあって五発しか入らない。フル・オート機能はない。M1ガーランドライフルは、本来、八発クリップを使うものだが、日本で合法にするために五発クリップが売られている。しかし、どうやら八発クリップを使う気になれば入るらしい。どこからどうみても米軍のM24狙撃銃ではないかと思うようなレミントンM700がある。ステヤーSSGやアキュラシー・インターナショナルの狙撃銃もある。こうしたボルトアクシ

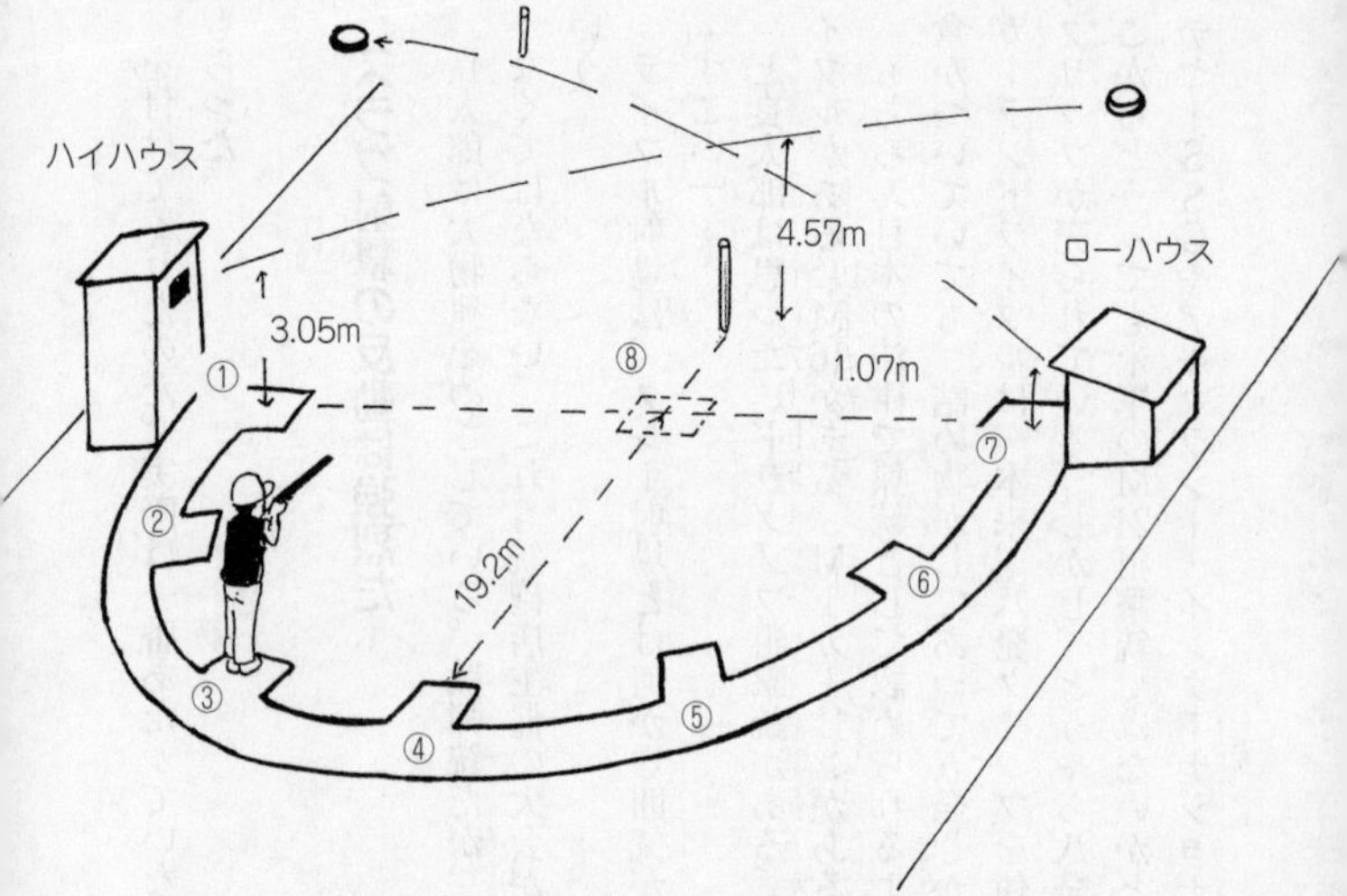

スキート射撃

クレーとの距離は近いが銃はすばやく振る必要がある。

クレーの飛ぶ方向は一定だが、射手が半円形に配置された射台を移動することによって射手とクレーの角度は追い撃ちから向かえ撃ちまで変化する。狩猟の練習としてはキジ、ハトなどの陸鳥の猟にちかいヨン狙撃銃はいかな高性能のものでも、ただの猟銃なのだ。

ナチス・ドイツ軍のモーゼル98小銃がある。これはなんと猟銃所持十年未満のためライフルを持てない人の四一〇番スラグ専用散弾銃なのだ。十年後にはライフル銃身に付け替えるのだという。

参加者のなかには、ちらほら、どこの戦場から帰ってきた傭兵かというような国籍不明のミリタリースタイルの人もいる。クレー射場では絶対にないことだ。

元自衛官のおじさんは自衛隊の戦闘服に自衛隊の弾帯、なぜかその弾帯に拳銃のホルスターがついている。拳銃は入っていない。いったい何のためにホルスターをさげているのかというと、ボルトアクション銃のボルトを抜いて入れておくのだそうだ。

標的を貼り付けたり回収したりするとき銃を射座に置いたまま行く。銃や弾を手から離して百メートル以上もむこうへ行く、万一だれかが来て……。そこで用心のためにボルトを抜いて腰のホルスターに収めてしまい、射座に残されている銃にはボルトがついていない状態にするのだそうだ。それは何もおじさんの発案というわけではなく、そのためのホルスターに似たボルトケースが銃砲店で売られている。それを見ておじさんは、「なるほど、しかしこんなもの買うのなら、ホルスターを使えばいいではないか」ということで拳銃用のホルスターをボルトケースとして使っているのだそうだ。

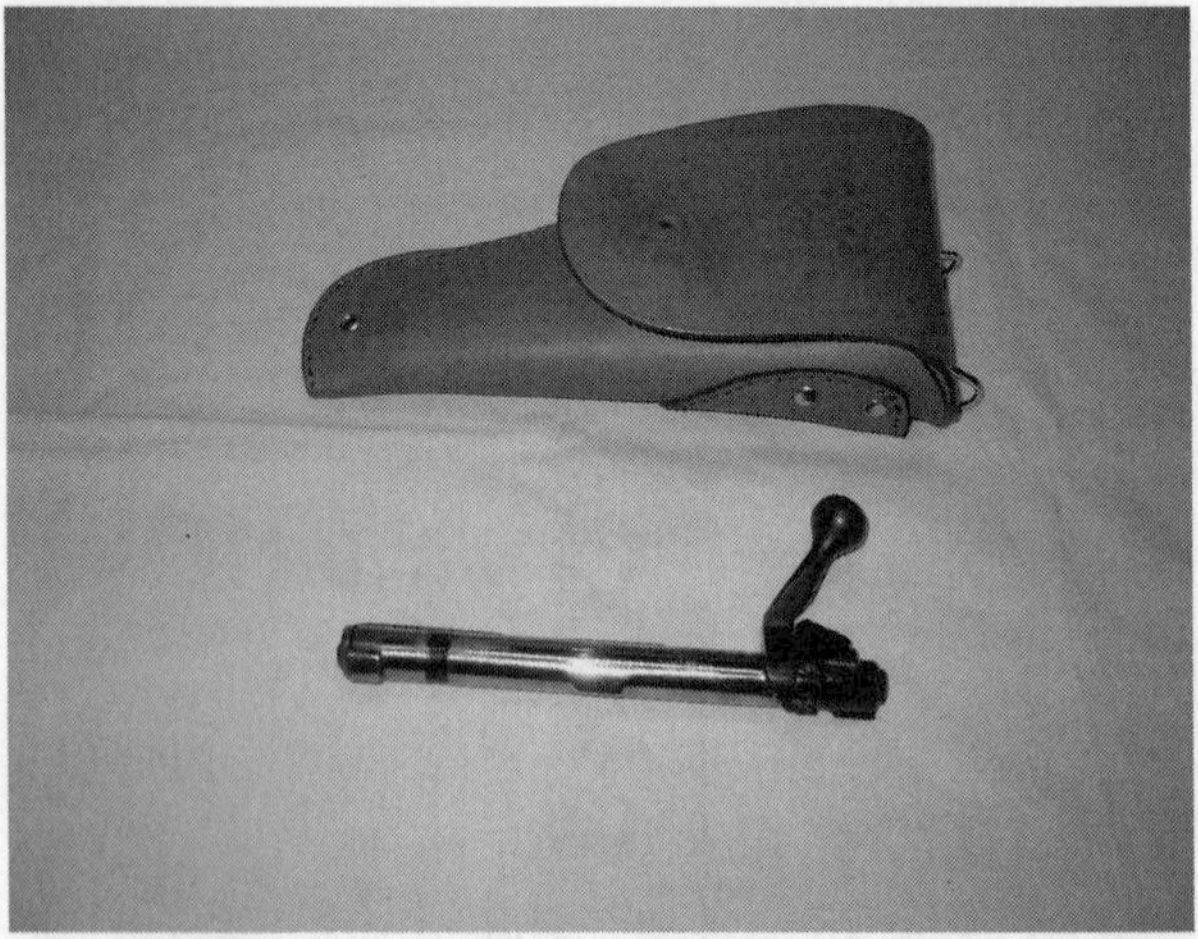

拳銃のホルスターとボルトアクション銃から取り外したボルト

百メートルの距離でベニヤ板に上下二枚の標的が貼られる。上が立射、下が膝射だ。標的は直径三十三センチの円が一点から十点までに区分され、十点の直径は三十三ミリ。五点まで黒丸になっている。

この射場は、五人の射手が並んで撃てる。

「一番準備よし」

「五番準備よし」

「射撃はじめ」

良太郎は初めてライフルの発射音を聞いた。散弾銃の「バン、バン」という音とは比べものにならないドカーンと周囲の物が揺さぶられるような轟音だった。

散弾実包に入っている火薬は一グラムちょっと、ライフル実包はさまざまなものがあるが、代表的な３０—０６実包

（第二次大戦で米軍が使っていたものだが、狩猟用にもこの口径のものは多い）で三グラムの火薬が入っているし、五グラム近い火薬を使うマグナムライフルも、この大会に出てきていた。

ライフルが全部撃ち終わったら五十メートルの距離に標的を立て、こんどは散弾銃の人がスラグを撃つ。

距離はライフルの半分になったのに、標的はライフルの百メートルより大きい。なんでもライフルの百五十メートル用標的を、スラグの五十メートルで使うのだそうだ。

口径十二番のスラグ実包には、散弾実包よりも多い一・六〜二グラムほどの火薬が入っているそうだ。なるほど、反動は強烈だ。

どこからどう見てもボルトアクション狙撃銃にしか見えない銃に、二十番のスラグを詰めて撃っている人が何人もいる。なんとこれが日本製のミロクＭＳＳ―20スラグ専用銃なのだ。

良太郎の撃った弾は直径三十センチほどに散らばっているというのに、その銃で撃った弾痕は五センチほどにまとまり、標的の中心部に不規則な大きな穴がひとつあいているだけだった。

固定的の射撃は午前中で終わり、お弁当を食べて午後からはランニング・ボア射撃だ。これはライフル銃もスラグ銃も五十メートル。猪の絵の標的が十メートルのレールの上を走るのを撃つ。猪が見える時間は五秒である（二・五秒というのもあるそうだ）。

クレーを撃つように、

AR-15。こんなのを日本で合法的に持っている人もいる

「ハァイ」

とコールすると、左から猪の絵が走り出してくる。撃つ。

二発めを込めて、「ハァイ」とコールすると、こんどは右から猪の絵が走り出してくる。

「スラグは弾速が遅いから猪の鼻の頭を狙え」

というおじさんのアドバイスにしたがって撃つ。

どれくらい前を撃てばいいかはけっこう個人差が大きいらしいが、良太郎の撃った標的を回収してみると弾痕は猪の体全体に散らばっていて、鼻の頭を狙うのが正解であったかどうかもわからないのだった。

移動標的の観的壕へ行ってみる。

トーチカのような、コンクリートで覆われた小屋のなかで、猪の絵の標的を貼り替えている。貼り替え作業中は安全装置が働いていて猪の絵は動かない。新しい的を貼り付け、安全装置を解除すると、射座のほうに準備よしのランプがつき、射手は銃に弾を込め、コールする。

標的はコンクリートの壁に設けられた、およそ幅十五センチ、高さ一メートルくらいの開口部を通って出て行く。

超音速の弾丸は衝撃波を作りながら飛んでいく。だから弾丸の飛ぶ音は「ピューン」というような音ではなく、「パン」という破裂音である。それがここにいるとよくわかる。

たまに、標的が走るレールの前に設けられている土手に弾が撃ち込まれることがある。そのときはパンという弾丸が通過する音は聞こえず、「ドコン！」という、まるで鬼が丸太でも地面に撃ち込んだかのような地響きがする。

「銃で撃たれるということは、あれだけの衝撃が自分の体に加えられるということなのだな」

と、良太郎は銃弾の持つエネルギーのすごさを感じるのだった。

空気銃をひたすら撃って腕を磨く

良太郎は、おじさんから空気銃ももらった。ライフル射撃の腕を磨くためには、空気銃で練習するのが経済的だ。紙の標的を撃つだけでなく、空気銃でスズメやハトを撃つことはラ

ガス式空気銃の豊和55G（上）とポンプ式のシャープ・イノバ

イフル銃で鹿や猪や熊を撃つのと基本的には同じことだ。忍び寄る、狙う、引き金を引くという動作を空気銃によって数多くこなしておけば、それはライフル銃を持って大物を狙う訓練になるという。

それに、ライフル弾やスラグ弾が一発二百円、ものによってはもっと高いのに対し、空気銃弾は、これもいろいろあるが、だいたい一発三円か四円なのだ。百発撃って三百円か四百円。いくら練習しても弾代は問題にならないほど安いし、何百発練習しようと肩にアザなどできない。

「だから空気銃を熱心にやれ」

と、おじさんはいった。

このポンプ式空気銃は、銃身の下に空気を圧縮する手動ポンプが付いている。手でレバーを動かして空気を圧縮、標的射撃練習をするなら二回ポンプでよいから楽なものだ。スズメなら二回ポンプでよい。ポンプ回数を増やせば圧力は上がり威力は増すが、ポンプ回数が増えるほどポンプ操作に要する力も強くなければレバーを押し切れなくなる。ハトを撃つなら最低四〜五回、キジでも撃とうというなら七〜八回のポンプが必要になるが、これはもう腕の筋肉を鍛えているようなものだ。

「若いんだから鍛えろ」

と、おじさんはいう。

おじさんは小さな炭酸ガスのボンベを使うガス銃を使っている。ボルトアクション狙撃銃みたいにかっこいいガス銃だ。ポンプ式空気銃で五〜六回ポンプする威力があって、しかも五発弾倉だ。しかし、ガス式は気温の変化による弾速のバラツキが大きく、気温の低い日にはハトも落とせないほど威力不足になることもあり、命中精度もポンプ式に劣るという。

ちかごろはやりのプリチャージ式は銃身の下に高圧空気タンクがあって、ダイビング用のタンクから何十発ぶんも空気を充填するから、ポンプ式のように一発一発、大汗をかいて空気を圧縮しなくてもいいし、威力も大きいのだが、銃も高いしタンクも高いので、とうぶん、良太郎には買えそうにない。まあ、ポンプ式でがんばろう。

東京都内だと区の体育館の一角に空気銃射場があったりするそうだが、良太郎の住んでいる地域では、県内に二ヵ所しか空気銃射場はなく、いずれも山の中の交通の便のわるい所だ。

軽自動車さえ持っていない良太郎は、迷彩服にコンバットブーツ、銃を肩から斜めに担ぎ、オフロードバイクにまたがり、まるで偵察隊のような姿で射場へ通う。おじさんも二十歳ころはそうだったのだ、という。

クレーやスラグは弾代も射撃場使用料も高いから、一回練習に行けば一万円くらいはかかる。空気銃の練習費用なんて、射場へ持っていくコンビニ弁当の値段と同じくらいなのだ。

良太郎は週末ごとに空気銃射場へ通った。

「こんにちはー」

「おつかれさまでーす」

射撃部の女子高生が、射撃をしているおとなをすべて先輩とみなして挨拶をしてくれる。

しかし、良太郎は、その女子高生に自分の標的を見られたくない。良太郎の撃った標的には的の大きさいっぱいにバラバラに弾痕が散っている。女子高生の標的には、ド真ん中に弾丸の直径の二倍ほどの不規則な形の穴がひとつあいているだけなのだ。

だが、毎週、射場へ通った成果はだんだんに出てきた。的の弾痕はだんだん小さくまとまるようになっていった。

「ライフル協会」に入会するかな、と良太郎は思いはじめた。

日本ライフル射撃協会の会員になり、空気銃で、格別優秀な成績でなくとも、普通に一年もすれば到達できる腕になれば、国体やオリンピックめざしてがんばる選手の候補者として競技用ライフル所持の推薦状がもらえる。

もちろん、それは狩猟に使うことは許されないし、競技専用銃は狩猟には使いにくい形状をしているが、一種の高性能狙撃銃ではある。十年待たずにライフルを手に入れるためには、それもよい方法だ。

狩猟免許がないと狩りはできない

「つぎは狩猟免許だな」

おじさんがいった。

銃の所持許可をもらったということは、射撃場で射撃ができるだけのことでしかない。銃の所持許可証の「用途」欄には、「標的射撃」としか書かれていないはずだ。

狩猟をするためには、べつに狩猟免許を取らねばならない。狩猟免許を取るためには狩猟免許試験を受けて合格しなければならない。

銃の所持許可申請と違って、狩猟免許試験の受験申し込みは直接本人が申し込みに行く必要はなく、各地方の猟友会がとりまとめて書類を出してくれる。

そして、たいてい鉄砲屋が猟友会の事務局になっているのだ。世話はない。

また、猟友会は、かならずしも自分が住んでいる地域の猟友会に入会しなければならないわけではないから、自分の住んでいる地域の猟友会は親切みのない奴らばかりだと思ったら、気のきいた鉄砲屋が事務局をやっている猟友会に入ってしまえばよい。

良太郎は鉄砲店へ狩猟免許試験の申し込みに行った。

「えーと、試験はここと、ここと、ここと……」

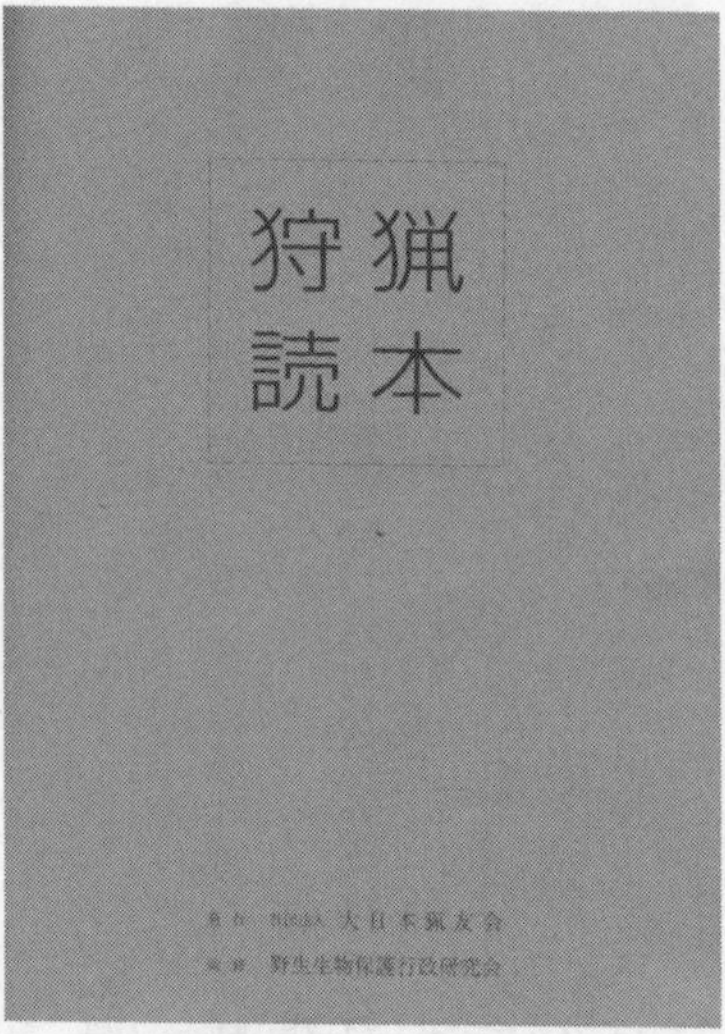

「狩猟免許講習会」のテキスト

試験は、だいたい夏から秋のはじめころ数回行なわれる。鉄砲屋のオヤジはカレンダーの日付を示しながらいった。

「いきなり試験を受けてもいいんですが、それでは合格率が低いので、都道府県猟友会が主催する準備講習会というのがあります。これを受講しますと出題傾向とか要点とか、ひっかかりやすい問題とかよく教えてくれますので、この講習を受けてから試験にのぞむと合格率九十パーセントくらいですよ」

予備講習会は、もう行き慣れた射撃場の一角にある教室で行なわれた。

講義の内容は、狩猟をやろうという以上、知っておかなければならない「鳥獣の保護及び狩猟に関する法律」の知識、銃や罠などの猟具の知識、そして鳥獣の生態、狩ってはならない鳥獣で、狩ってよい鳥獣と紛《まぎ》らわしい姿のものの見分け方など盛りだくさんである。

「これは大変だ」

と、良太郎は思った。だが、心配はいらない。そのための予備講習会だ。講師は試験の出

第15320158号

第一種銃猟 狩 猟 免 状

住所　つくば市花畑５２８番地

氏名　奥山　良太郎

昭和　５２年　１月　１１日　生

鳥獣の保護及び狩猟の適正化に関する法律（平成14年法律第88号）により狩猟免許を与える。

よってこの証を交付する。

平成　１５年　　９月　１５日

茨城県知事　橋本　昌

有効期間　　平成　１８年　　９月　１４日　まで

備　考

原交付年月日　　昭和　６３年　１０月　　３日　　（　更新　）

狩猟者ＩＤ　　305167

題傾向をよく把握していて、

「これだけ覚えればだいじょうぶです。行政のほうでも、絶対覚えておいてもらわなければならないことを出題し、覚えておかなくても本を見ればいいようなことは出題しません」

という。だから、過去数年の試験問題になかったようなことはほとんど出ないという。

「なるほどこれだけ覚えればいいのだな」

と、良太郎は模擬試験問題を何度もやって、ほとんど満点をとれるようにした。

本試験は射撃場まで行かなくても、交通の便のよい市民会館の会議室で行なわれている日もあったが、この射撃場の教室に慣れてしまった良太郎は、本試験もここで受けることにした。

当日、まるで試験問題の漏洩でもあったかのように、模擬試験でやったとおりの問題が出た。だが、漏洩などではない、過去十年もほとんど同じ問題が出ているのだから、過去の問題をしっかりやっていれば、当然なのだ。

良太郎はめでたく狩猟免許を手にした。これでおじさんといっしょに北海道へ鹿を撃ちに行けるのだ。

狩猟者登録をして狩猟税を払う

狩猟免許があるだけでは、まだ狩猟はできない。

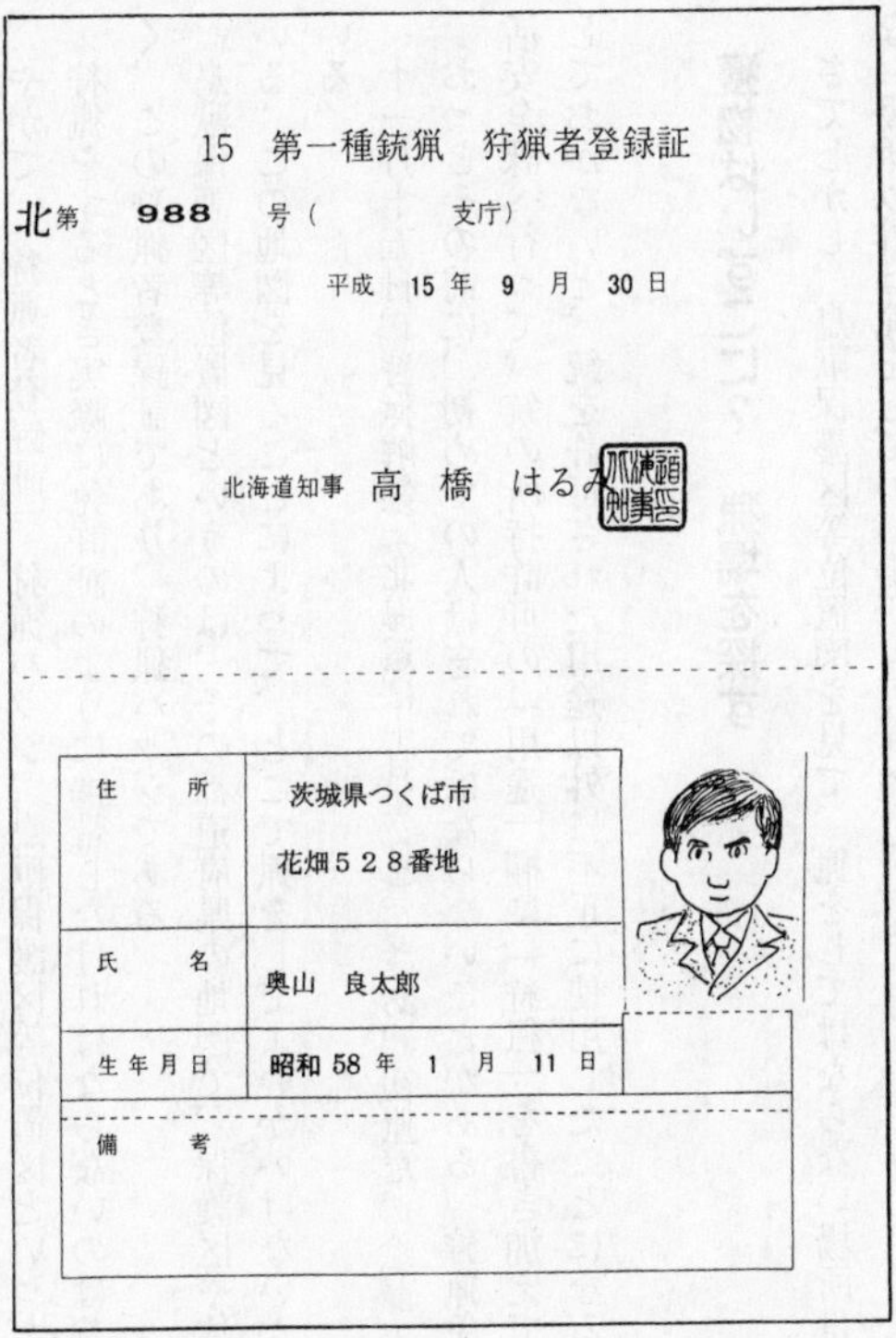

15 第一種銃猟 狩猟者登録証

北第 988 号（ 支庁）

平成 15 年 9 月 30 日

北海道知事 高 橋 はるみ

住所	茨城県つくば市 花畑５２８番地
氏名	奥山 良太郎
生年月日	昭和 58 年 1 月 11 日
備考	

実際に狩猟をするためには、自分が狩猟をしたいと思う都道府県ごとに「狩猟者登録」をし、狩猟税を払わねばならない。

たとえば、北海道で狩猟をしたければ北海道に狩猟者登録の申請書を出し、狩猟税を納めなければならない。

しかし、北海道庁まで書類を持って行かなければならないわけではない。それは猟友会の事務局がまとめて手続きしてくれる。このとき猟友会の会費やハンター保険も払い込むので（地域によっていくらか差があるが）、ほぼ四万円くらいかかる。

やがて、「狩猟者登録証」、狩猟バッジ、鳥獣保護区等位置図といったものが届く。狩猟をするとき実際に免許証のように携帯しなければならないのは狩猟免状のほうではなく、この狩猟者登録証であり、狩猟バッジである。

鳥獣保護区等位置図というのは、その都道府県の地図で、保護区や休猟区が色分けされている。この地図を見ることによって、どこで猟をしてよいかいけないかわかるようになっている。

十一月十五日、狩猟解禁（北海道は十月一日）。さあ、初猟だ。

おっとその前に、初めての人は忘れてはならないことがある。狩猟免状を持って警察の生活安全課へ行って、銃の所持許可の「用途」欄に「狩猟」を書き加えてもらうことだ。そうしておかないと、銃を許可された用途以外に不正に使用したことになるのだ。

獲物はいずこに？　猟場を探す

さてしかし、鳥獣保護区等位置図を見て、猟をしてはならない場所はわかる。してはならない場所以外は猟をしていい場所（可猟区）だ。

だが、可猟区には獲物が「撃ってください」と並んでいるわけではない。

実際に、どこへ行けば何がいるのか、どうすれば何が獲れるのか、皆目見当もつかない。

幸いにして良太郎には経験豊富なおじさんがいるが、そうした知り合いもいなくて、まっ

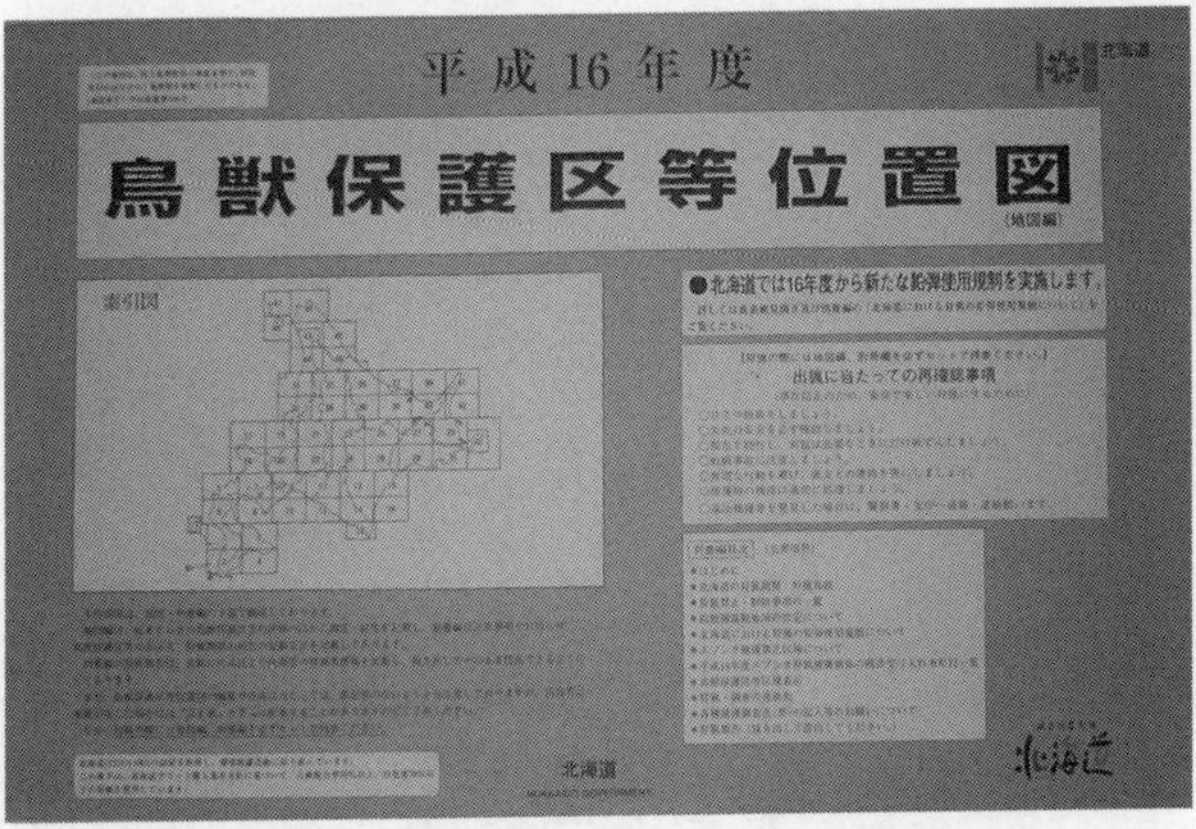

北海道の「鳥獣保護区等位置図」。地図は49枚もある

たく一人で進んで行かなくてはならない人はどうすればいいのだろう。

いままで何度も銃砲店へ顔を出し、射撃大会にも出て知り合いのハンターもできて、そのだれかと仲良くなって、「連れて行ってあげよう」ということになれば万々歳だ。人脈は大切だ。よい人脈を作るよう努力しよう。

不幸にして、最初の猟期までにそういう仲の良い先輩に恵まれなかったら、だいじょうぶ、鉄砲屋は商売なのだ、鉄砲屋のオヤジが猟に行くとき連れて行ってもらう。

だが、鉄砲屋のオヤジは猟に行くことは行くのだが、商売が忙しい。

ところが、良太郎はよいおじさんがいるのに、そのうえよい鉄砲屋に恵まれた。最近、良太郎は最初の鉄砲屋とは別の鉄砲屋が、射撃場へ行く経路の近くにあるので、よくそこで弾を買うようになった。そこのオヤジは、年をとったので息子に店をまかせ、狩猟三昧をしているのだ。もうおじいちゃんだから、いっしょに行ってくれる若い人がいると大喜びなのだ。

そういうご隠居とも出会わなかった初心者は……。

だいじょうぶ、一人で猟場を開拓し、一人で狩をすることだって可能だ。狩猟免許をとるときもらった「狩猟読本」というテキストに、簡単ながら狩猟鳥獣の生態について書いてあったではないか。それにここに『スナイパー入門』という本もある。そこに書いてあることを頼りに、そうした鳥や獣が好む地形や植生の場所を探せばいいのだ。

ただ、一人では難しい猟もある。

よい猟犬がいなければ、キジ猟や猪猟は不可能に近い。初めて猟をするという人が、よく訓練された猟犬を持っているわけがないし、犬を使うこともできないだろう。

だが、カモ猟やキジバト猟なら犬なしで一人でもできる。そして、北海道での鹿猟、いきなり初心者がそんなこと……できるのだ。心配はいらない。この本に書いてあるとおりにすればいいのだ。

第二章　射撃の基礎講座

おじさんの射撃教室

日本では、散弾銃を継続して十年以上所持していなければ、狩猟用にライフル銃を持つことはできない。だから初心者は、みんな散弾銃から入らねばならない。

しかし、散弾銃にスラグを詰めてライフル銃のように使い大物猟をすることはできる。その射撃のしかたはライフル銃の撃ち方になるので、鳥やクレーを撃つのとは違う。

散弾銃はそもそも鳥やクレーを撃つものなので、教習射撃では鳥やクレーを撃つことしか教わらない。散弾銃で大物猟をしようと思っても、ライフル射撃を教えてくれる場がないのだ。自衛隊にいたことでもあればともかく、一般市民はライフルの構え方さえわからないわけだ。

そこで大物猟を志す良太郎のために、おじさんが個人レッスンをしてくれた。

これがまたすごかった。ハンティングのためのライフル射撃教室のはずが、おじさんは拳銃射撃や競技用ライフルの構え方、機関銃の撃ち方やら突撃銃による戦闘射撃のことまで教えてくれた。

『銃器取り扱い上の鉄則』

〝絶対に銃口を人に向けるな〟

わかりきったことだ。ところが、後ろから声をかけられたり、あるいは不発など銃の調子が悪いことがあったとき、銃を持ったまま振り向く人がいる。絶対にそういうことがあってはならない。振り向くときにはまず弾を抜き、そこに銃を置いてしまうか、銃を持ったまま振り向くとすれば、銃口を上に向けなければならない。銃を持ち運ぶときは、かならず銃口を上に向け遊底を開いた状態にすること。もし銃口の向いている方向に人が来たら、反射的に銃口を上に向けるようでなければならない。

〝銃を手にしたならば、まず弾が装填されていないか確認せよ〟

銃に安全装置などというものは、じつはついていない。ついているのは、「安全装置をかけていれば安全なのだ」という誤解を持たせて事故を起こさせる不安全装置である。安全な銃というのは、弾の入っていない銃だけだ。

〝つねに弾が入っているものと思え〟

弾は入っていないからだいじょうぶだ、と思ってはならない。人は思い違いをするものである。弾はまだ入れていない、もう残っていないと思っていたが、じつは入っていた、ということは実際しばしばあるものだ。

〝発射の直前まで薬室に弾を送ってはならない〟

発射直前に、銃口を目標に向けてから薬室に弾を送ること。

〝発射の直前まで引き金に指を触れるな〟

撃つ意志がないのに引き金に指をかけてはならない。人さし指はグリップを握るか、または用心金（トリガー・ガード）につけておくこと。

〝目と耳の保護〟

シューティング・グラス（保護めがね）とイア・プロテクター（耳覆いまたは耳栓）は、かならず着けよ。万が一、銃や弾に欠陥があったり、銃口に何か異物が詰まっているまま発射したような場合、射手は爆風を受け、破片を受けることもある。また、それほどでなくとも、まったく正常な射撃が行なわれていても、時として銃に付着していた微細な異物が衝撃

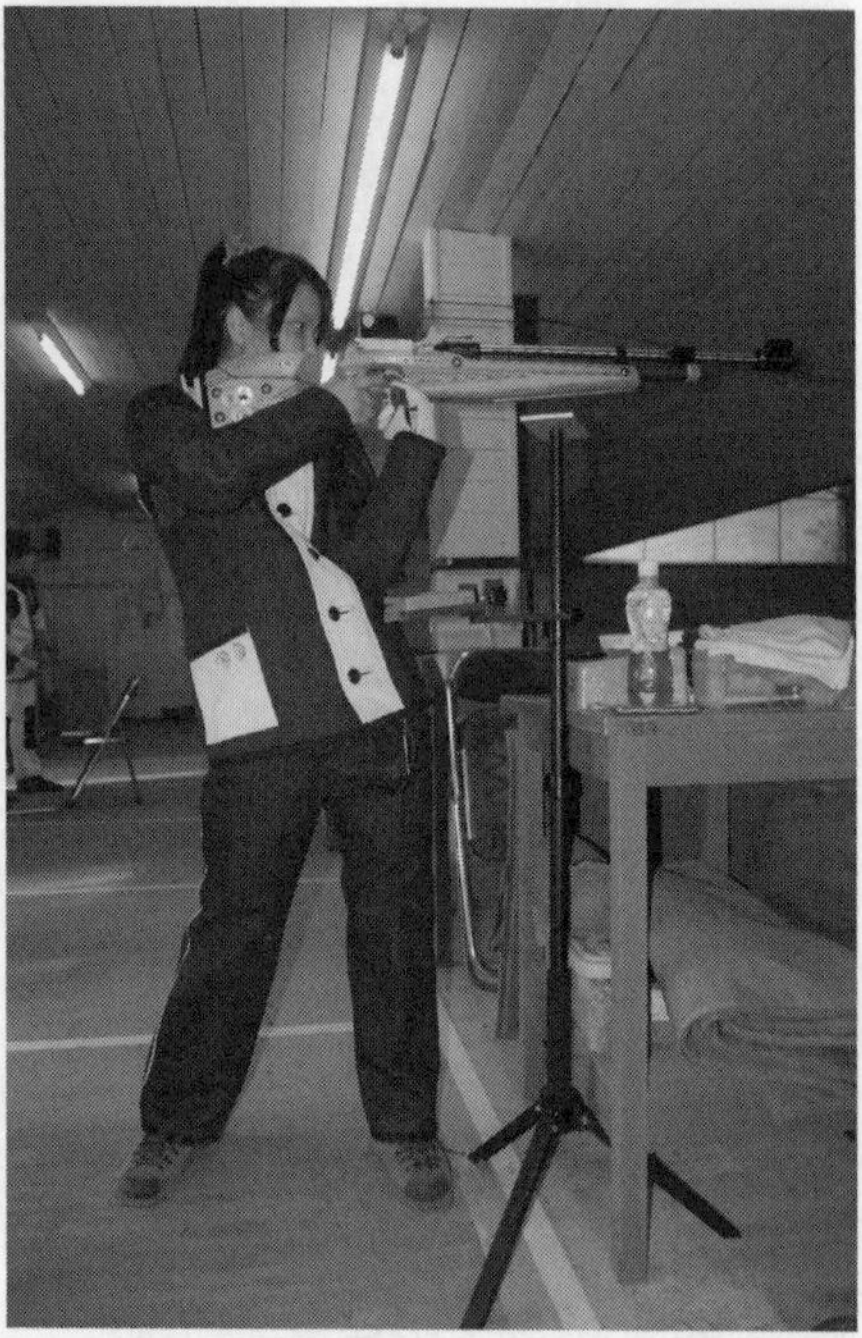

ヒップレスト立射姿勢

で勢いよく目に飛び込んでくることがある（著者自身、二度経験あり）。

イア・プロテクターは、開けた場所で自分だけが射撃をする場合は、どうしても必要というほどのことはない。自分の撃つ音はそううるさくないものである。むしろ隣の銃の出す爆風のほうが耳には有害であるし、また、爆風を反射するようなものが付近にあると耳が痛くなる。

〝不発と遅発〟

もし不発があった場合、すぐに遊底を開いてはならない。引き金を引いても、カチッと音

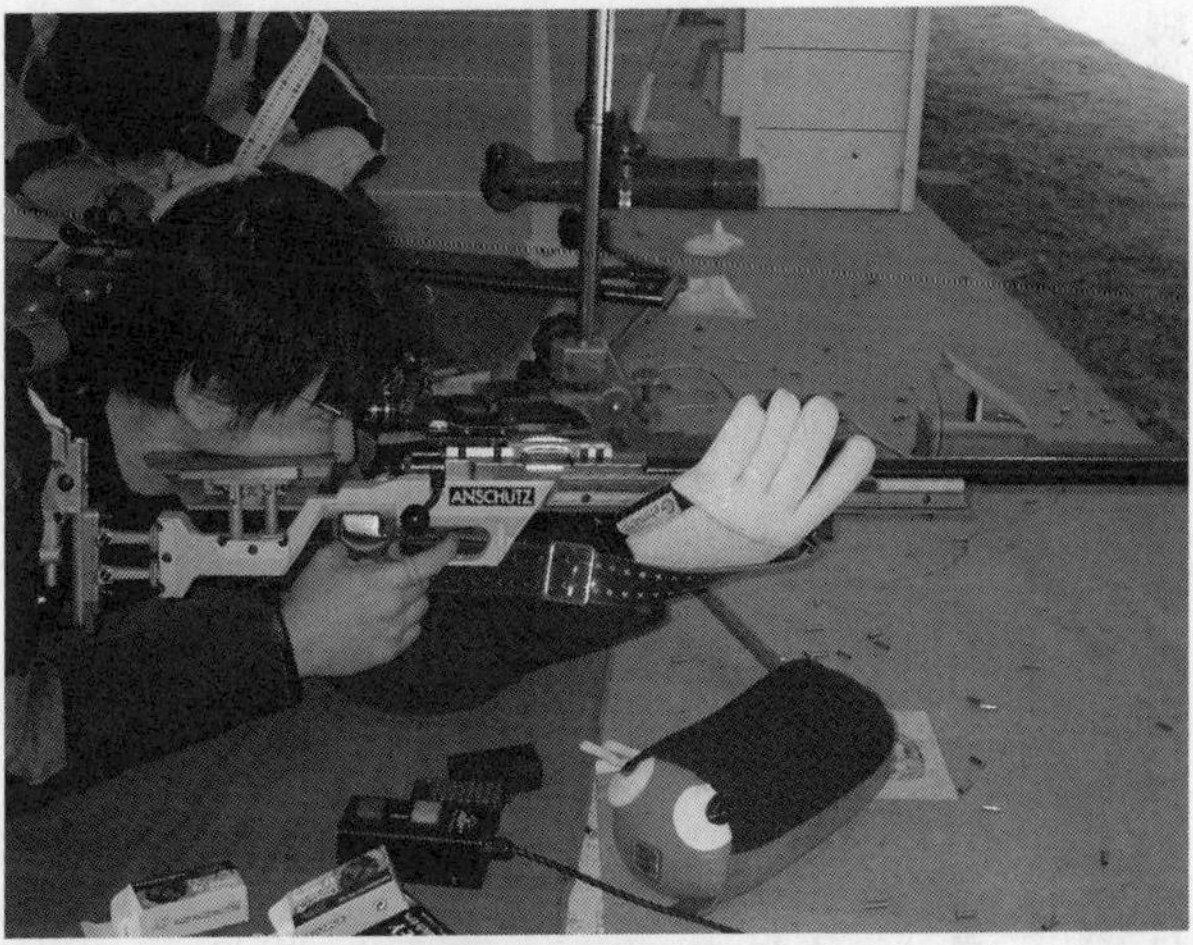

競技用スモール・ボア・ライフル伏射

がしただけで発射しない。ここで不発だと思ってすぐに遊底を開いてはいけない。「遅発」といって、何秒か遅れて弾が出たという例がある。だから不発だと思っても、銃口を標的に向けたまま十数秒待ってから弾を抜くこと。

ただし、実戦の場では躊躇なく実包を抜き出し、新しい実包を装填して射撃を継続すべきである。遅発が起きるのは天文学的確率の低さであるし、もし排出した実包が発火したとしても致命的に危険ではない。火薬が完全燃焼する前に薬莢から弾頭が抜けてしまい、それは危険ではあるが、致命的な傷害を与えるほどの速度を持っていない。だから急を要する場合は、不発の実包はすぐ排出すべきである。

立射。競技と実戦むきの姿勢

ヒップ・レスト（hip rest）の立射

立射standing（「りっしゃ」「たちうち」ともいう）の射撃姿勢には、競技会用の「ヒップ・レスト」と呼ばれる静止した標的をゆっくり狙って撃つための姿勢と、「オフ・ハンド」といって実戦むきの姿勢があり、オフ・ハンドでも半自動射撃《セミオート》と全自動射撃《フルオート》では姿勢が異なるのだが、まずはヒップ・レストの姿勢から述べる。

頭は、ほぼ垂直に保つ。頬骨をコムにのせ、頬を軽くチークピースに密着させたとき、目は自然に照準線に一致すべきである。首を大きく傾けなければ狙えないような銃は体に合っていないのであり、銃床を改修すべきである。

ヒップレストの姿勢では、P.60の図のように上体をそり返らせる。これは銃の重心と体の重心をなるべく近くすることによって安定をはかろうとするのである。

重い銃を長時間安定させつづけなければならない射撃競技ではこうした姿勢が望ましいのであるが、実戦の場で立ったまま発砲するというのは余裕のない場合であり、もっと直立に近くならざるを得ないし、動く目標を追って銃を送る場合は、やや前傾姿勢になるのだが、そうした射法については後述する。

両足は肩幅と同じかわずかに狭い程度に開き、つま先は三十五度から四十度くらいに開く。脚はまっすぐに伸ばして、体重は両足に均等にかける（全自動射撃の場合は別であるが、それは後述する）。

左腕は銃の真下にあり、骨盤にのせて安定させる（ヒップ・レストという呼び名はここからきている）。骨盤の位置が高く、よく張り出している女性は有利であるが、男性にはむずかしい。それでもなるべく肘を左脇腹にぴったりとつける。肘を骨盤近くにもってゆくと銃を支えるのに腕の長さが足りなくなるので、長い弾倉のある銃では弾倉の下を支えたり、指を立てて長さを補ったり、あるいは競技専用銃では「パーム・レスト」という支え台が下方へ伸びていたりする。

銃は左腕を経由して骨盤で支えるのであって、左腕はまったく力はいらないし、また力を入れてはならない。ただし、これは競技のように静止している目標をゆっくり狙う場合のことであって、戦闘射撃に適用できるものではない。

銃は左腕を通して骨盤で支えられており、右腕には何の力も必要ではなく、もしグリップに手が触れていなければ、たれ下がってしまうほど力を抜く。

手は軽くグリップに触れているだけであって、引き金を引く指以外は死んだ手のように力を抜く。ただし、反動の強い銃の場合、小指で銃の重さほどの力で銃を肩に引き付ける必要はある。

右肘は意識的にある角度に保とうとするのではなく、力を抜いて自然に垂らすと、銃を肩付けし、グリップを握っている以上、完全に垂れてしまわないで自然にある角度に落ち着く。それは射手の体格と銃の寸法形状により、二十度から四十度までさまざまである。

ヒップレストの立射

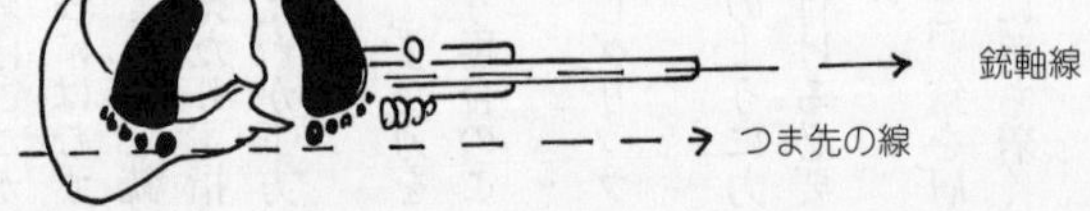

姿勢をとり終わったら、標的を狙い、数秒間目を閉じる。ふたたび目を開いたとき銃が標的からずれているようなら、その姿勢には欠陥があるのだから姿勢を修正する。もし左右にずれているなら足の向きで調節する。けっして腕を動かして調整してはならない。上下にずれているなら銃を支える左手の位置を調整する。これを何千回も繰り返して、姿勢をとったとき自然に理想的な姿勢がとれるように練習する。これは立射にかぎらず各種の姿勢についても同様に練習する。

オフ・ハンド（off hand）の立射

実戦の場でも、目標が静止しており時間の余裕がある場合にはヒップ・レストの姿勢もとれるが、余裕があるならもっと安定のある伏射や座り射ちの姿勢をとるほうがよく、立射をするというのは時間の余裕のないときやむをえず、ということが多い。その場合、オフ・ハンドの姿勢がとられる。

左手は親指と人差指でV字をつくるようにして、その上に銃をのせる。指は銃を握ってはならない。左肘は体につけず、空中で銃の重さを支えている。肘はなるべく銃の真下にもってゆくが、ヒップ・レストのように背筋を曲げてまで真下にこだわることはなく、ほぼ下という程度でよい。

左手をなるべく銃の真下にもってゆこうとするため、少しそりかげんになることもあるが、ほぼ直立。このため銃軸線は、ほぼつま先の線に一致する。

オフ・ハンドの立射

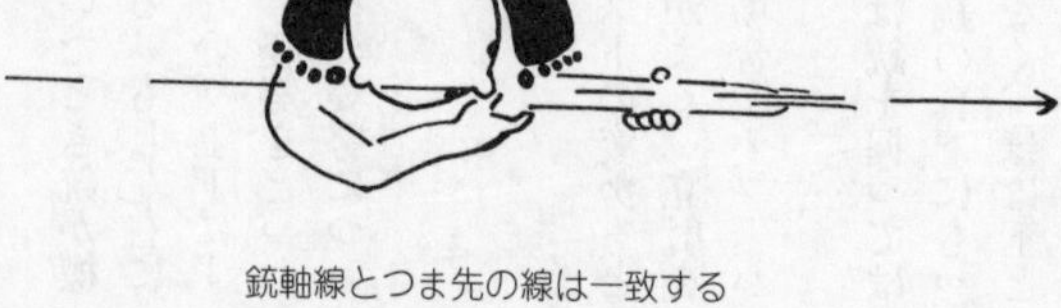

銃軸線とつま先の線は一致する

右肘はヒップ・レストのときのように自然に垂れてもよいが、反動で肩付けがズレるようなら少しずつ右肘を上げていってみる。右肘が上がるほど銃の保持の面からは安定は悪くなるが、反動を受け止めやすくなる。このため反動の強い銃では肘をほぼ水平にまで上げることも珍しくない。グリップは強く握ってはいけない。手のひら全体がグリップにぴったり接してはいるが、握るというほどの力ではなく、ただ小指で銃の重さほどの力で軽く銃を肩に引き付ける程度である。

移動目標に対する立射

動く目標に合わせて銃を送りながら撃つ姿勢は、これまで述べた姿勢とはまったく異なるものである。しかし、目標の移動速度があまり速くないのであれば、ヒップレストあるいはオフ・ハンドの姿勢で腰をひねって銃を送るほうがよい結果が得られる。

やや猫背ぎみに前傾する。背すじの前傾にともない顔もやや前傾となる。

静止標的を撃つ場合の立射では、左右のつま先を結ぶ線は銃軸線と平行であったが、ここでは銃軸線に対して約四十五度の角度をとる。

膝をこころもち曲げて上半身を回しやすくする。目標の動きに合わせて銃を振る際は腕で銃を振るのではなく、腰骨を軸に上半身をひねる。

左肘は四十五度から六十度くらいに横に張る。左手は、やはり握ってはならないが、銃を振るので指先が銃に接しているくらいはよい。力を入れてはならない。

移動目標に対し銃を送りながら撃つ姿勢

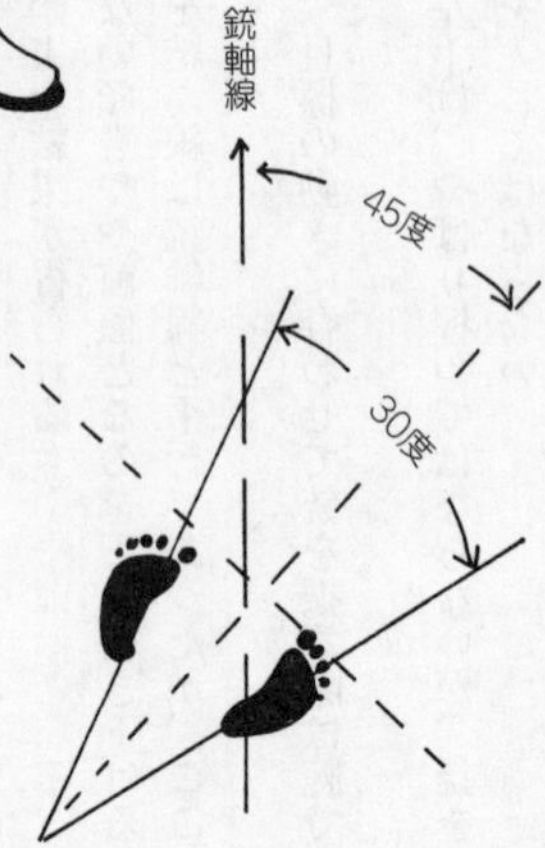

右肘はほぼ水平に張り出す。

フル・オートの立射

一発ずつ狙って発射する場合、反動で体が揺れることには逆らわない。よい姿勢ができていれば、反動で体が動いても、自然にもとの位置にもどる しかし、フル・オートマチックの射撃の場合には、反動を力で押さえ込まなければならない。

左足は一歩前へ踏み出し、歩幅は七十～八十センチくらい。左のつま先は銃軸線に対し十五度から三十度の向きで、右足はほぼ九十度をなす。体重は前足六～七分、後足三～四分の割でかける。

背すじはやや前傾であるが、移動目標射撃のように猫背ではなく、背骨はまっすぐ伸びているのだが体重を前にかけているので前傾になるのである。このため顔もやや前傾となる。

左肘はなるべく銃の真下にもってゆき、左手は反動で銃が跳ね上がるのを下へ引き下げるように力を入れる。

右肘はほぼ水平とする。右手はグリップを握ってストックを肩に引き付けるだけでなく、反動で跳ね上がろうとする銃を肩を支点に下向きの力を加えて引き下げるような力を加える。

フルオート射撃をすると、反動で銃口が跳ね上がる。そこであらかじめ目標の足元を狙って引き金を引く。そして銃の跳ね上がりを利用して下から上へ払うように弾を送る。また、たとえ命中しない場合でも、頭の上を弾が飛んで行くより足元に着弾するほうが相手に恐怖

フル・オートの立射

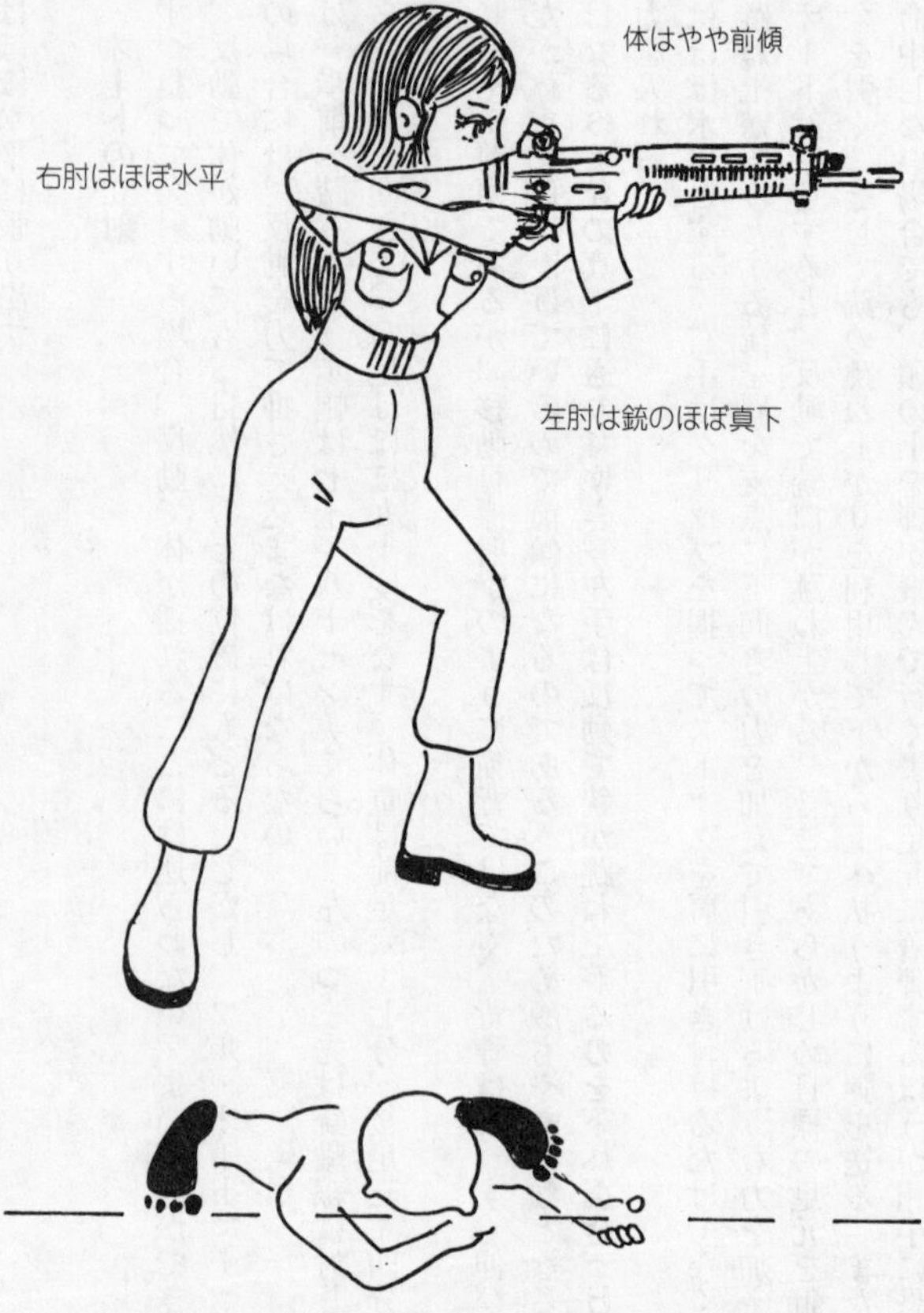
銃軸線とつま先の線はほぼ一致

感をあたえることができるからである。

反動で、どのていど銃が跳ね上がるかは銃の種類によって違うし、反動の感じかたは個人差があるが、たいてい五～六発ごとに引き金から指を離して狙いなおせばコントロールできないということはない。

肩付けをしない姿勢

肩付けをしなければ正確な射撃はできない。しかし、とっさの場合、肩付けをしないで発射することがある。とくに右足が前に踏み出されているとき肩付けの姿勢はとりにくく、さらに一歩踏み出して肩付けをする余裕がないとき、つぎに述べる抱え射ちが有利である。

もちろん、肩付けをしない射撃は至近距離でしか命中は期待できない。しかし、フル・オートマチックや散弾銃による近接戦闘には比較的用いられることのある姿勢である。そして、こうした射撃の場合には、普通の射撃姿勢の場合に強調される「左手に力をいれない」という原則は適用されない。しっかりつかめ。

（1） 抱え射ち
銃床を肩付けするのではなく、脇にはさみ込む。

右肘を強く締めて銃床をはさむこと。

左手はで銃を下から握り左肘を曲げ、体側につける。

両足は大きく開いて体重は前に多くかける。

（2）腰射ち

銃のグリップを握った右手を腰骨付近に押し当て、右肘と胴体で銃床をはさみこむ。

左腕を伸ばして銃を上から押さえ込む。

両足は大きく開く。

（3）かがみ射ち

腰をぐっと落とし、両ひざを曲げる。

両足は大きく開き、左足先を目標のほうへ向ける。

銃床を右足のももにつける。

安定のためには左ひざにも銃を押しあてるが、銃口を振る必要がある場合は、この限りでない。この姿勢は、とくに反動の強い銃（M14のような）を撃つのに適している。銃を低い位置に保持するので、反動が強くても体が振り回されるようなことがない。また、この姿勢は、低い姿勢で前進しつつ射撃ができる利点がある。機関銃手が前進中に突然、射撃しなければならなくなったとき、よく用いる。

中間姿勢。立射と伏射のあいだ

中間姿勢とは、立射と伏射の中間の高さの姿勢、すなわち、膝射ち、座り射ち、しゃがみ射ちなどの姿勢を総称したことばである。

膝射 (kneeling《ニーリング》)

「しっしゃ」「ひざうち」ともいう。この姿勢は歩行状態からすぐにこの姿勢に移れ、またすぐ立って歩き出すのによい。しかし、安定度は後述する座り射ちのほうがよい。

左膝を立て、右膝をついて、右足の上にしりをのせて座る。左つま先は銃軸線よりやや内(右)向き。足の裏全体が地面に着く。しりの下にある右足首と右膝を結ぶ線は銃軸線に対して八十~八十五度。体重は三点に均等にかけるか、わずかに左足に多くかける。

左手は親指と人差指でV字型をつくり、そこに銃をのせる。力を入れて握ってはいけない。左肘の関節と左膝の関節は少しずらして接する。関節どうしが接すると、くりくりして安定しないからである。肘の関節を膝の関節より前にするか後にするかは体型によるが、前の場合が多い。銃、左肘、左膝は正面から見て垂直線になる。

右肘、右手は立射と同じである。

座り射ち (sitting)

座り射ちは安定のよい中間姿勢であるが、べったり座ってしまうので、つぎの行動に移るのが膝射より遅くなる。

べったりと、しりを地面につけて座る。開脚と閉脚と、どちらがよいかは各人の好みできめる。

左手による銃の保持、右手によるグリップの握り、肩付け要領は立射や膝射に同じだが、

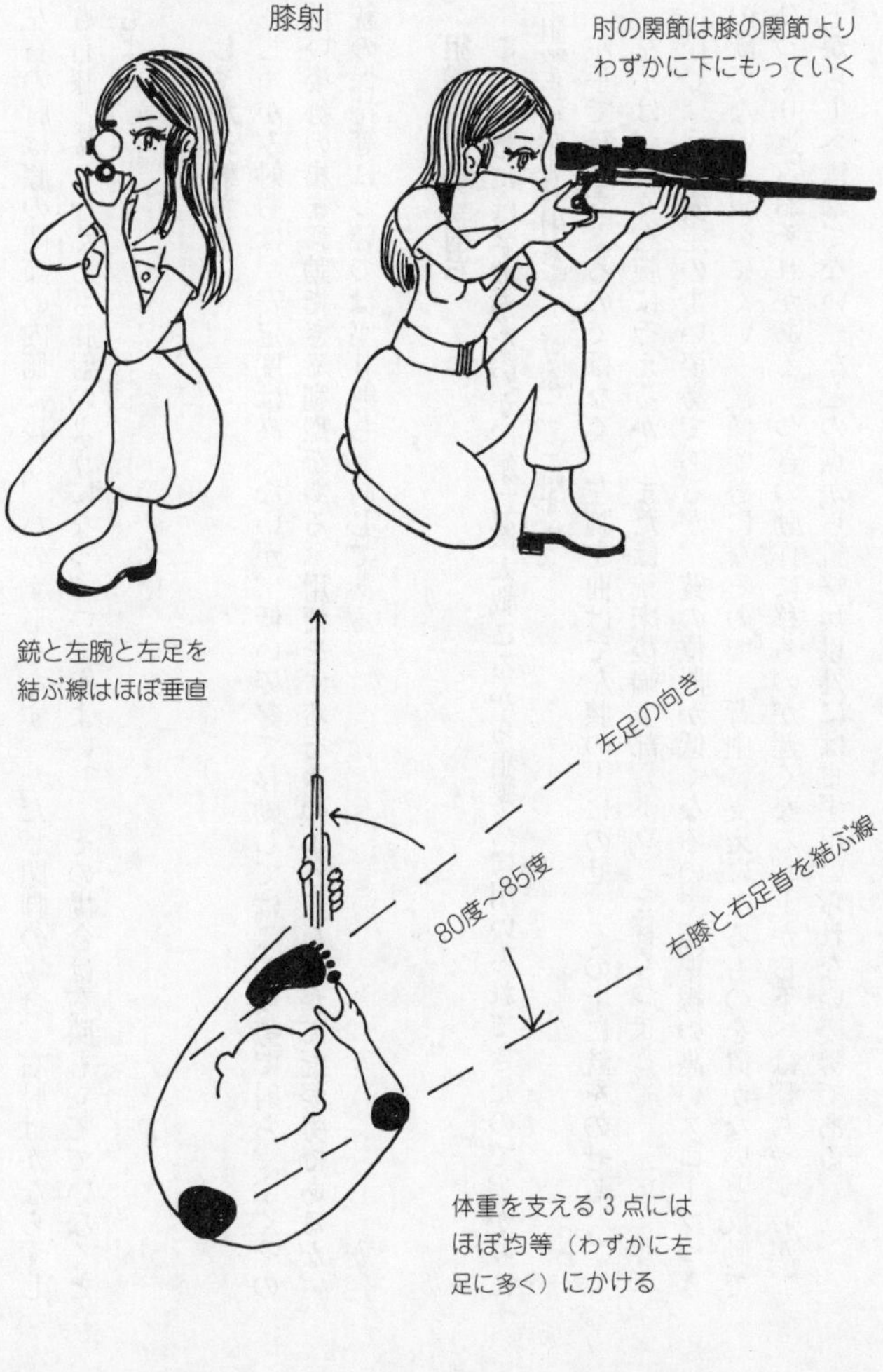
膝射
肘の関節は膝の関節より
わずかに下にもっていく
銃と左腕と左足を
結ぶ線はほぼ垂直
左足の向き
80度〜85度
右膝と右足首を結ぶ線
体重を支える3点には
ほぼ均等（わずかに左
足に多く）にかける

左右の肘は膝の関節の内側に接し、ハの字形をなす。ただし閉脚の場合、右肘はかならずしも右膝と接しなくとも膝射のようになっていてもよいし、その場合は右膝も立てていなくともよい。

しゃがみ射ち

しゃがみ射ちは、安定度は高くないが、低い姿勢で移動してはこの姿勢で射ち、すぐその低い姿勢のまま移動できる利点がある。用便をするときのようにしゃがんだ姿勢であるが、銃の保持等については座り射ちと同じである。

狙撃兵型座り射ち

この姿勢には名前がないが、第二次大戦ころから狙撃兵に用いられてきたので、かりに「狙撃兵型座り射ち」と呼ぶことにする。

左手で銃を支えるのではなく、左腕を曲げて左膝の上にのせ、その上に銃をのせる。左手は、軽く右腕にそえるか、または銃床後端下部（トウ）を軽くつまむ。

ひじょうに安定のよい姿勢であるが、銃の位置が低くなるので照準線の高いスコープつきの銃でないと狙いにくい。後傾姿勢になるので、背中に支えになるものを置かないと反動でひっくり返るおそれがある。つぎの動作に移るのが遅くなる。上から下へは撃ちやすいが、下から上へは撃てない。などの点から狙撃兵以外にはまず用いられない姿勢である。

開脚座り射ち

閉脚座り射ち

狙撃兵型座り射ち

しゃがみ射ち

伏射。最も安定した姿勢

「ふくしゃ」または「ねうち」ともいう。伏射（pron）は最も低い姿勢であるとともに最も安定し、良好な命中度が得られる姿勢であるから、実戦の場では状況のゆるすかぎり伏射を行なう。

一般的伏射

体格によって異なるが、体の中心線（背骨の線）は銃軸線に対し三十度から四十五度の角度をなす。銃に対して体が小さいほどこの角度は深くなる。

脚は三十度前後に開く。どれくらいの角度にするかは各人の好みによる。つま先は外側を向き、かかとの内側が地面に接する。

両肘は肩幅よりやや広くして地面に接する。体重は左右均等にかける。両肩はほぼ水平に保つ。

左肘はなるべく銃の真下に近くなるようにするが、体をねじって体重配分をくずしてまで無理に真下へもってゆこうとしないこと。

エストニア型伏射

銃を側面から見て
左右の腕はほぼ平行

銃を正面から見て両肩
両肘は平行四辺形

体軸線を正面から見て
両肩・両肘を結ぶと
ほぼ台形になる

P.76の図のように右足を曲げる。左腕が銃のほぼ真下にくるように、上半身は左下がり、右上がりになる。体重が体の左側に集中するため普通の射撃姿勢より疲れやすく長時間の競技にはむかないが、短時間であれば銃の真下付近に左腕をもってくることができ、意外に安定するので、ためしてみる価値のある姿勢である。

二脚を使用する伏射

軽機関銃には二脚がついているし、自動小銃にも二脚を持つものは多い。二脚を使用してフル・オートマ

伏射

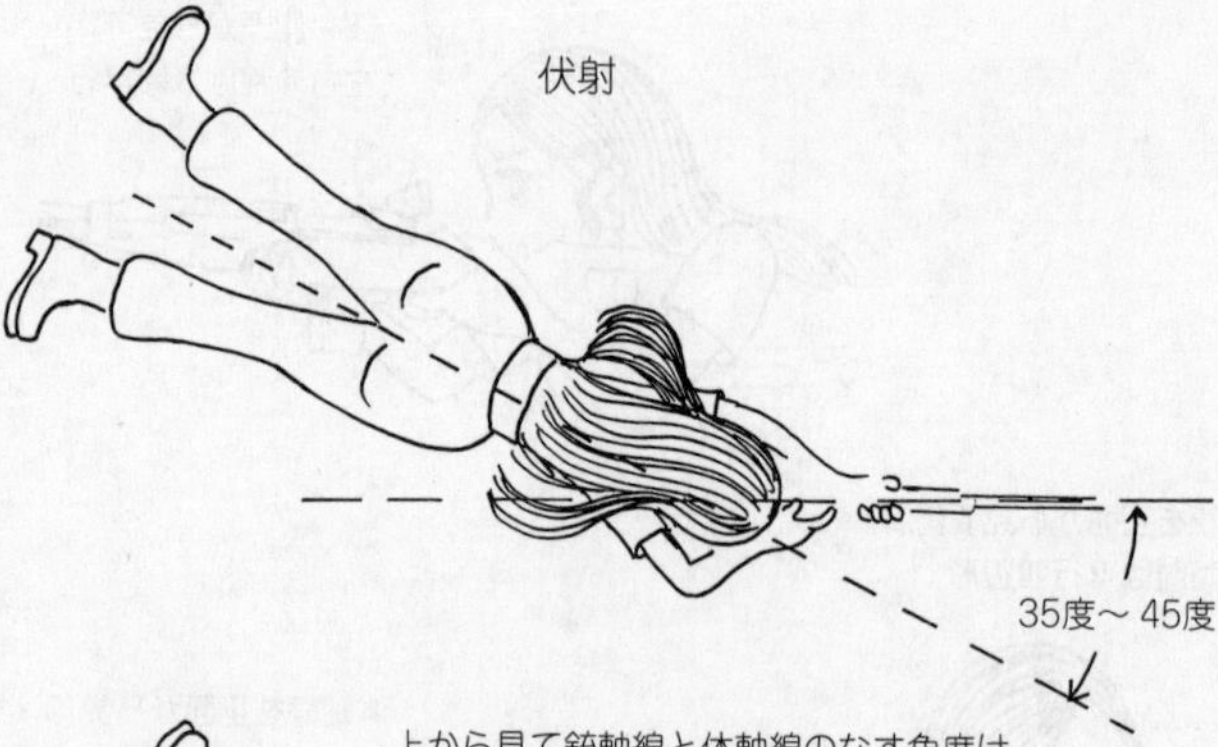

上から見て銃軸線と体軸線のなす角度は
35度～45度で射手の体格により異なる。
体が小さいほど角度は深くなる

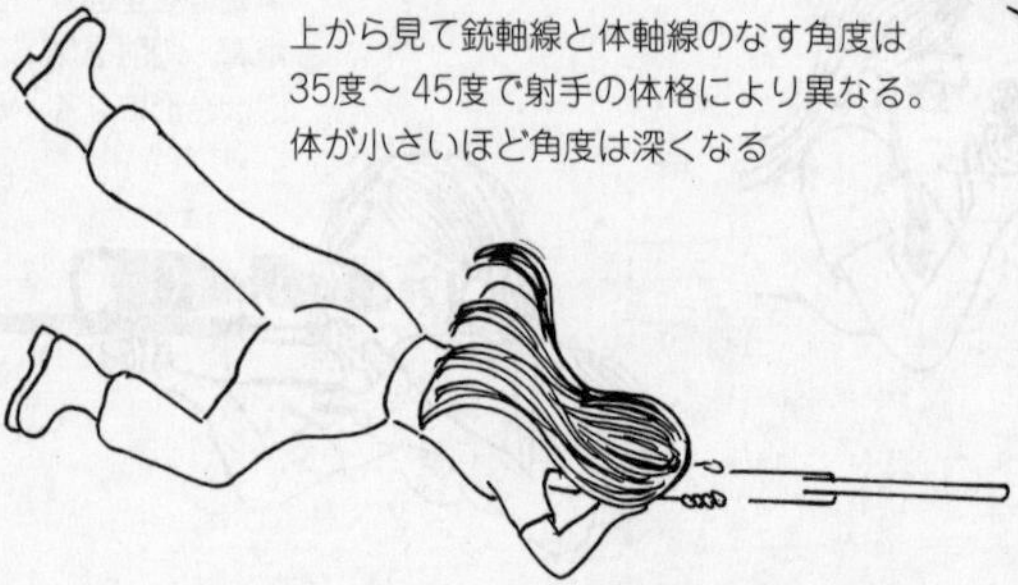

エストニア型伏射

チック射撃をする場合は、つぎのような姿勢をとる。

二脚を使用する射撃では、とくにフル・オートマチック射撃では、体軸線は銃軸線と平行にする。ただし、フル・オートマチックの射撃を行なわない場合は、二脚を使わない姿勢のように角度をつけてもよい。

フル・オートマチック射撃の場合、左手は銃床のゴムのすぐ前を上から押さえるように握るか、またはトウの

左手はコムの前を掴んで
肩に引き付ける

左手でストック下部を
掴んで肩に引き付ける

銃軸線と体軸線は平行にする

両肘は肩幅よりやや広く開き
体重は左右均等にかける

スリングの利用

前を持って肩へ押しつける。ただし、フル・オートマチック射撃を行なわない場合は左手には力を入れず、トウをつまんで軽く銃床を肩に押し当てる。

フル・オートマチック射撃の場合、右手は銃が跳ねるのを下へ引き下げるよう

最も精密な射撃のできる
砂袋に依託した伏射。
左手は銃床のトウを軽く
つまんで床尾を肩にあてがう。
右手で銃を引き付けはしない

依託による精密射撃のテクニック。
右手でグリップを握るのをやめ、
用心金の後ろに親指をあてがい
親指と人差し指で引き金をはさ
むようにして撃発する

ちょうどよい木の枝などがあっても
直接銃を乗せてはならない。かなら
ず手を置くか衣服やタオルのような
ものを丸めて銃の下に置く

に力を入れる。フル・オートマチックでない場合、グリップの握りは立射や膝射と同様である。

スリングの利用

スリングは、銃を肩にかけて持ち歩きやすくするためのものであるが、これを腕に巻きつけることによって安定を増すことができる。このため射撃競技専用銃では、銃を持ち運ぶためでなく、腕に巻くためのスリングが使用されている。

反動の強い銃ではスリングを使用する場合と、使用しない場合とでは、弾着点が異なる場合があるので、その違いをあらかじめ承知しておかねばならない。

依托射撃

いかなる射撃姿勢よりも、最も銃の安定が得られるのは、銃を左手で支えるのをやめて何か安定したものの上にのせることである。したがって、実戦の場では状況のゆるすかぎり依托射撃を行なう。二脚の使用もよいが、二脚の使用よりも依托のほうが、より高い射撃精度が得られる。

依托物は砂袋が最もよい。材木やヘルメットのような硬いものはよくない。発射の衝撃による銃の振動が硬いものに当たって跳ね返り、銃を動かすからである。もし、そうした硬いものの上に銃をのせる場合には、依托物の上に手を置き、手の上に銃をのせる。あるいは衣服やタオルを丸めたものを置くなど、かならず銃が柔らかいものの上にのるようにしなければならない。

また、銃床を依托物の上にのせるのであって、銃身を依托物にのせてはならない。銃身に銃の重さが加わり、歪みが出て弾着点が狂う。

依托射撃はひじょうに正確であるが、反動の強い銃の場合、他の姿勢と弾着点が異なる場合があるので、あらかじめ承知しておかねばならない。

照準と撃発あれこれ

アイアン・サイト (iron sight)

アイアン・サイトというのは、銃につくり付けの小さな前後二つの突起による照準具、すなわち照星《フロントサイト》・照門《リアサイト》のことである。鉄でできているとばかりはかぎらないから、メタリック・サイトとも呼ばれる。照門（rear sight）には孔照門（peep sight）と谷照門（open sight）がある。照星（front sight）には、環照星（ring sight）や棒照星（post sight）などがある。

ピープ・サイト

人間の目は、円の中心はかなり正確に感じ取ることができるので、孔照門と環照星と丸い標的で三重丸をつくって狙うときわめて正確な照準ができる。しかし、環照星を使う方式は、目標が黒丸の標的である場合には有効だが、実戦の場ではかえって目標が見にくく、中心を正確に照準し難い。そこで、普通は孔照門と棒照星の組み合わせが用いられる。

オープン・サイト

孔照門は、正確な照準をするためには有効だが、細い孔を通して目標を見るために、少し暗いと目標が見えなくなる欠点がある。夜でなくとも、夕暮時など、肉眼では目標が見えているのに照門を通じて見ると目標が見えない。オープン・サイトでも、肉眼でようやく見えているような暗い目標を照準することはできないが、ピープ・サイトよりは暗さに強い。しかし、オープンサイトは精密な照準という点では、ピープサイトよりやや劣る。

アイアン・サイトによる照準

照準は、まず照門を覗き、照門の中心に照星をもってくる。これで目と照準線が一致したわけで、つぎにこの線を目標に合わせることによって照準が完成する。このとき目の焦点は照星に置く。すると照門や目標はややぼやけて見えるがそれでよいので、ほかのどこに焦点を合わせても照星に焦点を合わせるよりよい結果は得られない。

六時照準とセンター照準

普通、照準はセンター照準といって、P.86の図のように標的の中心を狙うものである。しかし、黒い照星が黒い標的の中心を正確にとらえているかどうかは、わかりにくいものがある。そこで、標的の黒点を照星の上にのせるようにして、照星の頂点と黒点の下際の間に白一線をあけるような狙いかたをする。すると、わずかのズレも気がつきやすく、より正確な照準ができるわけである。もちろん、それで黒丸の中心に着弾するように照門を調整しておくのである。これを「六時照準」とか、「下際照準」という。もちろん、これは黒丸の標的を撃つ場合にのみ行なわれることで、実戦には適用し難いものである。

両眼照準

照準は、右目で行なうが、左目も閉じないほうがよい。これは両眼照準と呼ばれているが、左目はただ開いているだけで、目標も照準具も見てはいけない。幼い子供に片目を閉じろというとできない。あるていど成長してからできるようになる。このことからもわかるように、片目だけ閉じるというのは不自然な行為で、目の神経にはかなりの負担になり、片目を閉じて照準すると急速に目が疲れて視力が低下するのである。

マスター・アイ（master eye）

手に右きき左ききがあるように、目にも「マスター・アイ」すなわち「きき目」がある。

普通、右ききの人は右目がマスター・アイなのだが、なかにはそうでない人もあり、きき腕

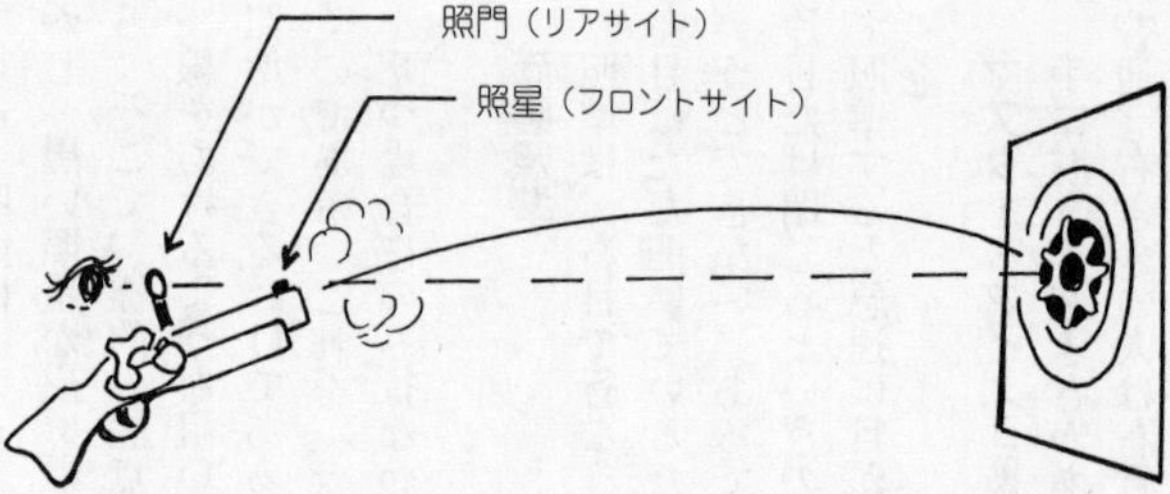

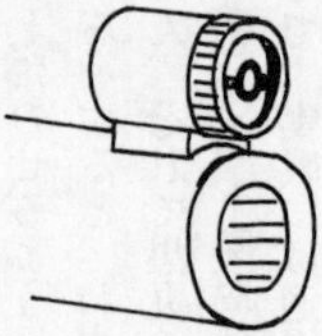

環型照星（リングサイト）

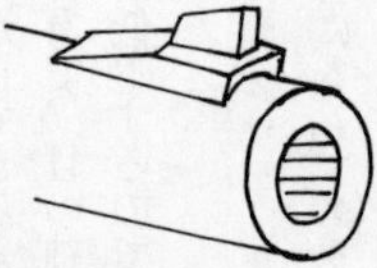

棒型照星（ポストサイト）

孔照門（ピープサイト）

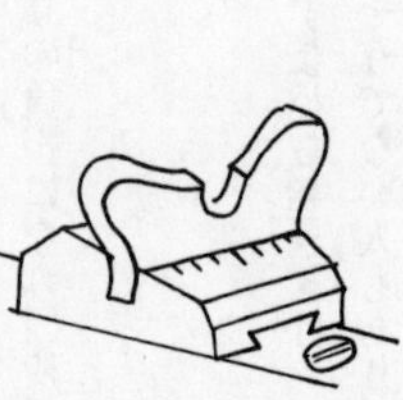

谷照門（オープンサイト）

とマスター・アイが一致していないと両眼照準はできない。この場合には、片目照準になるのはやむを得ない。

しかし、射撃競技の場合には、帽子のひさしに片目を隠す覆いをつけるとか、照門の横に片目を隠す板をつける、あるいはメガネの片方をテープで塞ぐといった方法で、両目を開いていても片目しか標的が見えないようにする方法もある。

マスター・アイの見つけかた

自分はどちらの目がマスター・アイなのか知らねばならない。マスター・アイを知るには、手を伸ばして顔の前に指で輪をつくり、この輪を通して目標を見る（あるいは実際に拳銃を使って照準してもよい）。そして片目を閉じてみる。開いている目がマスター・アイであれば目標はそのまま輪の中にあるが、マスター・アイでなければ目標は輪からはずれて見える。

光学照準器（optical sight）

光学照準器には、テレスコープ・サイト（telescope sight）とドット・サイト（dot sight）がある。夜間、わずかの光を増幅して、あるいは目標の発する体温などの熱線を映像として捕らえ、肉眼では見えない目標を照準するものもあるが、照準方法はテレスコープ・サイトやドットサイトと同じである。

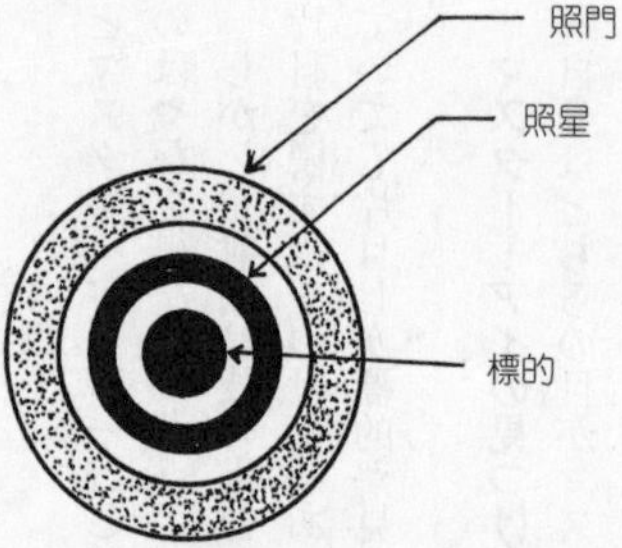

ピープサイトと
リングサイトの組み合わせ

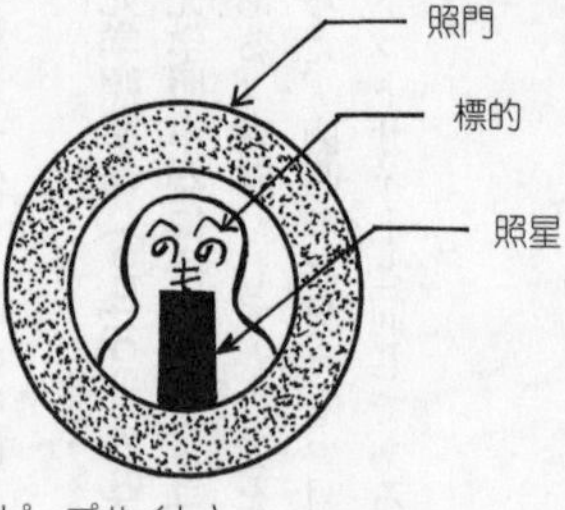

ピープサイトと
ポストサイトの組み合わせ

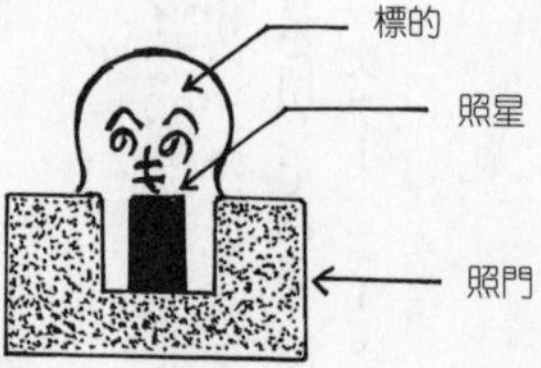

オープンサイト（リーフサイト）と
ポストサイトの組み合わせ

6 時照準

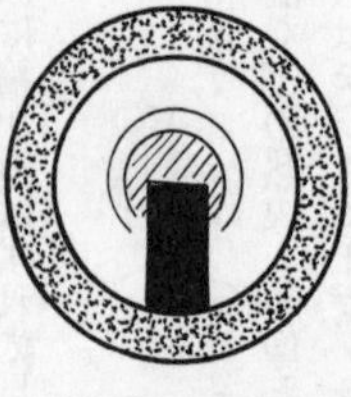

センター照準

テレスコープ・サイト

テレスコープ・サイトは普通、単にスコープと称される。望遠鏡になっており、遠距離の目標を拡大して見ることができる。また、レンズが光を集めるので、アイアン・サイトでは照準できない暗さでも照準できる利点もある。しかし、あまり倍率が大きすぎると、自分の体の揺れも拡大されて見え、揺れる船の上から狙っているような感じになってしまうから、むやみに倍率が高いほどよいというものではない。かなり射撃の腕が上がるまでは四倍以内にとどめておいたほうがよい。

スコープの中に見える十字（あるいは十字以外の模様になっている場合もあるが、照準のために設けられた線）をレティクル（reticle）という。ただし、これは米語で、英語ではグラティクル（graticule）という。

ドット・サイト

スコープが遠距離精密射撃用であるのに対し、ドット・サイトは比較的に近距離速射用の照準器である。これは視野の中心に赤い光の点が見え、この赤い点を目標に合わせて狙うものである。照星・照門を使うよりも迅速に照準でき、暗いところでも狙えるので、拳銃やサブ・マシンガン、ショットガンによる近距離戦には有利である。当然、無倍率であるが、なかには倍率のある、スコープとのあいのこのようなものもある。

オプチカル・サイトによる照準

オプチカル・サイトは、目から六～八センチくらい離して覗くようになっている。そうでないと反動で目にぶつかるからである。また、スコープのように倍率のあるものは、その距離でないと焦点も合わないから正確な照準もできない。この距離をアイ・リリーフ（eye relief）という。ただし、拳銃用スコープは腕を伸ばして構えた状態で焦点が合うようになっているし、倍率のないドット・サイトでは焦点距離がない。

スコープは、アイアン・サイトのように照門、照星、標的の三点を合わせる必要がなく、レティクルを目標に合わせればよいから狙いやすい。それでも、目の位置が正確にスコープの中心を覗いていないと正しい照準はできない。スコープを覗いて均等に丸いクマが出るのは目とスコープの距離が近すぎるか遠すぎるのであり、クマが上下左右のいずれかに偏しているのは目がスコープの中心を覗いていないのである。

ドット・サイトは、目が中心を覗いていなくてもクマができないから注意が必要である。

倍率のあるスコープは、目標を狙いやすくはなるが、倍率が高いほど視野は狭くなり、目標のほうへ銃は向けたが目標をなかなかスコープの中にとらえられない、ということは起きる。しかし、これも両眼をあけ、左の目でとらえている目標に右目で覗いているスコープのレティクルを重ねることを練習すれば解決できる。

レーザー・サイト

レーザー・サイトは、銃にレーザー照射器を取り付けて目標に照射し、レーザー光の赤い点が目標と一致したところで射撃するものである。これは照準器というのとは異なる概念のものともいえるので、レーザー・サイトと呼ばずに「レーザー・ポインター」という表現をしている人もある。

正確さの点ではドット・サイトに劣るが、腰射ちなどの場合に銃が正確に目標に指向されているかどうかが判断できるのと、かなり暗いところでも目標の存在さえわかれば照準できる利点があり、五十メートル以内程度の近距離戦闘射撃に適している。

呼吸

呼吸をすれば、当然、体は動く。正確な射撃のためには体は死んだように静止し、ただ人差し指だけが動くのでなければならない。そのため、照準をし、引き金を引き落とすまで、というよりも弾が銃口を離れるまで呼吸を止めなければならない。ところが、呼吸をしなければ血液中の酸素はたちまち不足し、視力は低下する。

正確な射撃をするためには、呼吸を止めてから十秒以内に照準を完了すること。

十秒以内に照準できなければ、ふたたび呼吸し、照準をやりなおしたほうがよい。

十秒という時間は、競技や遠距離からの狙撃の場合にのみ許される。戦闘射撃の場合には、照準は四秒以内に完了すること。これは単に体を酸素不足にしないためだけでなく、実戦の場において敵に発見され、撃たれる危険性を最少にするためである。

呼吸を止めるとき、空気をいっぱい吸い込んで止めてはいけないし、いっぱい吐き出して止めてもいけない。いずれも安定のためにはよくなくて、七十パーセントくらいのほうがよい。

七十パーセントの状態にするのに七十パーセント吸ってから止めるか、いっぱい吸い込んで三十パーセント吐いてから止めるかは個人個人で研究して自分に合うほうを選ぶこと。また、七十パーセントというのも概ねの目安であり、どの程度ということも自分に最も適する状態を会得すること。

撃発

引き金を引き落とすために必要な力を「引き金の重さ」という。

引き金の重い銃は正確な射撃はできない。引き金を引く力で銃が動いてしまうからである。そこで精密射撃競技にはきわめて軽い、三十グラムとか五十グラムとかのわずかの力、すなわち指先が触れただけで発射されるような引き金が用いられている。しかし、このような軽い引き金は実用の銃では危険である。引き金に指を触れないように注意していても、木の葉の先が触れただけでも、あるいは銃の一部が小枝にぶつかったショックででも弾が出かねないからである。

実用の銃で推奨できる引き金の重さは、二キログラム前後である（たいていの軍用小銃の引き金の重さは三キログラム以上あるが、これは徴兵制軍隊で素人を集めて兵隊にした場合の技量に合わせてあるので、銃が体の一部のようになってくれれば、もっと軽くてよい)。

実用の銃で一・五キログラムという引き金は軽いほうであるが、そのような軽い引き金を持った銃でさえ、あるいはさらに引き金の軽い競技銃でさえも、引き金はまっすぐ後へ引かなければ銃が横揺れする。しかも静かに引かなければならない。

それで、この感覚を表現するため、引き金は「引く」といわないで「しぼる」といい、昔から、「闇夜に霜の降るごとく」と形容されている。

狙撃銃や精密射撃競技の場合、グリップを握らず、トリガー・ガードの後に親指をあてがい、親指と人差指で引き金をはさむようにするテクニックもある。

弾着の見送り

精密な照準というのは、神経にとってかなりの負担である。このため発射後、急激に緊張がゆるむ。しかし、発射と同時に緊張をゆるめてはならない。なぜなら、それが習慣になると、撃発と緊張からの解放が条件反射になり、やがて銃口から弾が出る前に緊張をゆるめてしまい、正確な射撃ができなくなってしまうのである。

これを防止するため、発射の一瞬後まで目標を注視し、「いまの弾はどこへ着弾したか」見ようとすること。実際に弾着が見えなくとも、引き金を引き落としたときの銃のわずかな動きに注意し、「右下へいった」「左上へいった」というふうに「弾着の見送り」を心がければ、発射の直前に緊張がゆるむのを防止できる。

カラ撃ち

実弾射撃を数多くやらずして射撃の上達はあり得ないことはもちろんであるが、しかし、カラ撃ちも経済的に技量を向上させるよい手段である。むしろ引き金を引く回数からいえば、カラ撃ちのほうが実弾射撃の何百倍も多くなるように、家でカラ撃ちをすることが上達の秘訣である。カラ撃ちを行なうと実弾射撃よりも撃針を痛めやすい（その程度は銃の種類によってさまざまで、何万回やってもだいじょうぶな銃もあるが）。そこでカラ撃ちには、カラ撃ち用薬莢を使用することが推奨されている。

零点規正。射手にあわせて照準具を調整

零点規正とは

工場から出荷されてきた銃をそのまま撃っても、まず命中しない。なぜかというと、零点《ぜろてん》規正《きせい》（zero sight setting〈zeroin とか、sighting-in ともいう〉）がなされていないからである。零点規正とは、狙った所に着弾するように照準具を調整することであるが、どこのメーカーもそれはしないで出荷する。なぜなら零点規正は射手個人が行なうものであり、工場で行なっても意味がないからである。

なぜ零点規正は射手個人の仕事かというと、それぞれの射手がどのような弾を使っていく

正常な照準はクリヤーに見える

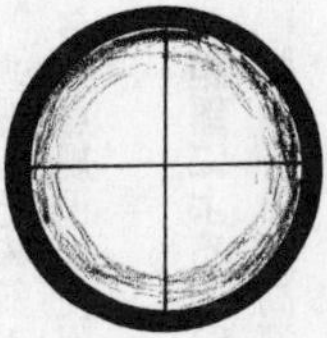

目が近すぎるか遠すぎる

弾着は下へ行く

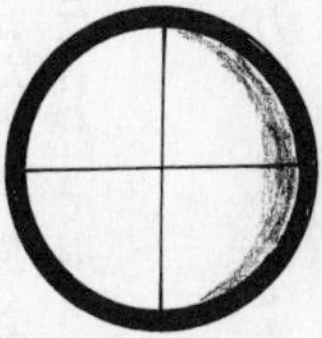

弾着は左に行く

正しく照準しているのに弾着が
偏している。
つまり零点が合っていない。
このような場合、

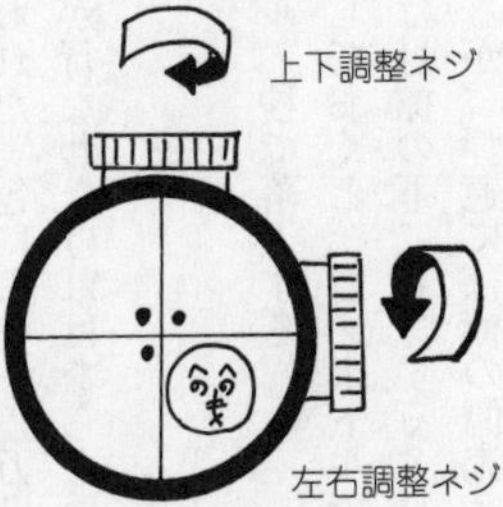

標的の中心を狙って銃を固定し、
調整ネジを回してレティクルを
平均弾着点にもっていく。
それから標的の中心を狙って撃
てば命中するようになる

らの距離でゼロ・インさせたいのか、メーカーはあらかじめ知ることはできないし、たとえそれがわかっていても、射手一人一人、目が違い体が違うから、他人が行なったのでは、所詮、正確な零点規正はできないからである。

弾薬による違い

ある銃に使用できる弾薬の種類はきまっている。223レミントン実包を使う銃に30－06実包は入れようと思っても入らない。しかし、223レミントン用の銃にはアメリカ製の223でも韓国製223でも使えるし、また弾丸の重さが四十五グレインのものだろうと五十五グレインのものだろうと、薬莢の中にIMR4895発射薬を二十四グレイン詰めていようとBLC2発射薬を二十五グレイン詰めていようと発射できるわけである。

当然、その銃から発射された弾丸の描く弾道は使われた実包により千差万別である。だから零点規正は使用する実包に合わせて射手みずからが行なわなければならない。

距離による違い

弾はどんな高速弾でも引力によって九・八メートル／秒で落下する。

そこで、もし二百メートルで命中するように調整しておくと、百メートルで撃った場合は目標の上に弾着するし、三百メートルで撃った場合は目標の下に着弾する。

また、引力による落下にくらべればわずかではあるが、弾道には横の偏流というものもあ

照門の調整

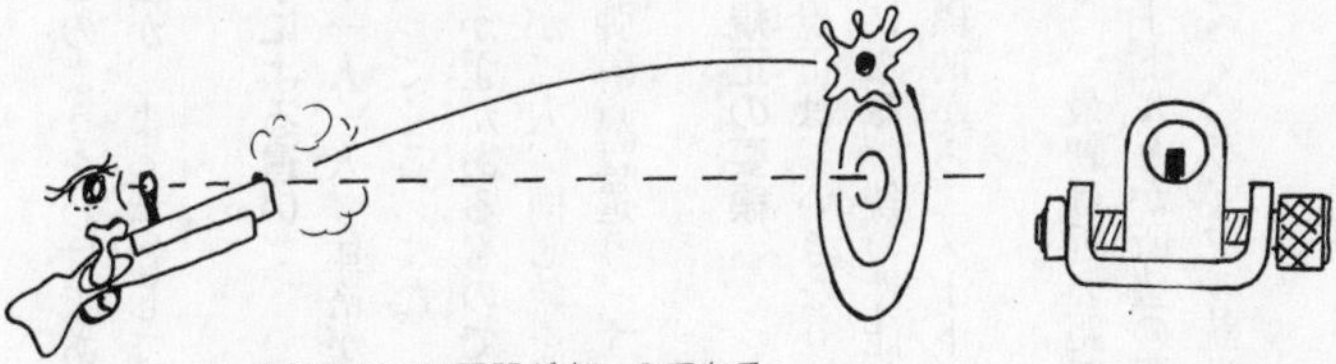

上に弾着するのは照門が高いのである。
照門を下げれば弾着は下へゆく

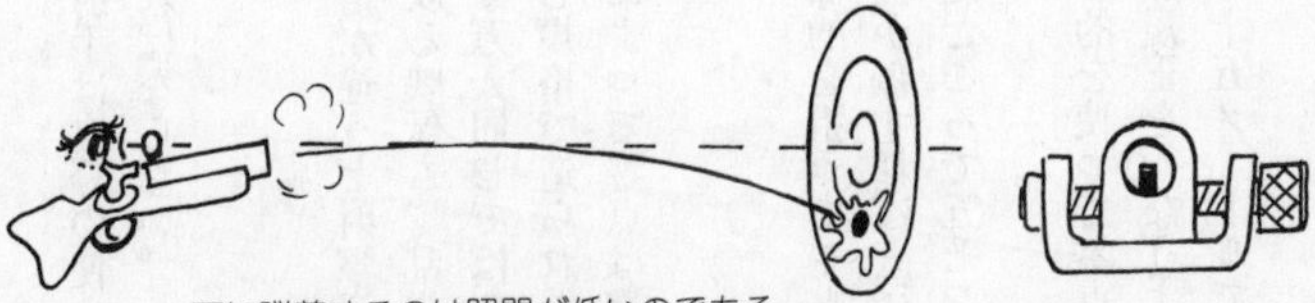

下に弾着するのは照門が低いのである。
照門を上げれば弾着は上にゆく

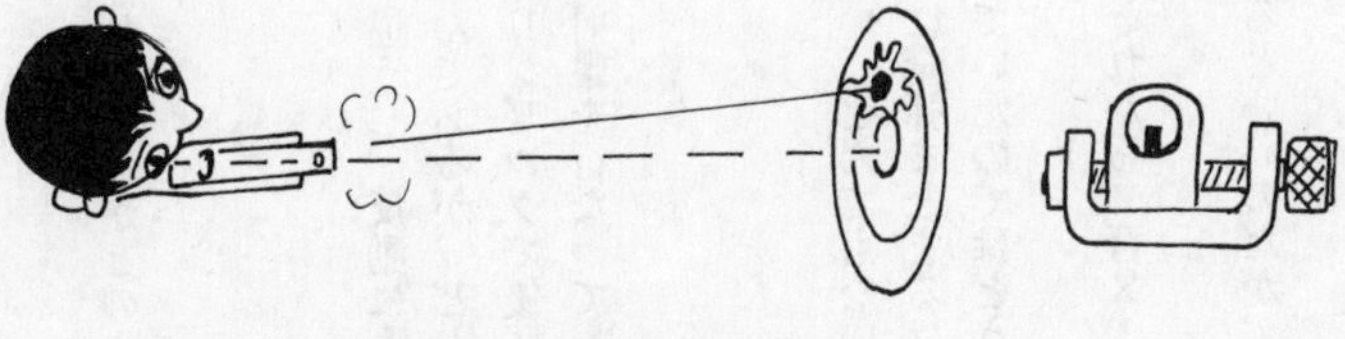

弾着が左にゆくのは照門が左に偏っているのである。
照門を右によせれば弾着は右にゆく

る。このようなわけであるから、射手は自分の使う銃から発射される弾道がどのようなものであるか、よく承知しておかなければならない。

射手による違い

射手一人一人、体格が違う。体格が違うと射撃姿勢も少しずつ違うし、反動による銃の動きも違ってくる。また、人の目に映る映像も、乱視の人はもちろんであるが、どんな人でもいくらか歪《ひずみ》があるもので、けっして万人同じではない。だからオリンピックで優勝するような射手が二人、同じ銃を使い、同じ規格で造られた弾を使用して射撃を行なっても、射手が違えば弾着点は違う。すなわち人によって零点は違う。

零点規正の要領

零点規正は、いきなり遠距離の標的を狙ってやらないほうがよい。とんでもない大きな的が必要になる。銃の性能と射手の腕からすれば直径五センチ程度に全弾まとまるはずであっても、標的から二メートルも離れたところで五センチにまとまっていたのではどうしようもない。

だから、最初は近い距離で大きな的を使って零点規正をする。それから二百メートルとか三百メートルとか所望の距離で零点規正を行なうようにする。

たいていのライフル銃は最初、二十五メートルで零点規正をするといいのだが、多くの射

ボア・サイティング

ボルトを抜いて銃腔を通して標的を狙う

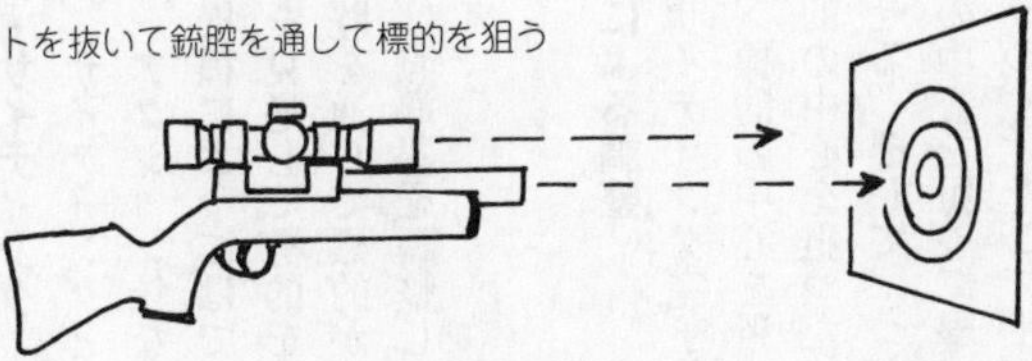

銃腔を見通すことのできない構造の銃は「ボアサイター」を使う

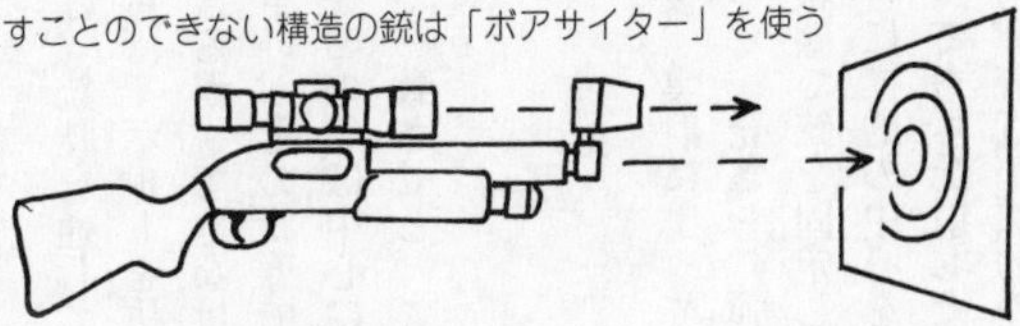

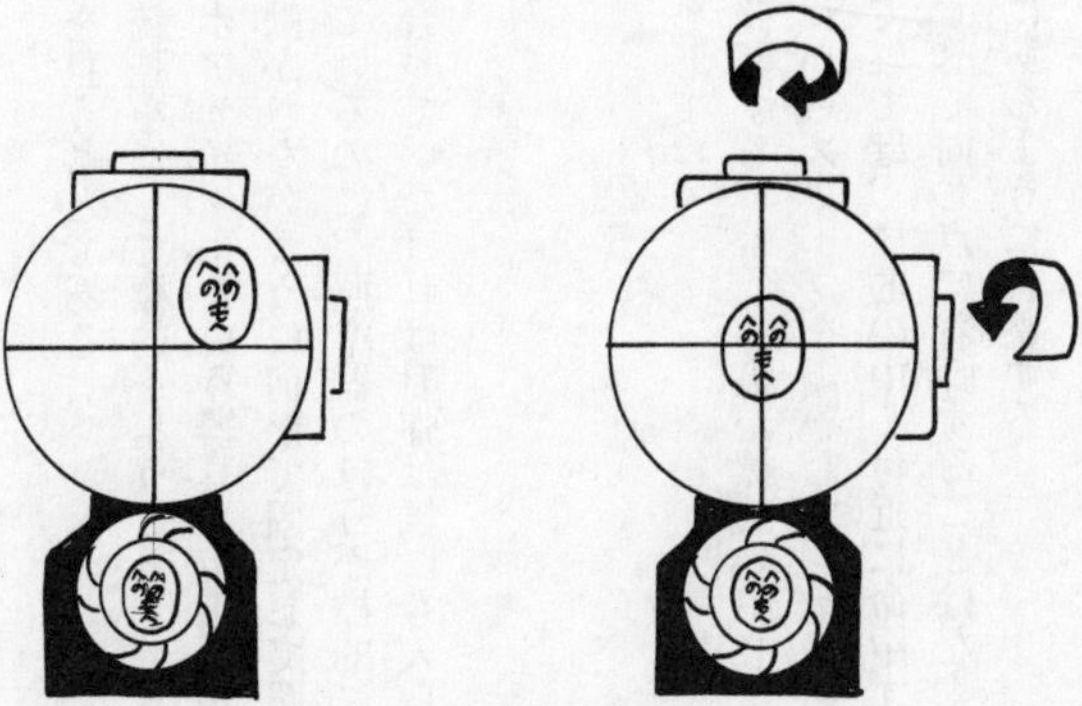

銃腔を通して標的を狙う　→　標的がスコープの中心になければ
中心に来るように調整する

撃場は二十五メートルで撃てるようになっていない。

ボア・サイティング

ボア・サイティングとは、銃腔を通して標的を狙うことである。

ボルトアクション銃ならば、ボルトを抜いて銃腔を通して標的を狙うことができる。自動銃でも機種によってはできるが、できなければボアサイターという器具も市販品がある。

銃腔を見通して標的を狙い、その状態で銃を動かさないように何かで固定して照準器を見る。銃腔を通して標的が銃口のほぼ中心に見えているのに、照準器のほうが標的に合っていなければ照準器を調整して一致させる。これが合っていなければ射弾は紙にも入らないであろう。

実射による調整

ボアサイティング完了後、実射によって微調整してゆく。

まず、標的の中心を狙って一発撃ち、弾痕を確認する。もし弾痕が標的の中心にないならば、標的の中心を狙った状態で銃を固定し、それからスコープを調整してレティクルを弾痕に合わせる。そして、つぎに標的の中心を狙って撃てば、標的の中心付近に命中する。

標的の中心を狙って撃っても、発射した弾はすべて同じ点に着弾することはなく、ある範囲でバラつく。そこで平均弾着点が標的の中心にあるように調整する。

平均弾着点の求め方

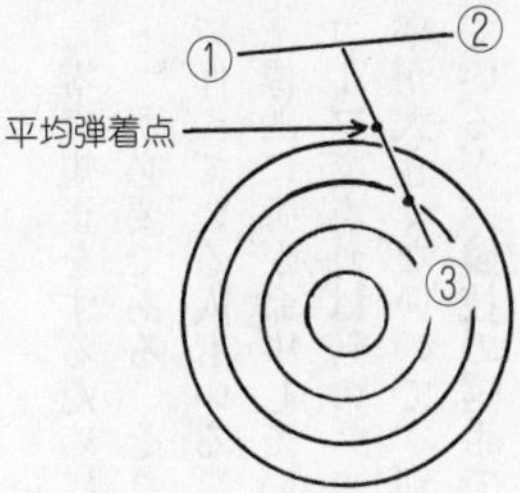

1発めと2発めを結んだ線の中心点から3発めへ線を引き、その線を3等分した1、2発めに近いほうの点が平均弾着点である

平均弾着点はかなり上にある。
こういう場合は照門を下げる。
左右は少しだけ右にズレているので照門を少し左に調整

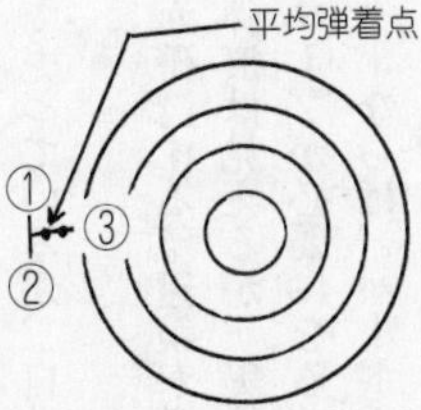

腕のよい射手で、よくまとまっているが、
零点が左に大きくズレている。
照門を右に修正

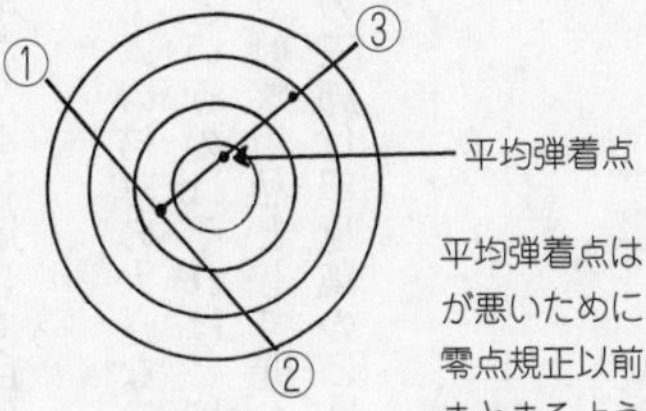

平均弾着点はほぼ中央にあるが射手の腕が悪いためにバラついている。
零点規正以前の問題で、もっとちいさくまとまるように練習すべきである

零点規正をするためには、銃から手を離しても銃が動かないように銃を固定する「銃レスト」が必要である。それは銃砲店で売っているが、自動車用のジャッキなどを利用して自分で作っている人もいる。

標的に弾が命中しているかどうか確認する望遠鏡が必要である。ズームの倍率の大きなスコープであれば銃のスコープでも弾痕は見えるが、実猟用のスコープというのはそれほど倍率が大きくないので、別に観的スコープが必要になる。それは銃砲店で射撃用品として売っているが、競技の選手でなくハンターならば、バードウォッチング用の三脚付望遠鏡のほうが安く買える。

第三章　スナイパーの野外行動学

どんな服装がいいのか

「おじさん、ハンティングにはどんな服装で行くべきなんでしょうか」

「なんだっていいんだよ、野山で動きやすく、また冬のことであるから寒くなければなんでもいい。ナチスドイツの軍服が好きならそれでもかまわないし、忍者のかっこうをしたってサンタクロースのかっこうをしたってかまわない（だれもいないとは思うが）。しかし、野山で行動するのだから、あまり実用的でない服装はすすめられない。まあ、登山用品屋で売っている登山用の衣料が一番いいのではなかろうか」

といいながら、おじさんは以前、自衛隊にいたからか、自衛隊の迷彩服を愛用していて、まったく兵隊のような姿で狩をしている。

迷彩にする理由は、べつに鹿に見つかりにくいようにするということではなく、鹿の血が

どんな服装でハンティングに行く？

ついてシミになっても迷彩模様にまぎれて目立たないからだ。

それと、迷彩であるなしは関係ないのだが、以前、所持許可証が現在のものより大型だった時代があり、軍用の戦闘服でないとそれだけの大きさのポケットがついていなかったということもある。

だから以前は、戦闘服でない人は所持許可証をリュックサックに入れて歩いたりしていたようだ。

しかし、近年は事故（撃たれる）防止のため目立つ服装をすることがなかば強制のようになってきて、大日本猟友会（全国の猟友会を統括する組織）はオレンジ色のベストと帽子を配布している。

それでおじさんは、迷彩服の上からオレンジ色の帽子とベストを着るという矛盾したスタイルをしている。

良太郎もサバイバルゲーム用の戦闘服を持っていて、これが実用的だから利用することにした。

しかし、木綿を主体にした戦闘服は水が染み込みやすいという欠点もある。登山用品店で売っているウール地の服は保温性がよいだけでなく、少しの水ならはじいてくれる。

朝露に濡れた草をかきわけて歩いたり、雪の中を歩いてみるとその違いは歴然としている。戦闘服はどんどん水分を吸収して濡れてしまうが、ウール地の登山衣料は、本格的な雨には耐えられないものの霧雨ていどの雨や朝露、雪の水分などの浸透を阻止し、体を暖かく包んでくれるのだ。だが、所持許可証や狩猟者登録証を入れるにはポケットが小さすぎる。

下着は普段着ている木綿の下着でもかまわないが、冬山で汗をかいて下着が濡れると気持ちが悪いだけでなく体温を奪われてカゼをひきやすくなる（凍死しやすくなる）ので、スポーツ用品店で売っている新素材のものが望ましい。

下着と戦闘服の間は、ごくありふれたセーターかトレーナーでじゅうぶんだ。十一月の鹿猟解禁当初はまだ暖かいことが多く、昼間、斜面を登っているときなどはセーターさえいらず、下着の上にすぐ迷彩服ということさえある。

自衛隊半長靴（左）とワークブーツ

おじさんは手足や顔は寒さに強いのに、頚部に冷たい風があたることに極端に弱い体質で、セーターもトレーナーもタートルネックのものを選んでいる。そして首の後ろに使い捨てカイロを貼りつけている。

しかし、これはまったく個人の好みの問題で、体を動かして体温が上昇してきたとき汗をかかないように熱を逃がすためにはタートルネックでないほうがよく、前も開くことのできるカーディガンのようなもののほうがいい、首にはマフラーを巻くというほうが、一般的にはいい方法ではないかと思われる。

雨衣はゴアテックスのような、防水性通気性ともに優れたものでなければならない。銃や車は安物にしても、雨衣はいいものを買おう。

雨衣は雨水を完全に防ぐだけでなく、体から蒸発する水蒸気は外へ出さなければならない。でないと自分の体から出た水蒸気が雨衣の内側で水になって結局、体が濡れてしまう。人間の体は意外に多くの水蒸気を出しているのだ。濡れて、冷たい風に吹かれていれば凍死の危険がある。

おじさんが若かったころ、自衛隊にはまともな品質の雨衣がなく、雨が降れば結局、濡れることは免れなかった。そのころゴアテックスなどという素材はまだなかったので、おじさんは自前でイギリスのバーブアのオイルドコットンの雨衣を買った。細い木綿糸で密に織った生地に動物性脂を塗りこんでいる。これは雨水は通さず、水蒸気は透過させる優れものだった。色も自衛隊の戦闘服のような濃緑色だったから演習にも着た。

この難点は、万一火がつけば危険だということと、脂を塗りこんでいるのだから、だんだん汚れもいっしょに塗りこまれていくが洗濯ができないということだった。何年も着て、ずいぶん汚くなったところで脂分を完全に除去してしまうまで洗うと汚れもだいぶ取れ、そこへ再び脂を塗りこんで（専用の脂は売られていた）また使えたが、だんだん汚れも染みついて取れなくなってきたころ、米軍のゴアテックス・レインパーカーが手に入ったのでバーブアは処分した。

もっとも、バーブアのオイルドコットンは、ゴアテックスより軽くてしなやかで、音を立てない。ゴアテックスは〝ゴワテックス〟と揶揄されるほどゴワゴワしていて、動くと音がするので獲物に忍び寄るには少々難がある。
自衛隊がゴアテックスの雨衣を装備するようになったのは、さらに十年以上のちだった。北海道の十二月、一月になれば雪はサラサラの粉雪だから雨衣はいらないようなものだが、体温で体の表面についた雪が解けるので、やはりゴアテックスの雨衣があったほうがよい。

十一月くらいではダウンジャケットなどいらないが、十二月、一月になるとかなり寒いのでダウンジャケットを携行する。風がなければ、歩いているときはダウンジャケットなど着ていられないくらいだが、鹿を待ち伏せしようと、じっとしていると寒くてダウンジャケットを着るようになる。だからダウンジャケットや雨衣は丸めてリュックサックに縛りつけて歩くとよい。

ダウンジャケットの中身は、本物のダウン、つまり水鳥の胸の羽毛が軽くて暖かくてよいのだが、ヒマラヤ登山をするわけでなし、日本の北海道の、鹿猟場の山などダクロンなど安物の化繊の中綿のもので十分である。本物のダウンは、セーターの上に着ると羽毛が毛糸に吸い取られるように抜けて、セーターが毛だらけになり、ジャケットの中身はだんだん減っていく。本物の羽毛のジャケットを着たらセーターとジャケットの間に戦闘服を着なければならない。洗濯をする場合でも羽毛だと専用の洗剤を使って手洗いしなければならないが、ダクロンなら洗濯機で洗える。

ゴアテックス半長靴（左）とゴアテックスのトレッキングシューズ

手袋は、銃の操作に支障のないようにゴルフ用手袋のような薄い革手袋を使う。これもおじさんは自衛隊の売店で売っていた迷彩模様の手袋を愛用しているが、スポーツ用品店でも作業用品店でもよいものは手に入るだろう。自衛隊で支給しているOD（オリーブドラブ）色の軍手は、あれはだめだった。綿の軍手は銃に対して（銃にかぎらず車のハンドルであれなんであれ）グリップ感が悪く滑りやすい。狙撃銃の引き金を引くようなシャープな指先の感覚が要求される場合には論外なものである。だから多くの隊員が売店で売っている手袋を買う。

しかし、薄い手袋は気温が低いときは手が冷える。スキー用の革手袋をして問題ないという人もいるが、おじさんは厚手の手袋では銃操作の感触が悪い、といって薄い手袋をし、その上にすぐに脱げる大きなミトンの手袋に手を入れる。おじさんが愛用しているのは自衛隊の「防寒大手袋」というもので、しかも内側にウサギの毛のあるずいぶん古い時代のものだが、登山用品店を探せばいいものがいろいろあるだろう。ゴアテックスのミトンの手袋などもあるようだ。

良太郎はスキー用品店でおじさんの「防寒大手袋」に似たものを見つけた。

靴については、昔自衛隊にいたのでハンティングにも自衛隊装備をいろいろ使っているおじさんだが、自衛隊の半長靴は使わない。あれは自衛隊の被服装具類の中で最悪のものだそうだ。射撃姿勢がとりにくいほど革が硬く、豆や靴ズレができやすく、疲れやすく、通気性が悪くてしかも水濡れには弱い。何より問題なのは底が硬すぎて足音が響きやすく、コンクリートや岩、雪や氷の上で著しく滑りやすいということだ。

それでおじさんは市販のシェダークレストのワークブーツを長年愛用してきたが、これも雪の中を長時間歩くと濡れてくる。やがてゴアテックスの内張りのあるコンバットブーツが輸入されるようになってきたけれども高い上に、日本人の足に合わない（おじさんはとくに幅広甲高）ので買わなかった。それで登山用品店で売っていたゴアテックス内張りのトレッキングシューズにスパッツをつけて使ったりしていたが、自衛隊の売店で自衛隊の半長靴の外観をしてゴアテックスの内張りがあり、革も柔軟で靴底のグリップ性も優れたものが売り出されたので、それを買って使うようになった。サバイバル用品の店でも似たようなものは販売されている。

日本のハンターには、ゴム長愛用の人が多い。これは夏の間、渓流釣りなどしながら猟場を見て回る人が多いし、また釣りをしなくても日本の山では沢を渡らねばならないことは多いからだ。おじさんがゴム長を使わないのは、ゴム長だと自分の汗で靴の中が濡れてくるのが嫌なのだそうだ。このあたりのことは個人の好みと、猟場がどんな所かによるであろう。

しかし、ゴアテックスのコンバットブーツは高い。良太郎は普段、サバイバルゲームに使っている革のコンバットブーツにした。しかし、それでは雪の中では問題だ。

「では、雪の季節にはこれがいい」

と、おじさんが推薦してくれたのが、ゴム長の中に抜き出して乾燥させることのできるウレタンのライナーが入っているものだ。ウレタンのライナーは保温材であるとともに汗を吸収してくれるので、ゴム長を長時間履いていてもあまり濡れた感じにならないのだ。宿へ帰ってからこのライナーを抜き出して乾燥させるのだ。これは安くていい。ただゴム長だからコンバットブーツのように足首がしっかりしない難点はある。

なお、ごく最近、自衛隊も品質のよい半長靴を採用したらしい。

装具、なにを持って行く？

おじさんにならって、というよりもサバイバルゲームに使っていた装備の有効活用ということで、良太郎もミリタリー調の装備になっていく。

ナイフ、弾入れのポウチなどをつける腰のベルトも、おじさんは自衛隊の弾帯だ。それに自衛隊用サスペンダーをつけ、サスペンダーにトランシーバーのポウチをつけている。

弾入れのポウチは、ハンティングの場合、二十連や三十連の弾倉を使うことはないから、軍用の二十連、三十連弾倉用の大きなポウチは必要ではなく、おじさんは自衛隊の売店で弾帯につける煙草入れとして売られている小さなポウチを使っている。これにライフル実包をカチャカチャ音を立てないよう五発クリップでまとめて収納している。しかし、二十発入り紙箱をそのまま持つ場合は、六四式小銃の二十発弾倉用マガジンポウチを使う。マグナムライフルの大きなカートリッジの二十発紙箱だと六四式用のマガジンポウチには入らないので、もっと大きな教範入れのポウチを利用する。

どんなポウチを使うかは銃により、どういう状態で弾を持つかによっていろいろであろう。おじさんの友達にはM14ライフルの民間バージョンであるM1Aを持っていて、日本の法律に合わせて弾倉は五発までしか入らないのだが、外観上は二十連弾倉なので二十連用のポウチを使っている人がいる。

おじさんはスナイパーライフルを使うときは小さなポウチだが、M16の民間バージョンであるAR15を使うときは八九式小銃用のマガジンポウチを使っている。

散弾銃の良太郎は、カモ猟のときは教範入れの大きなポウチ、大物猟のときはタバコ入れの小さなポウチを使うことにした。

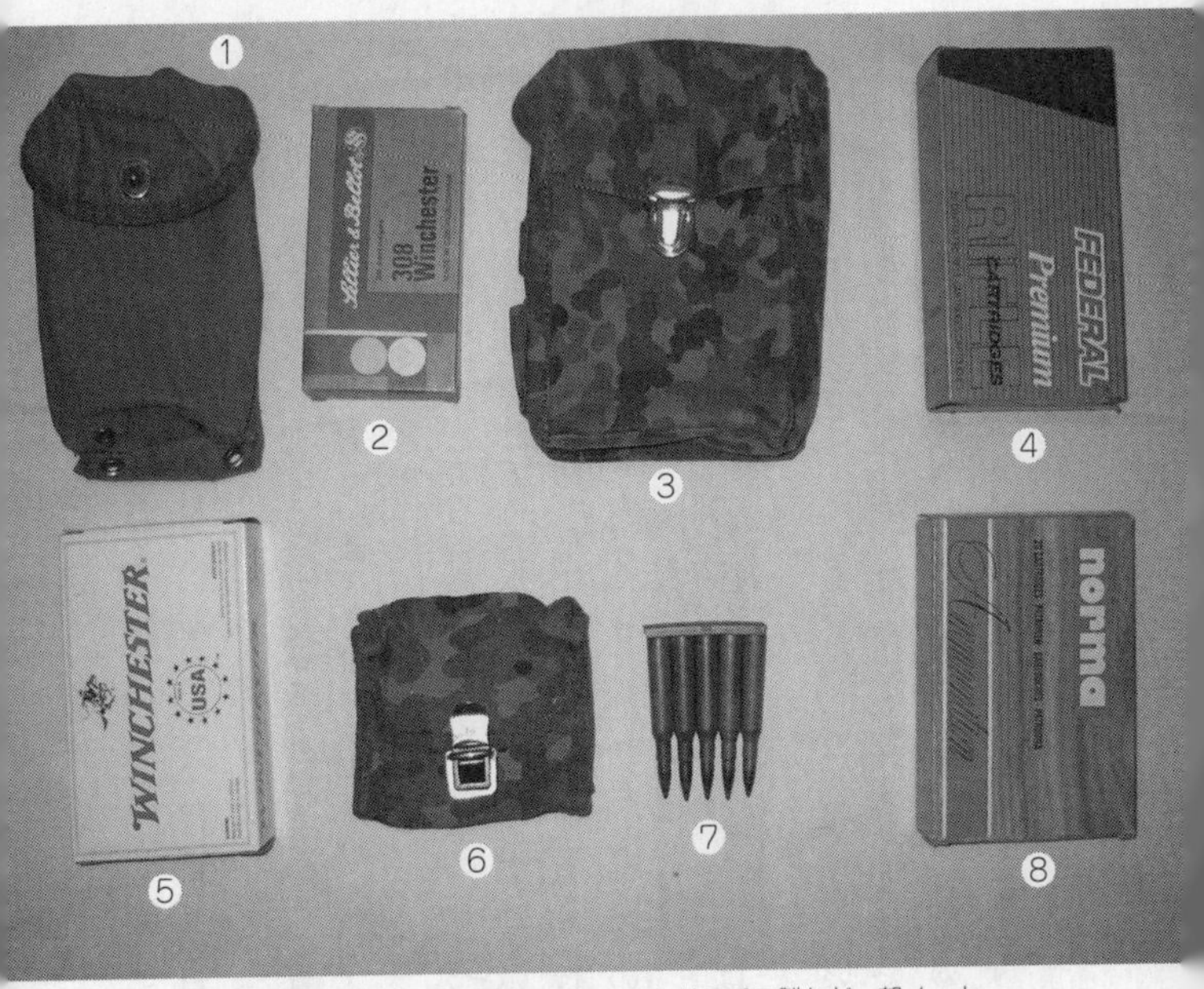

①の64式小銃用の弾入れに②のチェコのセリエベロ製など一部メーカーの308実包20発入り紙箱は入るが、⑤のように入らない大きさの箱が多い。③の教範入れのポウチならば、④⑧のマグナム実包の箱も収納できる。⑥のタバコ入れのポウチに、⑦のクリップでまとめた実包を入れれば、紙箱ごと入れるよりコンパクトである

良太郎やおじさんは、このようにミリタリー調であるが、銃砲店には革製の弾帯やポウチなどいろいろなものが売られている。

良太郎はサバイバルゲーム用にタクティカルベストを持っている。釣り用のベストのようにポケットがたくさんついているものだが、良太郎のものはポケット

が縫いつけられているのではなく、自分の好みでさまざまなポウチをベルクロ（マジックテープ）で取りつけるようになっている。おじさんは自分が自衛隊にいた当時の装備で弾帯・サスペンダーにいろいろ物をつけていたが、良太郎のタクティカルベストを見て、「こちらのほうが便利だな」と、タクティカルベストに切り替える意向である。

弾帯・サスペンダー、あるいはタクティカルベストには、さらにナイフ、救急品袋、双眼鏡、懐中電灯、GPSなどがつく。

水筒は、おじさんはひところ自衛隊仕様の水筒を弾帯につけていたが、最近、リュックサックにペットボトルを入れて持ち歩き、水筒は使っていないそうだ。

折りたたみ式のスコップは、車にのせて猟場へ持っては行くのだが、歳を取るとなるべく装備を軽くしたいので、持ち歩いたほうがいいことはいいのだが、最近は持ち歩かないという。

トランシーバーは、ハンターの必需品である。携帯電話は、地域によるが、鹿猟場は通話範囲外のことが多い。

サングラスは雪のあるときはもちろん、雪がなくとも薄い黄色などのサングラス、あるいはゴーグルのようなものでもかけたほうがよい。小枝で目を突いたりする事故を防ぐためだ。

リュックサックは、解体した鹿の肉を入れるために使うので、さまざまな小物を入れておくポウチを腰に下げるか、大きなポケットのあるリュックサックを使うかする。おじさんは自衛隊の売店で売っていた折りたたみ椅子付のリュックサックを使っている。釣り道具店にも同じようなものを売っている。ただ背負うという点であまり人間工学的によく考えられていない。スポーツ用品店で探したほうがもっと人間工学的によく考えられた背負いやすいリュックがある。

ミニ三脚。木の枝などにしばりつけて使用する

リュックサックのポケット（または適当なポウチ）には、つぎのようなものを入れておく。

肉袋＝目の粗い木綿の大きな袋である。ポリ袋は肉がムレやすいのであまりよくない。

水入りペットボトル＝水筒を持っていればいらない。

非常食＝チョコレートやクラッカー、ソーセージ、チーズなど適当に。

ポリエチレン手袋＝獲物の解体をするとき使う。

絶縁テープ＝銃口に雪や雨水といった異物が入らないように銃口を塞ぐ。急ぐときにはそのまま発射しても問題はない。

荷造りテープ＝薄いフィルム状の荷造り紐である。獲物の脚を棒に縛りつけて担ぐといった用途に使うほか、万一ビバークしなければならないようなことになった場合、集めた木の枝などで応急的なシェルターを作るのに使ったりするが、実際には一度もそういうことになった経験がない。

ＧＰＳのなかった時代には、初めての山に入っていくとき、歩いた道の要所要所の木の枝などにこれを短く切って縛り目印にして道に迷わないようにしたこともあったが、最近はそういう用途に使うこともなく、一番使ったのはカモ撃ち用の鳥屋造りだった。

予備電池と予備電球＝懐中電灯、無線機、ＧＰＳなどの予備電池、懐中電灯の予備電球。

地図＝国土地理院発行の五万分の一または二万五千分の一のもの。

小型カメラ＝倒した獲物と自分をいっしょに写す。一人で行動しているとシャッターを押してくれる人がいないから、三脚が必要になる。軍の狙撃兵のように三脚つき観的スコープを携行していれば、その三脚が利用できるが、普通は三脚のようなかさばる物は持ち歩きたくないものだ。

そういうときミニ三脚というものもあるが、ミニ三脚だけでは、岩とか切り株の上にでも置かないと高さが足りないことが多い。そうした場合、木の枝などを切って三脚の高さを補ってやろう。あるいは手近な所に適当な高さに木の枝が出ていれば、ミニ三脚をその枝に縛りつけるのもよい。そうしたとき銃口を塞ぐためのテープあるいは荷造りテープが役に立つ。三脚でなく木の幹にねじ釘のようなものをねじ込み、それにカメラを取りつける、という道具もどこかで売っていたが、まだ買って使ってみたことがない。

ポリエチレン袋＝鹿の肉はポリ袋に入れないで木綿の肉袋に入れたほうがいい（北海道の十二月、一月ころのように気温が低ければポリ袋でもよい）のだが、それがない場合や、肉として利用しない残骸も運び出す必要がある場合は利用する。また、ビバークするとき雨露をしのぐのにも利用する（実際問題、筆者は一度もビバークしなければならないような事態にならなかったことはないが）。また、小さなポリ袋も用意しておいて、なにか持ち帰りたい物（鹿の体から取り出した銃弾とか）を収納したりする。

瞬間接着剤＝衣服や器材の応急修理に使うが、非常事態においてはシアノアクリレート系接着剤は傷口を接着することもできる。

マッチ＝防水ケースに入れるかポリ袋にくるむ。耐水マッチというものもスポーツ用品店に売っているが、あまり使いやすくないので筆者は普通のマッチを濡らさないように注意することにしている。

チューブ入り燃料＝筆者は普通、山で焚き火などしない。しかし、遭難に近い非常事態の場合はべつだ。つまり、これはサバイバル用品なのだ。枯れ葉など乾燥していればすぐ火がつくものだが、気象条件によっては、なかなか火がつかないこともある。そういうとき、たきつけにする。

レーザー距離計＝べつにこれがなければ猟ができないわけでも不便なわけでもないが、数百メートル離れた獲物を正確に狙撃するには正確な距離を測ることが重要で、昔はそれをカンに頼るしかなかったが、こういう道具を使うと正確に測定できる。しかし、こういう道具を使って距離を測っていくうちに経験豊富になり、やがて目測で「あそこまで何メートルくらい」と、あまり正確ではなくても実用上、問題のない距離判定ができるようになってくる。

洗い矢（クリーニングロッド）＝キャンプ地に帰るまで、というよりも作戦行動間は何日も銃の手入れをする必要はほとんどない。しかし、万一、銃口に雪やドロが入ったら、それを取り除かなかったら発射不能である。だから最低、銃腔の異物を取り除くための洗い矢だけは携帯すべきである。

こうして準備した装備を点検しながら、

「どう見ても戦場へ行く準備だな」

と、良太郎はひとりごとをいった。

ナイフは実用性を重視

ナイフはさまざまなものが市販されていて選ぶのに悩む。

ミリタリー装備のおじさんだが、銃剣をハンティングナイフとして使うことはない。銃剣はいくら研《と》いでも切れ味が鋭くならず、形状もナイフとして使いやすくないということだ。

鹿や猪、熊でさえ、解体するのにランボーナイフのような大きなナイフはいらない。刃渡り十センチ前後のものでよく、大きなナイフはかえって使いにくい。十センチに満たないナイフで鹿の脚を胴体から切り離すことだってできるのだ。

しかし、アバラ肉を肋骨ごと背骨から切り離すとか、ロースを背骨つきで取る（骨つきのほうが望ましいのだ）とかするならば、剣ナタのように二十センチあまりある重いめのナイフが必要になる。猪の足を棒に縛りつけて二人で担ぐために木を切るとか枝払いをするとか、地面がぬかるんでいるときタイヤの下に木の枝を敷くとか、テントの周りに熊よけの鹿砦《ろくさい》を設けるといった作業にも剣ナタのような大型ナイフはあったほうがよい。

マタギは「ナガサ」と呼ぶ剣ナタを携行している。「フクロナガサ」といってグリップがパイプ状になっていて、そこに棒を差し込んで槍として使えるようになっているものもあり、普通は出回っていないが、たまに狩猟雑誌に広告が載っているので買うことはできる。

ククリナイフのように刃が内側にカーブしているナイフも枝払いなどの作業には適していない。ただ写真のものはステンレス製で錆びないかわりに材質がヤワで切れ味が鈍く気に入らなかった。この形でもっと刃の材質のよい鋭い切れ味のものがあるとよいと思う。探せばあるだろう。

おじさんは剣ナタは重いので車に乗せっぱなしで携行しないことが多く、もっぱら刃渡り十数センチのナイフを携行している。お気に入りのナイフはガーバーの「モデル525ヘビーデューティー」というものだが、最近これもあまり携行せず、もっと安物のナイフを携行している。ハンティングナイフは紛失することもあり、おじさんは皮剥ぎ・解体用にガーバーの「ショーティー」という小ぶりで実用的なナイフを愛用してきたが、二度紛失した。現

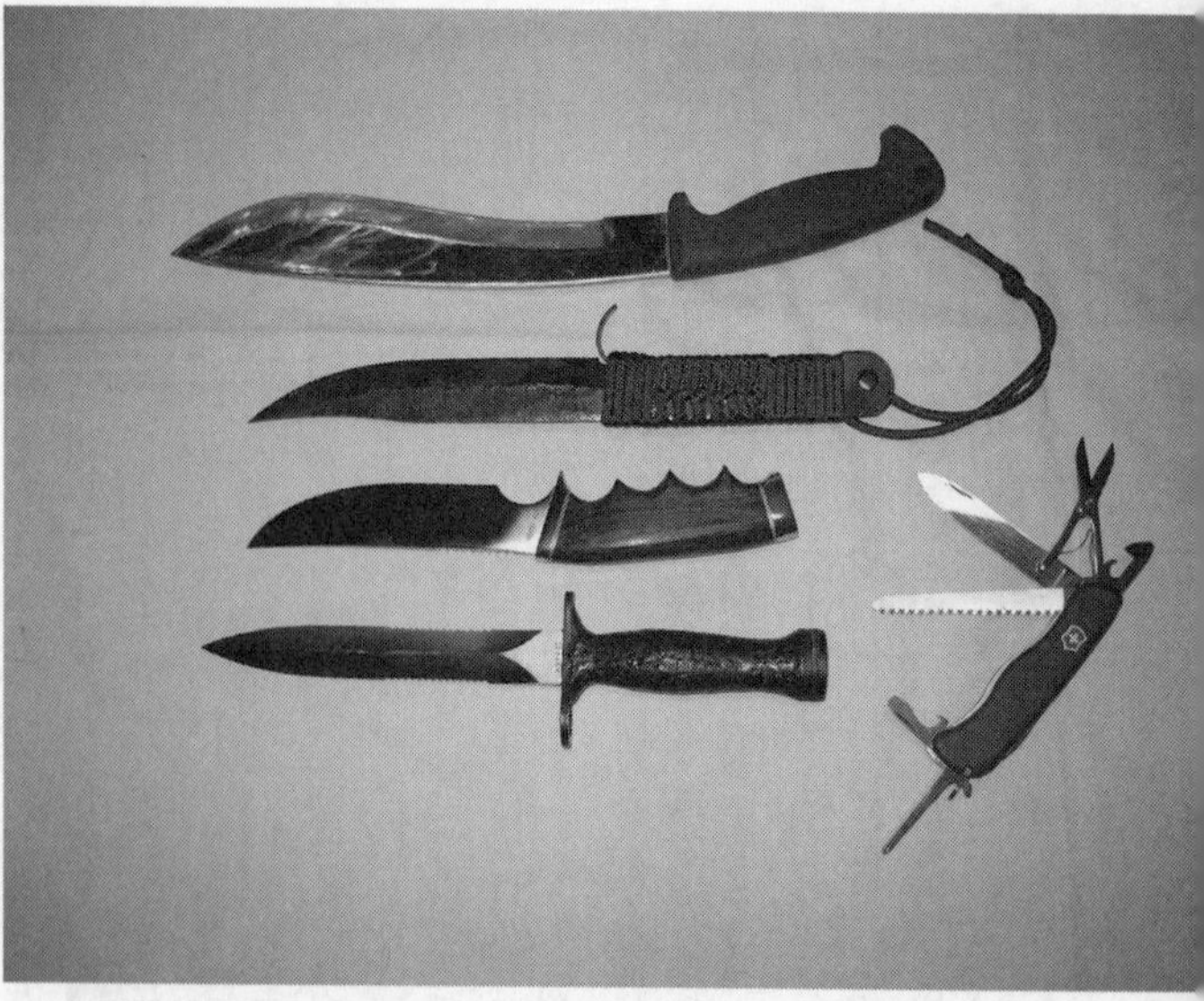

実用性を重視したお気に入りのナイフ（一番下の「ダガー」は現在では所持禁止）

在ではこのモデルは手に入らない。お気に入りの高価な「ヘビーデューティー」も、いまでは生産されていないので、もはや宝物にしてあまり山へ持ち出さないのだ。

一本何万円もする高価なナイフは、いいものを持っている自己満足はあろうが、実用性からいえば、一万円以下のナイフで十分である。おじさんの知っている何人かのすご腕ハンターは、みんな安物ナイフを使っているという。よほどの粗悪品はべつとして、安物でも研げばちゃんと切れるのだ。

しかし、安物のナイフは鞘がよくない。鞘などナイフの切れ味に関係ないが、転んだときナイフの刃が革鞘を突き破って脚を怪我したという人の話もあって、よい鞘は安全性を高めてくれる。総じて日本のナイフは刃の質はよくても鞘のよくないものが多い。お国柄かアメリカのナイフには鞘のよいものが多い。

しかし、そもそもおじさんがいうには、鞘の材質が革というのは気に入らない、ナイフの鞘は銃剣みたいにプラスチックがいい。なぜかというと、獲物を解体した後、山の中ではナイフをきれいに洗えない。血や脂の残るナイフを革の鞘に収めなければならない。その汚れが革に染み込んでいく。プラスチックの鞘なら後で水洗いできる。また、湿度の高い日本では保管に気をつけないと革鞘にカビがはえる。また、ナイフを革鞘に入れたままにしておくと錆やすいので、保管するとき刀身を鞘から抜いて保管しなければならないのも不便だ。それで銃剣の鞘に納まるよいナイフがないものかと探したが、見つからない。M1カービン用の銃剣の刀身をガーバーのマークⅡサバイバルナイフに付け替えたものを作ってみたが、こういう形状のナイフは皮剥ぎや解体には使いにくい。（思ったより使えたが）やはり普通のナイフの形が使いやすい。銃剣の鞘に収まるナイフを探すより、ナイフに合わせて鞘を作ったほうがよさそうである。

おじさんは、ほかに赤い柄のスイスアーミーナイフも携行している。これも過去に何個か買い二個紛失したことがあり、現在使っているのが写真のものだが、このサイズでも鹿の皮剥ぎ、肉の切り取りくらいは十分こなせる。

カモフラージュして獲物に接近

獲物に忍び寄ったり待ち伏せをするハンターがカモフラージュをするのは当然で、昔からハンターは自然の中で目立たない緑色の服や迷彩服を用いてきた。

ところが最近、日本では、ハンターどうしの誤射を防ぐために迷彩服は着るな、目立つ服装をしろ、ということになってきて、ついには大日本猟友会から会員（つまり日本の全ハンター）にオレンジ色の帽子とベストを強制的に配布してきた。これにはまいった。ハンターを獲物と間違って撃つというのは猪の巻き狩りのとき起きることで、カモ撃ちでもハト撃ちでも起こり得ないことである。巻き狩りをするときだけ考えればよいことを、すべての猟に強制してしまった。馬鹿なことである。

だいたいハンターだけ赤い（オレンジ色）服を着たって、野山で仕事をしている農林業者、バード・ウォッチャー、釣り人、サバイバルゲーマーなど目立つ服装はしていない。誤射を防ぐためには獲物の姿を正確に認識し、背後になにがあるか見て、矢先の安全を確認してから引き金を引くしかないのだ。赤い服を着ていない動くものは獲物だと思ったりしたらとんでもないことではないか。

さて、猪などの獣は色を識別できないから赤い服を着ていても不利なことはない、といわれている。

しかし、筆者の経験からすれば、迷彩服でやっていた時代と赤い帽子やベストを着るようになってからでは、獲物に忍び寄るとき、あきらかに早く察知されるようになった。色がわからないといったって、明るいものが動くのだから気づかれやすいのは当然だ。しかし待ち伏せの場合は、動かなければわりあい気づかれにくいようだ。

鳥は色がわかる。とくに赤い色によく反応する。だから鳥を待ち伏せするのに赤い服を着るのはあきらかに不利である。キジのように、犬が追い立てて鳥を飛び立たせ、それを撃つなら服の色などどうでもよいことだが。

カモ猟などでデコイを水面に浮かべ、降りてくるカモを撃とうと思っても、赤い服など着ていては話にならない。筆者などカモを撃つときは迷彩服を着るばかりか、銃に迷彩のテープを貼り、顔もカモフラージュネットを被っていたものだ。

出バト猟、すなわち朝、日の出のころに田圃へ餌を食べに来るハトが、田圃へ降りる前に見晴らしのよい樹の上に停まるのを待ち伏せる場合も、戦場の狙撃兵同様、徹底したカモフラージュをしなければならない。とくに空気銃の場合。

しかし、昔から鳥屋《とや》を作るということもよく行なわれてきた。とくにカモ猟では。これはカモ猟場にはススキやアシなどの草が豊富にあるので、これを利用して小屋のような隠れ場所を作るのだ。これなら赤いベストを着ていても鳥に見られないですむ。ハンターは猟期前から獲物を観察して鳥屋を準備し、解禁の日には鳥屋を、鳥にとって見慣れたものにしておくのである。

迷子にならないためのナビゲーション

狩猟者登録をすると狩猟者登録証とともに「鳥獣保護区等位置図」という地図がもらえる。しかし、この地図はその名前どおりのものであって、山を歩くための地図としては縮尺が大きすぎる。やはり国土地理院発行の五万分の一や二万五千分の一の「地形図」が必要だ。

この地図はかなり大きな本屋でないと売っていない。紀伊国屋とか書泉でなら扱っているが、地方の小都市に住んでいる人の中には国土地理院発行の地形図など見たこともないという人も多いだろう。そういう場合は、取り寄せてもらおう。案外、登山用品店が扱っていることもある。

北海道へ遠征するなら札幌テレビ塔のすぐ近くに紀伊国屋書店札幌店があり、ここで買える。ちなみに五万分の一の地図で北海道は二百七十二枚になる。もちろんその中から、自分が行動するであろう地域の地図だけを数枚買えばいいのだ。

こうした地図を買って山へ持って行き、「さあ、自分のいる場所はどこだ?」と広げても、なかなかわからないものである。

まあ、ひとつ地図とコンパス(磁石)による「後方交会法」という方法をやってみよう。

地図は北を上に書かれている。特殊な例外はあるが、国土地理院発行の地形図はもちろん、世界各国、中国だろうとロシアだろうとドイツだろうと、たいていの国のたいていの地図は北が上である。

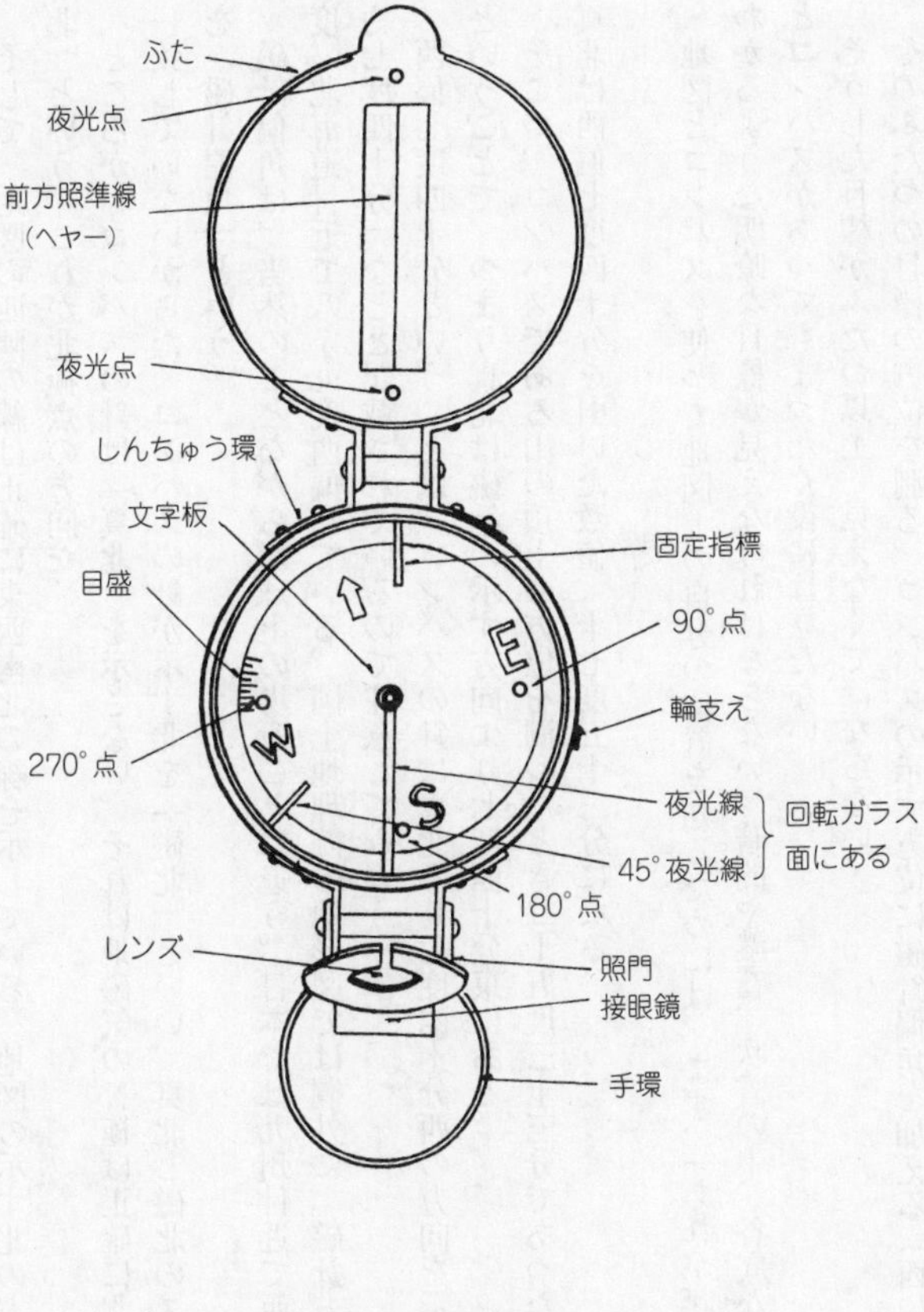
ふた
夜光点
前方照準線
(ヘヤー)
夜光点
しんちゅう環
文字板
目盛
270°点
固定指標
90°点
輪支え
夜光線
45°夜光線
回転ガラス面にある
180°点
レンズ
照門
接眼鏡
手環
E
W
S

コンパス各部の名称

そして、地図の四隅の線は正確に東西南北の線を示している。地図の示す北の方向を「真北」という。これが北極点の方向だ。

ところが、コンパスの針は「真北」を示さない。それは地磁気のN極は正確に北極点とは一致していないからだ。コンパスの針が示す北を「磁北」といい、真北と磁北のズレの角度を「磁針偏角」という。

磁針偏角は、当然のことながら地球上の場所ごとに違う。日本では九州付近で西に五〜六度、北海道付近で八〜九度西偏している。国土地理院の地形図では欄外に「磁針方位は西偏約七度四十分」などと記載されているので注意してみよう。

西偏七度四十分ということは、コンパスの針は真北より七度四十分西の方向を示しているということで、つまり真北は磁針の示す方向より七度四十分東にある。

そこで、コンパスである山の頂上の方位を測ったとき二十五度三十三分であったとすると、真北は西偏七度四十分を引いた数値、十七度五十三分になる。

地図とコンパスを使って地図上の自分の位置を知るためには、まず、「あれが阿寒岳」とわかるような明瞭な目標が見えなければならない。暗闇や濃霧、吹雪の中、谷底などで地図とコンパスがあってもまったく役には立たない。

そうした目標がふたつ以上、見えなくてはならない。

そのふたつの目標の方位を測る。コンパスの示す方位に磁針偏角を加える（西に偏してい

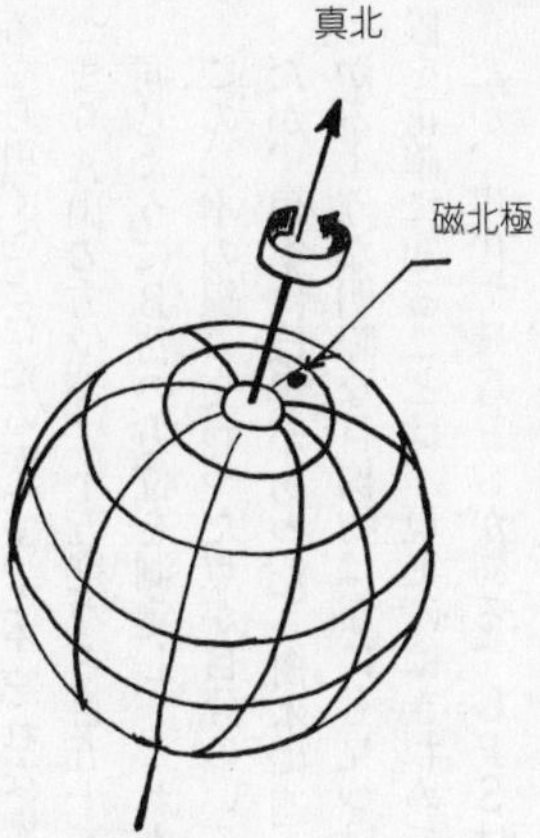
真北
磁北極

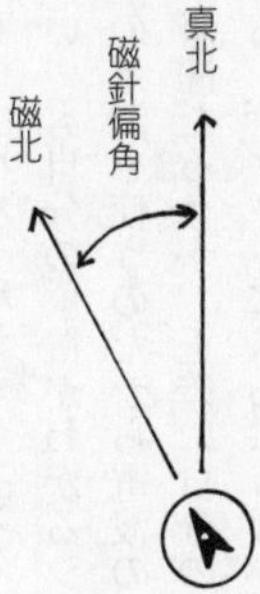
真北
磁針偏角
磁北

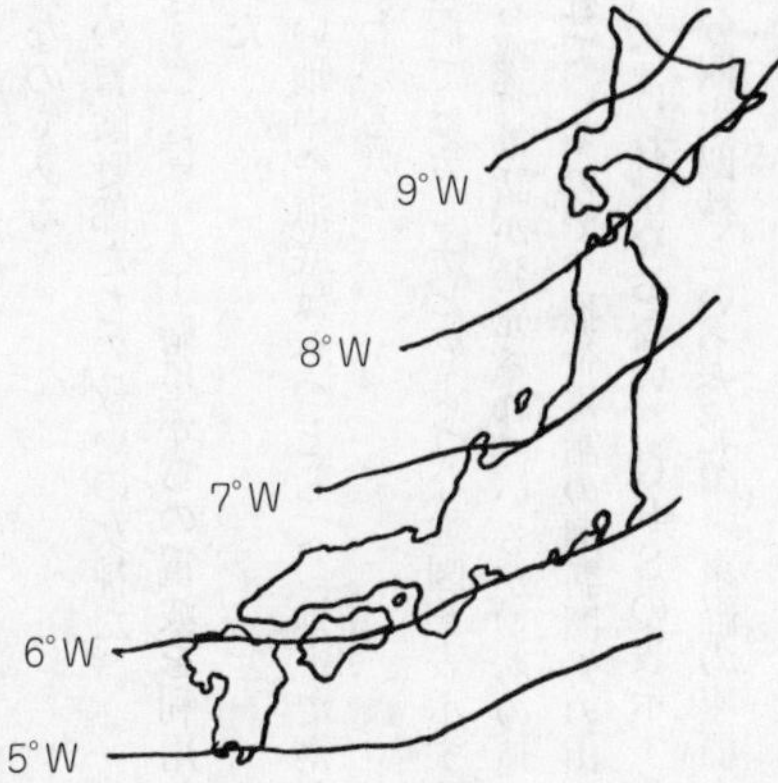
9°W
8°W
7°W
6°W
5°W

日本付近の磁針偏角

るなら引くことになるが）ことを忘れないように。その方位の百八十度逆の方向に線を引く。

つまりA山の方位が二十五度なら百五十五度の方位に線を引く。

同じようにB岳の方位を測定し、これも百八十度逆方位の線を引く。

この二本の線の交わった点が自分のいる位置だ。

だが、現実には雲があったり樹木に遮られて展望がきかなかったり、「あれが××山」とわかるような明瞭な目標物はなにも見つけられないことが多い。地図とコンパスで自分の位置を正確に知ることは、現実にはきわめて困難なのである。

だが、現代ではGPSがある。GPSは世界の冒険野郎たちの救いの女神だ。

GPS（グローバル・ポジショニング・システム）は、人工衛星からの電波を利用して世界中どこにいても自分の位置がわかるシステムだ。

人工衛星の電波を使うのだから電波の届かない地中や海底はべつとして、地上であれば濃霧だろうが暗闇だろうが、正確に自分の位置がわかる。

といっても、ポケットに入るような小型の装置ではカーナビのような地図を表示することはできない（GPS機能つきで地図が表示される携帯電話が発売されているが、あの地図は携帯電話の中にあるのではなく地上局から送信されているので、携帯電話の通話圏外の山の中では地図は表示されない）。やはり地図を持っていなければならない。GPSの表示するN四十三度五十一分三十二秒、E百四十三度二十七分四十四秒といった北緯・東経の座標を地図の上にプロットする必要がある。

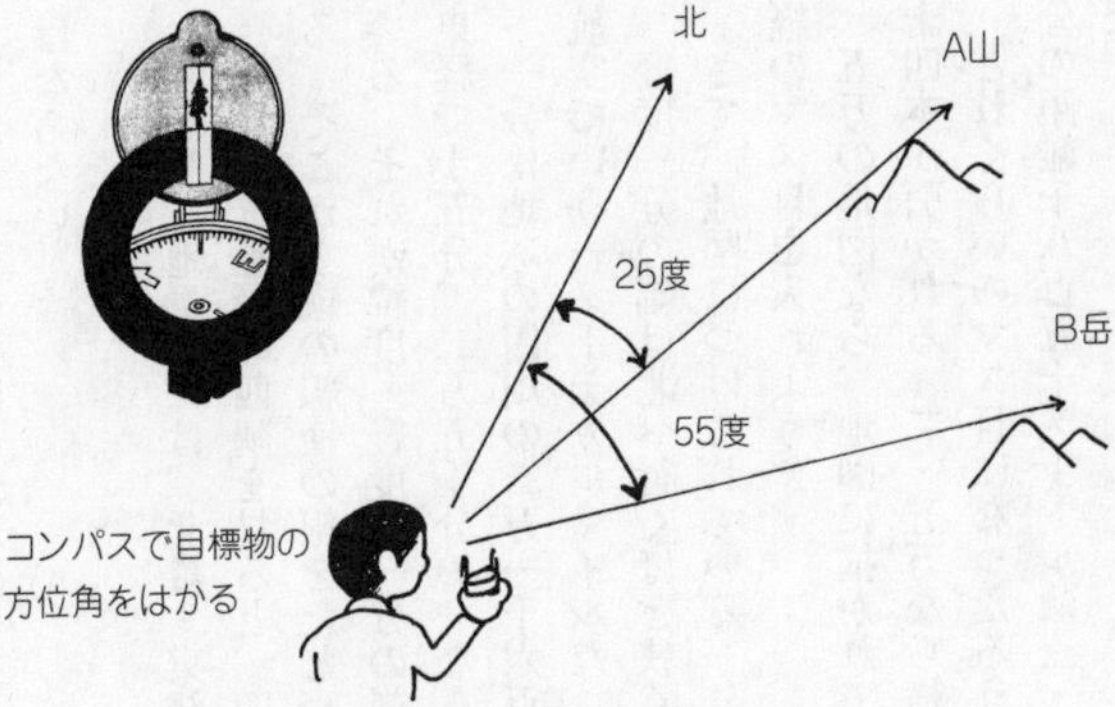

コンパスを使って自分の位置を知る

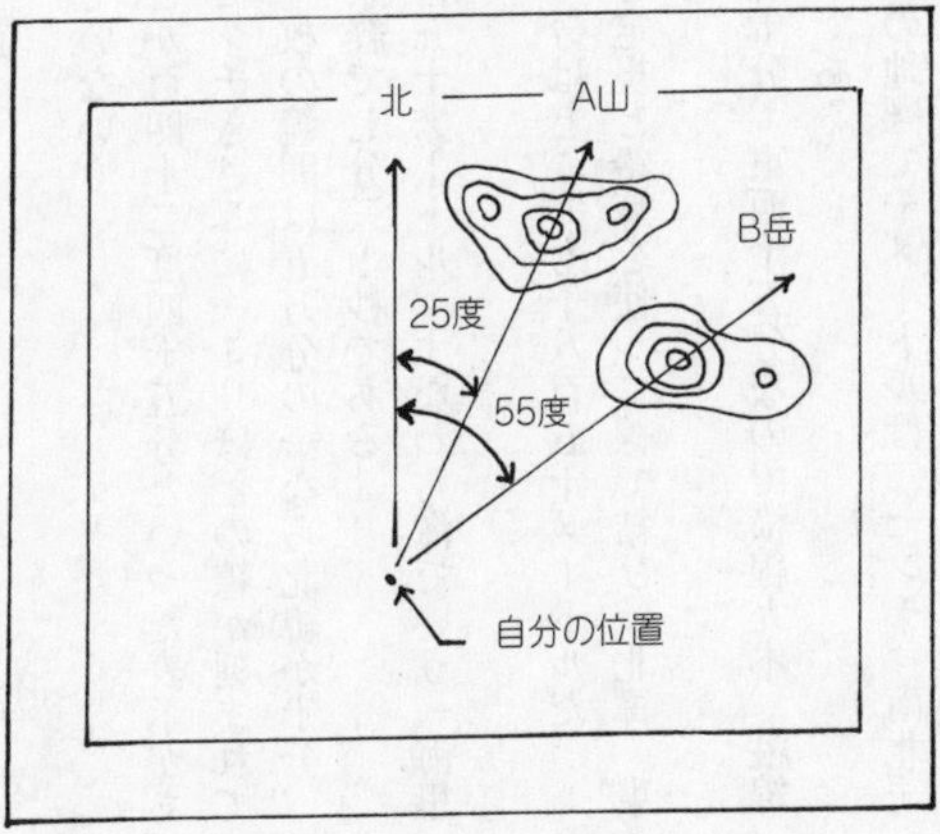

ばならない。

だから、やはり国土地理院発行の五万分の一や二万五千分の一の地形図を持っていなけれ

しかし、地形図には、北緯・東経の線は引かれていない。
注意して地図の四隅を見ると、四十三度十五分とか百四十二度四十五分といった表示がある。そこから縦の線横の線をたどって行くと、数センチきざみに一ミリほどの線が刻まれている。それが緯度・経度の一分の刻み目だ。地図一枚の範囲は五万分の一なら北緯が十分、東経で十五分、二万五千分の一なら北緯で五分、東経で七分三十秒である。

一分は地球の円周の二万一千六百分の一で千八百五十メートル、すなわち海でいう一海里、航空でいう一ノーチカルマイルだ。

経度一分の幅は北へ行くほど狭くなるが、緯度一分はどこでも千八百五十メートルだ。

さて、地図につけられている一分ごとの刻み目を定規と鉛筆を使って線で結び、北緯・東経のマス目を入れよう。

五万の地図なら、地図に描かれている範囲が南北十分、東西十五分なので横線九本、縦線十四本が引かれる。二・五万なら横線四本縦線七本である。

どれくらいのマス目になったろうか。五万分の一の地図で千メートルは二センチ。南北一分の距離千八百五十メートルは三・七センチである。二万五千分の一地図では七・四センチだ。

GPSとコンパスはナビゲーションのかなめ

東西の一分は赤道上では南北と同じ千八百五十メートルだが、北へ行くほど狭くなり。北極点でゼロになる。北海道あたりだと約千三百五十メートルくらいだ。五万図だと幅二十七ミリ、二・五万図だと五十四ミリくらいである。

つぎに、この地図にあてがって、さらに正確に自分の位置をプロットするための定規を自作しよう。

一分は六十秒、一秒は南北約三十メートル。それは五万分の一だと〇・六ミリで、そんな目の細かい定規を作るのはめんどうだと思えば、十秒六ミリの目盛りで作ってもいい。

この定規は、P.132の図のように使う。

GPSが、N四十三度十二分十五秒E百四十四度十二分三十三秒という表示をしていたならば、地図に引かれた緯度・経度の線に定規の目盛りを合わせてやる。すると定規の角がGPSの表示しているその座標位置になる。

これで自分が地図上のどこにいるか星も見えないようなときでも、バッチリわかるわけだ。そう思って実際やってみると、少しおかしいことがある。自分は稜線の上に立っているのに、GPSの表示する座標の数値からすると谷底にいる。

地図が古いのだ。じつは、従来、国土地理院が使ってきた地図の座標は明治政府が定めたもので、GPSの座標とは基準が少し違っているのだ。最近の地図ではGPSに合わせた「世界測地系」の座標が記載されているが、平成十四年以前の地図では四百メートル近くズレているので注意が必要だ。

さて、GPSも電池が切れたら働かない。かならず予備電池を持って歩こう。

だが、予備電池があっても機械のことである。絶対に故障しないとはいいきれない。山の中で、自分のいる場所がわからなくなったら、どうすればいいだろう？

帰り道だと思って歩いていたが、

「違う、来たときこんな所は通らなかった！」

と気がついたときの不安。

歩けば歩くほど見慣れない景色になって、陽は傾き、どんどん暗くなっていくあの恐怖。

だれもいない北海道の山奥である。

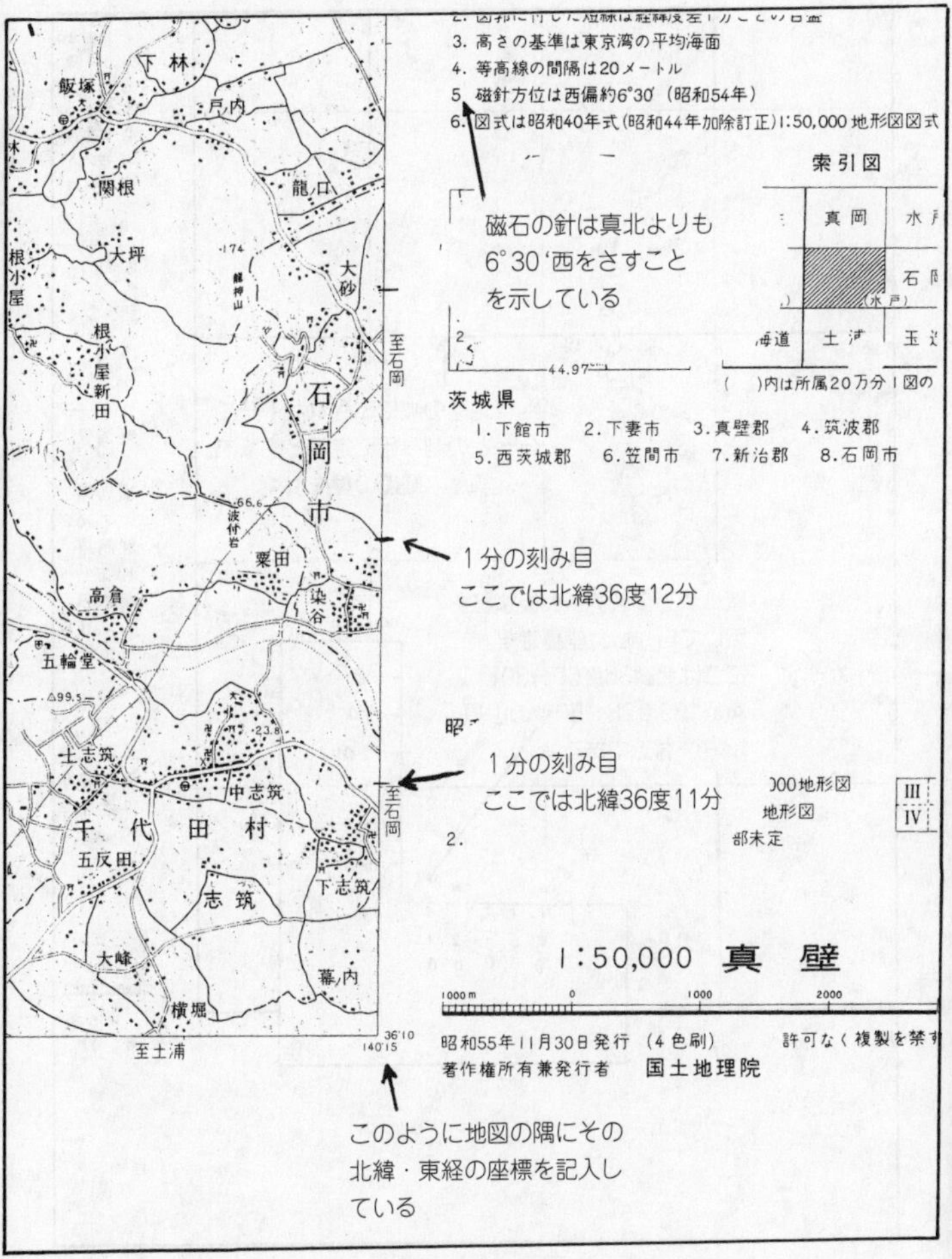

3. 高さの基準は東京湾の平均海面
4. 等高線の間隔は20メートル
5. 磁針方位は西偏約6°30′（昭和54年）
6. 図式は昭和40年式（昭和44年加除訂正）1:50,000 地形図図式
磁石の針は真北よりも
6°30‘西をさすこと
を示している
索引図
真岡
水戸
石岡
土浦
（水戸）
（　）内は所属20万分1図の
茨城県
1. 下館市　2. 下妻市　3. 真壁郡　4. 筑波郡
5. 西茨城郡　6. 笠間市　7. 新治郡　8. 石岡市
1分の刻み目
ここでは北緯36度12分
1分の刻み目
ここでは北緯36度11分
地形図
部未定
III
IV
1:50,000　真　壁
1000 m　0　1000　2000
昭和55年11月30日発行（4色刷）
許可なく複製を禁ず
著作権所有兼発行者　国土地理院
36°10′
140°15′
このように地図の隅にその
北緯・東経の座標を記入し
ている
下林
飯塚
戸内
関根
龍口
大坪
根小屋
大砂
根小屋新田
至石岡
石岡市
栗田
染谷
高倉
五輪堂
土志筑
中志筑
千代田村
五反田
志筑
下志筑
大峰
幕内
横堀
至土浦

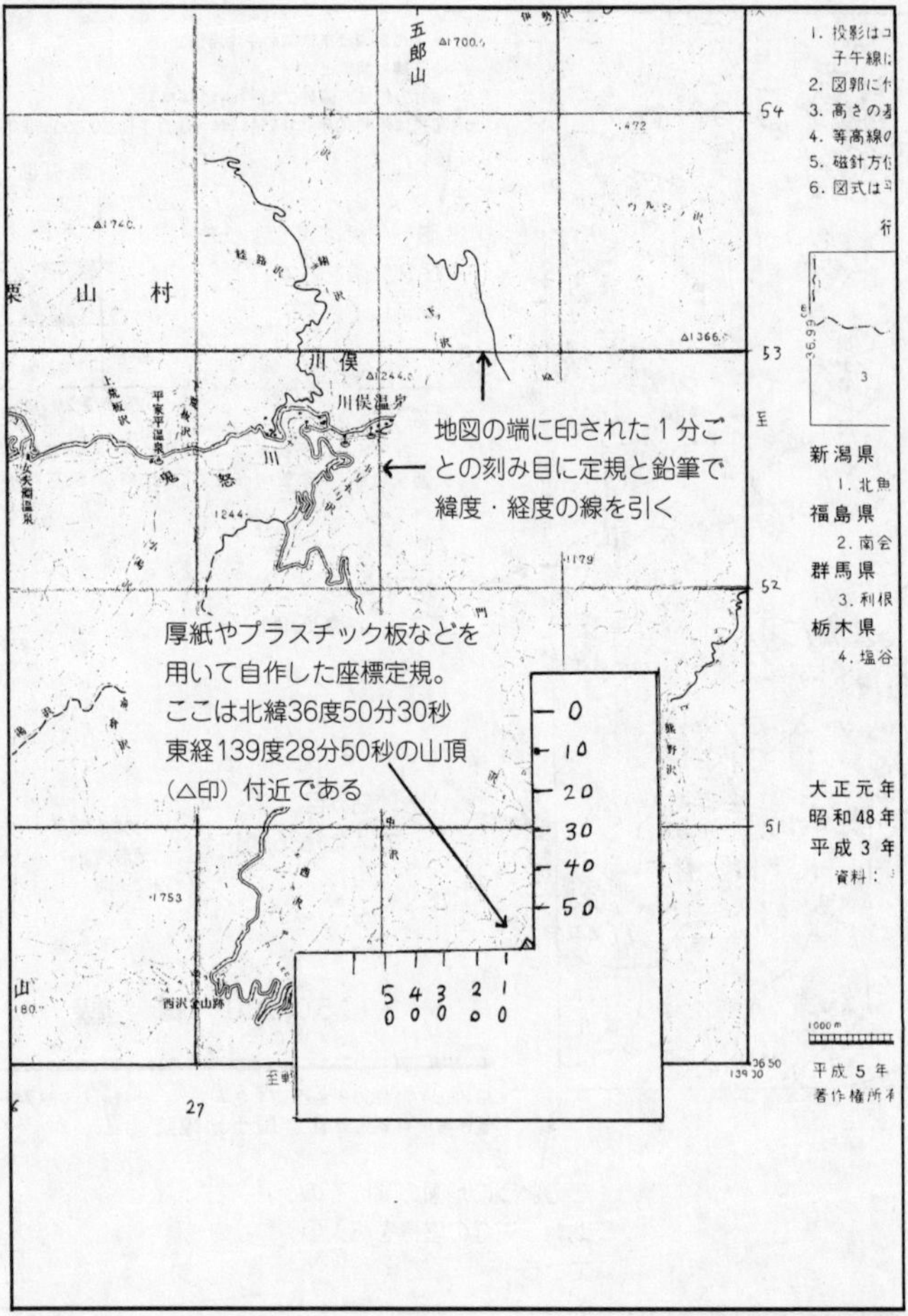
五郎山
山　村
川俣
川俣温泉
平家平温泉
女夫淵温泉
鬼怒川
西沢金山跡
54
53
52
51
地図の端に印された１分ごとの刻み目に定規と鉛筆で緯度・経度の線を引く
厚紙やプラスチック板などを用いて自作した座標定規。ここは北緯36度50分30秒東経139度28分50秒の山頂（△印）付近である
0
10
20
30
40
50
50 40 30 20 10
新潟県
福島県
群馬県
栃木県
大正元年
昭和48年
平成３年
平成５年

けっしてあせってはいけない。川沿いに下って行けば、かならず道路に出る。人家のある所に出る。川を下っていってはいけないのはシベリアだけだ。シベリアでは川を下って行った先は北極だ。しかし、ほかの地域では川を下るほど文明世界に向かって行くのだ。

それに、いかに北海道の山奥といっても、たかが日本の山である、一日歩いて人里へ出られないなどということはない。

ただ、道に迷った、大変だ、と思ったときはもう夕方である。暗くなって歩くくらいなら、いっそビバークしたほうがいい。暗い山道を懐中電灯などつけて歩いても足元が見えるだけで周囲は真っ暗、進行方向の地形などまったくわからないから。

車で猟場へ行こう

北海道へ鹿狩りに行く。当然、四駆の車が必要だ、とだれしも思う。だが、車がなければ猟ができないというものでもない。バスで猟場へ行くこともできる。バス停で降りてちょっと山へ入れば、もう鹿はいるのだ。なにしろ夜になれば国道脇まで鹿は出てくる。鹿はそこからほんの少し山に入った森の中で昼寝をしているのだ。学校の子供の声が聞こえるような裏山にさえ鹿はいるのだ。

朝、学校の前の停留所でバスを降り、弁当を入れたリュックを担いで山に入り、夕方、バス停へ下りてくる。それで猟はできるのだ。ただ、仕留めた鹿は解体してリュックに収めなければ、鹿一頭姿のまま持ってバスに乗るわけにはいかないが。

まあしかし、普通は車で猟場へ行く。四駆がいいのはいうまでもないが、四駆でなくとも、そんなに山奥へ行かなくても鹿はいる。というよりも鹿の住む山の中に国道を通しているのだから、道路の両側の山に鹿がいるのはあたりまえだ。道路脇に車を止めて山の中を歩けば鹿に出会う。

だから、狩りに行くのにはどんな車が必要だということはない。

まあしかし、たいていのハンターは四駆のオフロード・ヴィークルを持っている。おじさんも大きなRVを持っている。しかし、おじさんはキャンプをすることもあるし、車の中で寝ることもあるから大きなRVを持っているけれども、林道での動きやすさからすれば小さな車のほうが有利である。獲物をのせることを考えれば、軽トラックなんて実用的だ。

車の種類はなんだっていいわけだが、トラックでないのなら車の屋根に獲物をのせるルーフキャリアはあったほうがいい。室内に獲物を持ち込むと臭くなるし、車の中は暖かいから肉が腐りやすくなる。屋根の上にのせておけば、冬のことだから何日でものせっぱなしで肉が痛むことはない。

車の種類はなんでもいいことだが、内地の車を北海道へ持って行くなら、雪用のスタッドレスタイヤを履いて行くのはもちろんである。十一月の解禁当初は雪もないことが多いが油断はできない。

ノーマルタイヤにチェーンをつけるというのは、雪のない時期、峠越えのときだけ雪があ

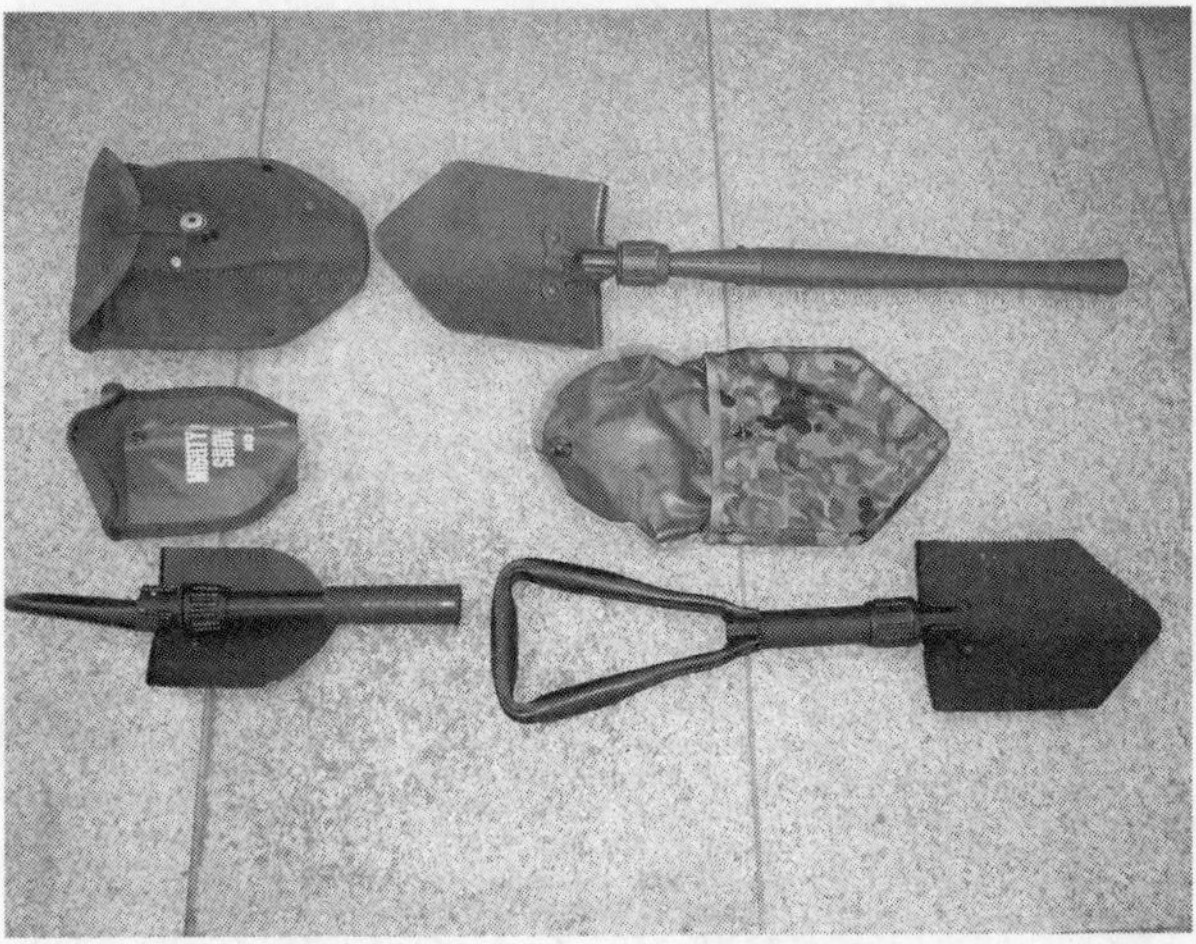
スタックなどにそなえてスコップも常備する

るような場合であって、本格的な雪の季節になれば、チェーンをつけて長距離走行はやっていられない。スピードは出せない、乗り心地は悪い、それで何時間も走りつづけなくてはならない。絶対に雪用のタイヤでなければならない。

おじさんは雪用のタイヤをつけていて、なお悪路を克服するために金属チェーンを持って行くが、そのチェーンは短距離の悪路克服用で、乗り心地まったく無視、太い鎖に小さな四角のブロックが溶接されている。しかし、それが本当に必要になったことはまだないそうだ。

それとワイパーも雪用のものに交換しなければならない。普通の雨用のワイパーは雪が凍りついてしまう。ほかにウインドウォッシャー液も北海道の寒さで凍らないものにするべきだ。バッテリーの比重も十分か、出発前に点検しておこう。何年も経っているバッテリーなら新品に交換していったほうが安心だ。

国道脇に車を止めて歩いて山に入るならいいのだが、車で林道に入って行こうというなら、スコップや、ぬかるみ脱出用の板、山鋸、斧など搭載しておくべきだ。内地ならば通行禁止にしてしまうような、まったく整備されていない林道に自由に入れる反面、危険も自己責任だ。ぬかるみに板を敷いたり樹木を切って敷いたり、土を削ったり埋めたりしなければ前へも後へも進めないような事態になることはあると覚悟しておかねばならない。

おじさんは、いまだにマニュアル車に乗っているが、別段マニュアル車のほうがハンティング向きだということはない。オートマチック車は坂を下るときエンジンブレーキのききが悪いという人もあるが、そういう面がなくはないが、それほどでもない。むしろマニュアル車はアップダウンの多い場所で、しかも雪や氷の路面だと、シフトするためクラッチを踏むことによってパワーが失われたり滑ったりする。雪や泥の軟弱地盤で動き出すとき、マニュアル車の微妙なクラッチ操作の必要を思えば、オートマチック車のほうが楽だと思う。

キャンプもまた楽し

「おじさん、北海道へ猟に行くとキャンプするんですか?」

「うん、まあ旅館に泊まる人が多いけどね。でも朝早く山に入りたい。日の出までに猟場に到着しているためには、ずいぶん早起きしなければならない。それで山の中で寝てしまうのだよ」

おじさんは北海道遠征の準備を兼ねて、キャンプ道具を準備しながら説明してくれる。

テントなんて、なんでもいい、おじさんの使っているテントは山道具屋で買ったものでさえなく、ホームセンターのアウトドア用品コーナーで売っていた夏のキャンプ用のものだ。スリーピングバッグの羽毛入りの高いものは使っていない。安いものを二重にしたほうが、高い羽毛のスリーピングバッグより温かいのだ。おじさんはモンベルというメーカーの「ワッチバッグ」という、迷彩模様で袖がついていて足元をファスナーで開くことのできるスリーピングバッグを使っている。保温のためには不利だが、緊急事態に即応できる。スリーピングバッグに入ったまま銃が使える。しかし、このスリーピングバッグは冬用ではないようで、二重にしないとどうにも寒いそうだ。

テントの下に「エアーパッキン」と呼ばれる荷造り用のクッション材シートを敷く。これが安く買えて断熱効果が高いのだ。そしてエアマットなりウレタンシートなりを敷いて、その上にスリーピングバッグをのせる。スリーピングバッグの中に懐炉を入れるというよりは、体に数ヵ所ペタペタ貼りつけて寝れば、酒が凍るような気温でもだいじょうぶだ。

車の中で寝るというのは鉄の箱の中で寝るということで、外でテントを張って寝るより寒い。しかし、テントを張ったり撤収したりするのもめんどうだということで、車の中で寝てしまうことも多い。

寒いからといって車やテントの中で火を焚いてはいけない。とくに炭火はだめだ。一酸化炭素中毒で死ぬ。暖房なんかしなくてもスリーピングバッグを二重にし、懐炉を入れて寝ればだいじょうぶだ。

そもそもテントや車の中は暖房しないほうがいいのだ。なぜかというと、外気に触れて冷たくなっている銃を暖かい所に持って入ると表面に水滴ができる。それをもう一度寒い外に持ち出すと、その水滴が凍って銃が正常に機能しないことになる。もし暖かい所に銃を持ち込んだら、一度、銃手入れをして水分を拭う必要がある。また、朝出発する前に銃腔に洗い矢を通し、一度カラ操作することも心がけておくべきだ。

水の入ったポリ缶、携帯ガスコンロ、調理道具セット、折りたたみ椅子やテーブルなど夏のファミリーキャンプと違わない道具類も一応装備している。こういうものを使って野外炊事をし、いかにもキャンプらしいキャンプをすることもあるのだが、最近はだんだん炊事をするのがめんどうになってきて、カップ麺や缶詰、クラッカー、ソーセージ、フランスパンにチューブ入りバターを塗りつけて食べるなど非常食のようなものを食べることが多くなった。それに飽《あ》きたら一度、里へ下りる。

「しかし、飯のことを考えると民宿に泊まるのも悪くない。朝夕まともなものを食って、おにぎりの弁当を持たせてくれるのだから。私も若いころは旅館に泊まるなんて軟弱だと思ってキャンプばかりしていたが、ちかごろは民宿に泊まることが多くなったよ」

北海道でキャンプをするとなれば、熊対策も考えなくてはならない。まだ雪のない時期はもちろん、クリスマスころでも雪の上に新しい熊の足跡を見たこともあり、雪が降るころには熊はみんな冬眠してしまうとはかぎらない。

実際問題、テントで寝ていて熊に襲われる可能性は非常に低い。おじさんも熊にテントの周辺をうろつかれた経験はないが、用心のためにスリーピングバッグの中に入っていてもすぐ銃を使えるように、腕のあるスリーピングバッグを使っている。それでも、外国の例だが、突然、テントの上にのしかかられてしまい銃を使うこともできなかった、という話を聞いたので、以来、おじさんはテントの周りに「鹿砦《ろくさい》」を配置するようになった。鹿砦というのは枝の多い木を倒してハリネズミのように枝を尖らせるものだ。これをテントの周囲に配置しておけば、突然、テントの上にのしかかられるということは防げるので銃を使う余裕ができる。

また、食料はテントからあるていど離れた場所に置くべきである。すると熊はまず食料に向かい、いきなりテントが襲われる危険性を減らすことができる。

北海道の冬といっても、鹿猟解禁当初の十一月ならば寒いといってもたいしたことはなく、雪も降っていないくらいだが、十二月や一月になるとかなり寒くなる。それでも鹿猟場となる地域はマイナス二十度だの三十度になるようなことはない。年によって違うが、北海道東部で一月ころならマイナス十度や十五度は覚悟しなければならない。

そんな気温でも昼間獲物を探して歩いているときは、耐えられないほどの寒さではない、風がなければ。風は著しく体温を奪うので、風が強いときは風の当たらない場所に逃げ込むべきである。

そのような厳寒期にキャンプをすると、水や食料を凍らせない注意が必要になる。水の入ったポリ缶は一個の氷の塊になってしまう。缶入りやペットボトル入りの飲み物も同様だ。凍らせないためにはアイスボックスに入れておくとよい。あるいはウレタンシートやエアーパッキンのような断熱シート、古毛布などに包む。タオルなどで包んだ懐炉をいっしょに入れてやると効果的だ。

食料も凍らせないように注意しなければならない。卵は凍結して割れてしまうし、ソーセージでテントの杭が打てるようになるし、調理用の油はゼリー状になる。レトルト食品はだいじょうぶといえばだいじょうぶだが、凍ってしまうと食べられるように加熱するのに時間がかかる。食料も凍るおそれのあるものはアイスボックスに入れるなどすべきである。

もし、水が凍ってしまったら、雪を飯盒などの容器に入れて湯にし、それを氷ったポリ缶の中に入れて氷を溶かす。

調理用のガスコンロも家庭用の卓上コンロなどはマイナスどころか零度付近でガスが気化してこなくなる。登山用品として売っている携帯ガスコンロに寒冷地用カートリッジをつけるとマイナス十度くらいまではなんとかいける。おじさんが若いころは寒冷地用ガスカートリッジというものがなく、やがて寒冷地用と称するものが発売されても「寒冷地用」というほどのものではなく「冬用」というくらいの性能でしかなかった。

ガスの気化が悪いとき、カートリッジを加熱してやるというのは危険なことだが、やむを得ずそうしたこともあった。ガスカートリッジを直接地面に置かないで発泡スチロールの板の上に置くといくらかましになる。アルミのテンプラ・ガードなどで風よけの囲いを作ってやるとアルミが熱を反射してガスカートリッジを暖めてくれるので効果的である。

ガソリン・バーナーならばどんなに寒くてもだいじょうぶだが、ポンピングだの予熱だの、けっこう取り扱いがめんどうなもので、それより二キロとかの小さなプロパンガスボンベを持って行った。プロパンガスならばどんなに寒くてもだいじょうぶなので、車の積載量に余裕があればこれがよい。

厳寒期、車を駐車しておくときパーキングブレーキをかけてはいけない。凍結して、翌朝、車を動かそうとしてもパーキングブレーキが解除できないことになる。おじさんは一度、うっかりパーキングブレーキを凍結させてしまい、無理に車を動かそうとしたら「バキン」と音がして、ブレーキが壊れたかと心配したが、幸い壊れてはいなかった、という経験がある。本当に壊れてしまうおそれもあるから、厳寒期にパーキングブレーキはかけてはいけない。

しかし、パーキングブレーキをかけないのだから、車を停める場所が水平であることをよく確認しなくてはならないし、なにか車輪止めを置くことも忘れてはならない。

バッテリーが新品ならば、かなり寒い時期でもだいじょうぶだが、少し古いバッテリーなら、バッテリーだけでなくエンジンルーム全体に古毛布などかけて保温してやるとよい。

エンジンオイルは、温度が下がると粘土が下がるので、昔はオイルがゼリー状になってエンジンがかからなくなった、などという話もあったが、ずいぶん昔のことで、今どき販売されているオイルは温度が下がれば粘度も下がり温度が上がれば粘度も上がるという添加剤を入れてあるので、南極ならいざしらず北海道で一番寒いときでも、オイルが粘くなってエンジンがかからないなどということはない。

フロントガラスの凍結などは解氷スプレーで簡単にとかせる。お湯をかけるのはだめだ。とけたと思ったつぎの瞬間にはまた凍っている。

スキーとかんじき

鹿は、雪の多い所には住みたがらない。北海道でも鹿の多く住む太平洋側は積雪も少ないどころか、十一月くらいではまだ雪も積もっていないことさえ多い。しかし、それも年によって違う。雪が多いはずの札幌方面で雪祭り用の雪の確保が心配されるほど雪が少ない年になぜか太平洋岸の山に雪が多く、歩いて山に入ることができなかった例もある。そのようなとき、スキーやかんじきを履いて山に入れば鹿を見つけやすく、鹿の動きは鈍く、好猟果が期待できる。

スキーやかんじきも準備しておくとよい。

かんじきは、ただ靴に縛りつけ、ガニ股で歩けばいいだけのこと、ほとんど訓練はいらないが、歩く速度は遅く、体力も消耗する。スキーをつけて雪の山を自由自在に行動できるようになるには、あるていど練習が必要だが、馴れれば体力的に楽で移動速度も速い。自衛隊

山スキーは自衛隊用とほぼ同じだが、板が少し幅広で短い

でも東北・北海道の部隊ではスキー機動は必修で、これができないのでは北国の兵隊はつとまらない。

山スキーは、ゲレンデを滑り降りて遊び、登りはリフトに頼る一般のスキーと異なり、かかとが上がる。だから雪の上を歩きやすい。

山スキーはクロスカントリー競技のスキーと似たようなものだが、競技用のスキーが非常に細長いのに対し、山スキーの板は普通のゲレンデ用のスキーくらいの幅と長さ、あるいはもっと幅広で短めの板を使う。斜面を登れるように板の裏が鱗状になっていたり、あるいはシールを貼りつけるようになっている。

シールというのは海にいる動物「あざらし」のことで、昔はスキー板の裏側にあざらしの毛皮を貼りつけていた。これで前へはよく滑り後ろへは滑らないからスキーで山を登ることができる。現代でも天然アザラシ皮のシールがないことはないようだが、多くは合成毛皮のシールになっている。シールは接着剤で永久に接着してしまうこともあるが、固まらない粘着剤でつけたり剥がしたりするものもあるし、金具で板にひっかけて装着するものもある。

靴もクロスカントリー競技用のジョギングシューズのような軽いものから、ゲレンデスキー用の重くて硬いプラスチックブーツで、ただ踵が上がるだけの違いでしかないようなもの、登山靴のようなもの、いろいろあるし、金具にもいろいろなタイプがある。

おじさんは若いころ北海道の自衛隊にいたものだから、慣れていて使いやすいということで自衛隊用の靴とスキー金具を使っている。スキー板も自衛隊用に似ているが、短めで軽い板に天然アザラシ皮のシールを接着してしまっている。ストックの材質は竹で、おじさんのハンティング装備の中でこれが一番クラシック、まるで百年前のスキーである。

この種のスキーは登山用品店で探すよりも北海道・東北の銃砲店でハンティング用品として探したほうが適切な品選びができると思う。

スキー板の長さをどれくらいにするかは難しい問題だ。安定性からいえば身長より少し長めくらいがいいのだろうが、山には樹木もあり、長いスキーはじゃまくさい。短いほうが小回りがきく。

ところがおじさんは、短めのスキーでひどいめにあったことがある。なにもない雪原だと思って歩いていたところは高さ二メートルほどの笹原の上に雪が積もっていたのだ。突然、足元が崩れて笹の茂みに落ち込んだ。高さ二メートルの笹の上にどうやって這い上がったか、よく思い出せない。

ハンターの戦友、猟犬の話

「おじさん、狩猟の世界には、『一犬、二足、三鉄砲』ということばがあるそうですね。狩猟で一番重要な働きをするのは犬であり、二番目に重要なのはハンターの健脚、鉄砲の性能などは三番目の要素にすぎない、という話ですが」

「もちろんスズメ、ハト、カラス撃ちなど犬を必要としない猟もある。また、人間が獲物を追い出す猟法もあり、犬がいなければ絶対に猟ができないというものではないが、だいたいは猟というものは犬を使ってするものだね。

では、猟犬を飼おう、と思っても、猟犬はペットショップでは売っていない。

『はて、ペットショップでビーグルやアイリッシュ・セッターを売っているではないか？あれは猟犬だと聞いている』と思うかもしれない。

しかし、ペットショップで売っている犬は、何代も前の先祖は猟をしていたかもしれないが、何代にもわたって猟をしないでペットとして飼われて代を重ねてきたために狩猟本能が甚《はなは》だ退化しており、訓練しても、ものになるかどうか疑わしい。

猟犬は、猟犬専門に飼育している業者があり、そこから買うか、あるいは知り合いのハンターの猟犬が子を産んだら分けてもらうかして手に入れるのだが、それにしてもまったくの初心者は、猟犬にはどんな種類があるのか、どんな犬がどんな猟に向いているのかさえ知らないわけだ。

ましてや、猟犬をどのように訓練すればよいか、など雲をつかむような話ではないか。

また、猟犬を使うといっても、自分がまったくハンターとして初心者すぎては犬を使うこともできないだろう。

だから、犬のことは猟をしながら、先輩ハンター諸氏に教えてもらったり、狩猟雑誌の記事を読んだりして、だんだん知識を得ていけばよいことなんだが、それにしてもごく初歩的な知識だけでも持っていれば、先輩ハンターの話や雑誌の記事もより理解しやすいだろうね」

というわけで、良太郎は猟犬について基礎的な知識を教えてもらった。

さて、猟犬は、鳥猟犬と獣猟犬に大別される。

鳥猟犬はポインター族、スパニエル族、リトリバー族の三つに大別される。

ポインター族は、草藪に潜んでいる鳥を臭いで捜し、鳥を見つけると鳥が逃げないていどの距離で停止し、鼻先を獲物に向けて身構え、「あそこに鳥がいる」と指示する。これを「ポイントする」といい、故にポインターというのである。

ハンターが銃を構え、犬に「突っ込め」の命令を下し、犬が突進、鳥が飛び出す、ハンターが撃つ、というわけである。

レトリバー族はレトリーブ、つまり撃ち落とした鳥の回収を特技とする犬である。カモなど、犬に追い出させなくても撃つことはできるが、水に落ちるので犬に回収に行かせるわけである。

「鳥猟犬」

〝イングリッシュ・ポインター〟

猟犬として最もよく知られた存在であろう。スリムな体型で毛が短く、白地に黒または茶色の斑点がある、あの犬である。イギリスを代表する鳥猟犬であるが、先祖は十六世紀のはじめにイベリア半島からイギリスへ渡ったものだという。体高六十五センチ前後、体重は二十五キロていど。

〝イングリッシュ・セッター〟

セッターという名前は獲物をそこへ据える「セットする」というところからきている。しかし、ポイントするというのもセットするというのも同じことで、だからポインターもセッターもポインター族として扱われる。白地に黒や茶の斑点があり、毛が長く寒さに強い。体高六十センチ前後、体重三十キロくらい。ポインター族だが水に入ることも平気なので、カモなどの回収にも役立つ。

〝アイリッシュセッター〟

イングリッシュセッターに似た体型、アイルランド原産なのでアイリッシュという。金色っぽい茶色の長い毛を持つ。体高六十八センチ前後、体重三十キロ前後のやや大型の犬。主として鳥猟犬だが、ウサギや鹿猟に使われて成果を上げた例もあるようだ。

〝ジャーマン・ショートヘアード・ポインター〟

ドイツ原産、白地に茶や黒の斑点模様だが、なかには茶色一色のものもある。体高六十センチ前後、体重二十八キロ前後。毛が短いわりには寒さに強い。キジ、ヤマドリなどの陸鳥だけでなく、水に入ることを厭《いと》わないので岸辺近くの葦の茂みに隠れているカモを追い出しもする。ポインターだが、ウサギなど獣猟もやる。

〝スパニエル族〟

薮や草叢に潜んでいる鳥を追い出し飛び立たせるポインテッド族に対して、フラッシュ・ドッグと呼ばれる。

〝イングリッシュ・スプリンガー・スパニエル〟

もともとは銃猟よりも、網を張ってある方向に鳥を飛び立たせる網猟を得意とする犬であったらしい。白地に黒あるいは茶色の長い毛、体高五十センチ前後、体重二十キロ前後。

〝ブリタニー・スパニエル〟

十八世紀ころ、フランスのブルターニュで飼われていたのがはじまりだといわれる。現在でもフランスでは最もポピュラーな鳥猟犬である。白地にオレンジや茶色の長い毛、体高五十センチ前後、体重十八キロほどの比較的小型の犬。けっこうポイントもする。

〝イングリッシュ・コッカー・スパニエル〟

ウッド・コック、すなわちヤマシギ猟に用いられるので、この名がある。イングリッシュというが先祖はスペインから来たらしい。白地に黒や赤っぽい茶の長い毛。体高四十センチ前後、体重十六キロ前後の小型の犬。

なお、アメリカン・コッカースパニエルは、すっかり狩猟本能を失っている。

〝ラブラドール・レトリバー〟

カナダのラブラドール半島原産。体高六十センチ前後、体重三十キロていど。黒あるいはベージュの単色。毛は短いけれども密に生えていて冷たい水に飛びこむのに強い回収専門犬であるが、訓練すればフラッシュ・ドッグとしても使える。盲導犬としても使われている。

〝芝犬〟

日本原産、縄文の昔から日本の猟犬として活躍してきた。体高三十八センチ前後、体重十二キロ前後。茶色の小型犬。警戒心は強く体は小さいのに勇敢、飼い主に忠実でがまん強く、昔の日本兵のような犬である。ペットとしてもコロコロとした感じがかわいく、飼いやすい犬である。

「獣猟犬（ハウンド・ドッグ）」

〝ビーグル〟

主としてウサギ狩りに用いる。体高三十五センチ前後、体重十五キロ前後の小型犬。ゆっくり追跡するので、ウサギが回帰してきたところをハンターが撃ちやすい。白、黒、茶のまだら模様。マンガの主人公スヌーピーもビーグルだそうだ。猪を追い出すのに使っている例もある。

〝ダックスフント〟

ドイツ原産。アナグマ狩り用の犬で、穴に入っていきやすいように短い足に品種改良されてできたものである。キツネ狩りやウサギ狩りにも使われている。ドイツでは活躍しているが、日本で猟犬として活躍している例は見聞していない。

〝ブラットハウンド〟

イギリス原産。黒と茶褐色、体重四十キロ前後の大型犬。垂れ下がった顎の皮が臭いを集めやすくなっているのだそうで嗅覚抜群の犬。このため警察用の追跡犬としてもよく使われる。


〝プロットハウンド〟

アメリカ原産。体高六十センチ前後、体重二十八キロ前後の黒褐色。熊猟やアライグマ猟に使われている。日本では猪猟に活躍。猪を追跡するだけでなく、優秀なものは噛み止めをやる。


〝紀州犬〟

日本の紀伊半島の山岳地帯が原産。古来よりの日本の猟犬。体高五十センチ前後、体重二十五キロ前後。毛の色は白が多いが、赤や胡麻《ごま》もある。優秀なものは猪の噛み止めをやる。


〝四国犬〟

古くから四国の山岳地帯で熊猟犬として飼われてきたが、もちろん鹿や猪もやる。警戒心・闘争心旺盛な犬。体高五十センチ前後、体重二十五キロ前後。毛の色は胡麻、黒胡麻、赤胡麻がある。

〝甲斐犬〟

山梨など日本の南アルプス地帯で古来、猪や鹿、ウサギなどの獣猟犬として飼われてきた。忍耐強く、主人に忠実だが、警戒心が強く番犬にもよい。鳥猟犬として訓練すればキジ・ヤマドリ猟もやる。闘争心強く、猪の噛み止め猟に活躍している。体高五十センチ前後、体重十七キロ前後。毛色は白地に茶、黒の虎模様。

〝北海道犬〟

古来、アイヌ民族の猟犬で北海道の熊撃ちに使われている。勇敢に熊にからむ。体高五十センチ前後、体重二十五キロ前後。毛色は胡麻、赤、虎、黒、白、黒褐色などがある。警戒心が強く主人に忠実なので番犬にもよいが、幼児のいる家庭には不向きともいわれている。

第四章　ビッグゲームの基礎知識

鹿の基礎知識

鹿は哺乳綱偶蹄目シカ科の動物である。偶蹄目というのは蹄《ひづめ》が中央から左右に分かれて二～四の偶数であるものをいう。鹿やウシ、ラクダや猪がこれである。

これに対し、奇蹄目というのは蹄が奇数のもので、ウマ、バク、サイなどがある。

さまざまな種類が南北アメリカ、ユーラシア、北アフリカ（エチオピアにはいない）に分布している。一番小さいのはアンデス方面に住むプーズーという種で、体長七十八～九十三センチ、体高三十二～四十二センチ、体重七～十キロという犬くらいの大きさのまでである。一番大きいのはカナダやアラスカにいるヘラジカで、体長二百四十～三百十センチ、体高百四十～二百三十五センチ、体重二百～八百二十五キロくらいある。

日本列島に住む鹿は、シカ科シカ属ニホンジカ種で、キュウシュウジカ、ホンシュウジカ、エゾシカ、ヤクシカ、マゲシカ、ケラマジカの六亜種に分類される。もっとも、エゾシカについては、ニホンジカの亜種ではなくタイリクジカの亜種とする説があり、ツシマジカも別種とする説がある。

ケラマジカは天然記念物であり、ツシマジカは捕獲禁止となっている。なお、十九世紀末期に台湾から移入したタイワンジカが火焼島、伊豆大島で野性化している。

屋久島に住むヤクシカは一番小さく、体重二十〜三十キロ、大きくとも五十キロに満たず、角も小さくて、普通、ニホンジカの角が四枝であるのに対し、ヤクシカでは四枝になるものは少なく、角の長さも二百五十五〜三百三十ミリていどにすぎない。第一枝が極端に短い。

馬毛島に生息するマゲシカは、ヤクシカとキュウシュウジカの中間的な感じである。

四国九州に生息するキュウシュウジカはホンシュウジカより小さく、肩高八十センチ、頭胴長二百四十四センチ、体重四十四キロ前後である。

ツシマジカはキュウシュウジカよりは大きい。

ホンシュウジカはキュウシュウジカにくらべてずっと大きく、角も長大である。肩高八十五センチ、頭胴長百三十センチ前後、体重七十キロ前後、角は四十八センチ前後である。

エゾシカは日本の鹿の中では最大で、角も長大である。また、左右の開きも大きい。頭胴長百五十センチ、肩高百十センチ、体重百キロ、角の長さ七十五センチを超えるものが稀《まれ》ではない。とくに最近は、人里の牧草などを食べてよく成長している固体が多く観察されている。

日本における鹿の分布は北海道が最も多く、東北では岩手、ついで宮城に多く、青森、福島、山形は少なく、秋田にはほとんど住まない。

関東では神奈川県の丹沢山系、栃木の日光山系に多く、群馬、埼玉にも生息、東京都でも奥多摩方面では姿が見られる。茨城県には生息していないが、たまに隣県から入ってきたものが県境で見られる。千葉県では減少のため捕獲禁止にしたところ、最近、数が増えて農作物の被害が出はじめている。

中部では新潟をのぞき、富山、石川にごく少数、静岡、岐阜、長野に比較的多く、ついで山梨、愛知、福井にも生息している。

近畿は全府県に生息しているが、滋賀、大阪は少なく、ほかは全国的にみて多いほうである。

中国地方は全県に生息しているが少ない。山口では捕獲禁止にしている。

四国では香川以外では生息するが少ない。

九州は全県に生息するが、佐賀ではごく少数、宮崎、鹿児島は多い。

鹿の生態

鹿はあまり険しい山には住まない。山地の急斜面より平坦地や緩やかな傾斜地の森林に住んでいる。採食地としての草原と避難場所としての森林がある場所が好まれ、針葉樹林は好まず広葉樹林を好む。比較的水辺を好む。季節により棲息地の移動が見られる。雪が降ると餌がとりにくく、また動きにくくなるので雪の少ない低地や南のほうに移動する。

鹿は積雪五十センチを超える地域、積雪日数十日以上の地域にはまず住まない。北海道のエゾシカでも積雪六十センチ以上、積雪日数八十日以上の地域にはまず住んでいない。

早朝、薄暮ころ森林を出て餌を食べ、日中、夜間は森林の中で休息、反芻をしている。餌は樹葉、草の葉や茎、苔のほかブナ、クリ、ドングリの実など各種植物を食べ、冬の餌の少ないときには笹の葉や樹皮を食べる。ウシやウマより粗食に耐える。

北緯三十五度付近以北の鹿はササを主食にしている。ササよりもマメ科の植物を好むのではあるが、北国にはあまり生えていない。

北海道では農産物への被害も大きく、牧草、小麦、ビートの苗、トウモロコシ、大豆、ジャガイモまで掘り返して食べる。しかし、さすがに農産物荒らしは夜間に行なわれることが多い。

普通、雄の成獣と雌・幼獣は別の群れをつくるが、発情期（九〜十一月）には雌雄混合群となる。このとき雄はたがいにその角を誇示し、角で押し合って雌の獲得競争をし、勝者は雌を独占してハーレムをつくる。だいたい一頭の雄が七頭ほどの雌を従えるようである。しかし、負けた雄もけっこう隙をうかがって雌と交尾しているといわれる。

雄の角は雌を獲得する競争の道具で、武器というほどの使われ方はしないが、狭いところで飼育されストレスがたまっている場合は凶暴になり、とくに発情期には他の個体に重大な

心臓や背骨を撃ちぬくことができれば理想的であるが、命中させることは難しく、また心臓は脚の骨によって保護されている。肺を撃っても走られる。自信があれば首を撃つのが効果的

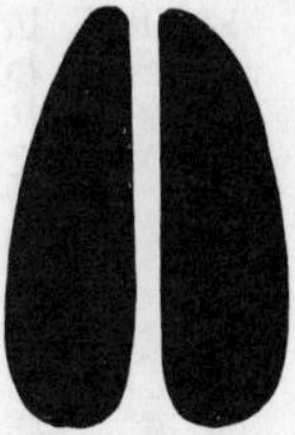

鹿の足跡

鹿の分布

損傷をあたえたり突き殺した例もあるので、飼育されている鹿の場合には事故防止のため角を切る場合がある。

危険を感じると「ピャッ」という声をあげ、尾の内側の白い毛を立てて群れが一斉に逃げ出す。

妊娠期間は二百二十七〜二百四十九日、出産時期は四〜七月、五〜六月が最盛期で、出産が近づくと母親は前年生まれた子を追い払い、一頭で茂みを選んで出産する。生まれたばかりの鹿の子の体重は約四キロ、九ヵ月で約二十キロほど、一歳九ヵ月ほどで雄と雌で違いが出はじめ、雄は四十キロ、雌は三十キロほどになる。

雄は二歳半で約五十七キロ、三歳半で約七十キロ、雌は五十キロくらいでとまる。

普通、一回の出産で一子を産むが、例外的に二子を産む場合がある。なお、ヘラジカやアメリカのオジロジカは比較的に二子を産む例が多いという。

生まれた子は二ヵ月くらいは巣から動かず、母親が授乳に通う。

二ヵ月くらいから母親について歩くようになり、しだいに雌群の中に入ってゆく。また、出産時に追い払われた前年の子も群れの中に吸収される。しかし、雄の子は翌年夏ころから雌の群れを出て雄の群れをつくる。

生まれた子の三分の二は一歳に達しないうちに死ぬ。雄の子鹿のほうが死にやすく、死亡率八十パーセントである。その後は死亡率は減少し、十二歳まで生きるものは二十パーセントほどである。

雌の群れでは年長の雌がリーダーとなるが、雄の群れのまとまりは緩く、メンバーも一定していないようである。雄の群れは発情期になると分散する。

鹿の角は、一歳の夏から生えはじめる。

二歳になると一尖となるが、一尖のままのものや、突然、三尖になるものも少なくない。三歳で三尖になるが、十パーセントくらいは一尖のままのものがあるし、かなり多くが四尖になる。普通は四尖までであるが、なかには五尖にまで成長するものもある。

鹿の角は毎年生え変わる。春、古い角が落ちて新しい角が生えるが、夏までは袋角と呼ばれる短毛に覆われた血流に富む皮に包まれた角で傷つきやすく、鹿は傷をつけないように注意している。傷がつくと角が正常に発育しない。

この袋角は、古来、漢方薬として珍重されている。

秋になると内部で角が完成し、角を樹木にこすりつけたりして皮を剥がす。

目の下に特殊な液を出す眼下腺があり、この分泌物を樹木にこすりつけてなんらかのサインにするようである。また、かかとの部分にも中足腺がある。

鹿狩り

鹿狩りの方式には、巻狩り、忍び猟、待ち伏せ猟、呼び寄せ猟の四方式がある。

巻狩りは鹿のいると思われる区域を包囲し、射手と勢子に分かれ、勢子は「ホー」「ハー」などと声を上げたり銃声を発したりして鹿を追い立てる。勢子の中に犬をふくませる場合がある。射手は、鹿が逃げて来ると予想される地点（タツマ）に姿をひそめて待つ。

これに類似した方法として、人間の勢子を使わず、犬を勢子として使う方法もある。この場合、犬は鹿の捜索、追い出しだけでなく、射手が鹿を一撃で撃ち倒せなかった場合の追跡、逃走の阻止を務める。よい犬がいれば、犬一頭、射手一人で十数人の巻狩りに匹敵する。しかしそれだけに、乱獲防止のために、棲息数の減少している地域では犬の使用は制限されねばならない。

忍び猟は鹿の足跡を追跡して鹿のいる場所へ忍びよって撃つ方法である。普通、単独で行なわれるが、携帯無線機の発達により、数人で数方向から忍び猟をしながら連携して一方向で逃げられた場合、他方で待ち伏せする巻狩りの要素をミックスした方法も行なわれるようになってきた。

待ち伏せ猟は鹿の通路で伏撃するもので、通常、単独で行なわれる。ヨーロッパでは樹上に小屋をかけて鹿を待つ方法がよく行なわれている。

呼び寄せ猟は鹿笛を使って鹿を呼び寄せて撃つ方法で、ヨーロッパから伝わった方法だが、アイヌもやっていたということである。笛の吹きかたに習熟する必要がある。

鹿は本来、山奥に棲む動物ではなく、平原と森林が交錯するような場所を好む。しかし、日本では、そのような場所は開墾されつくしているので、山に棲んでいる。

だが、北海道東部のようになだらかな丘陵地帯に森林と牧場があるような地域は、鹿にとって住みやすい環境であり、こうした地方では鹿の数も多い。その他の地域でも、鹿は比較的になだらかな山を好んでいる。また、針葉樹林よりも広葉樹林を好む。そして、水場の近くを好む。

そうした山を地図を見て見当をつけ、山を偵察する。そして足跡、糞、食痕、樹木に角をこすりつけた跡などによって鹿の棲息している山であることを知る。

鹿の糞はP.165の写真のように小さな俵形をしていて、一日に約十一回、一回に約九十粒の糞をする。

狩猟期間がはじまる前に、猟場となる山を歩いて地形を把握しておくべきである。そうすれば鹿の行動経路を予想して待ち伏せなども可能になる。

鹿の寝屋は山の中腹から尾根よりの北側斜面であることが多い。大岩の陰とか大木の根元のような隠れ場にしやすい場所を選ぶ。ここから、夜明け前に麓へ降りて採食し、日の出のころに帰って反芻をしながら休憩し、午前九時ころから昼寝にはいる。そして、日没一時間ほど前に夜の採食のために寝屋を出て麓へ降りる。

しかし、鹿は森林から二百メートル以上は離れたがらない。

昼間、鹿の寝屋を下から攻撃しようとしても、太陽によって山肌が暖められ上昇気流が生じており、人間の臭いを上へ運ぶので、気配を察知されてしまう。

したがって、反対側斜面から尾根に上り、そこから下って寝屋を攻撃する。

ただし気温が低く、日中でも下降気流となっているような場合は下側から攻め登る。

鹿は下方に対する警戒心はきわめて強いが、上方に対する警戒心は弱いので、上方からの接近が理想である。しかし、夕方になると気流は下降に転ずることも考慮しなければならない。

足跡を追って尾根付近に至って鹿を発見できなくとも、地面や草が鹿の寝た大きさほどに窪んでいるのが発見できれば、そこが寝屋である。鹿の寝屋と通路がわかったならば、待ち伏せも再度の寝屋攻撃も容易になる。

鹿は臭いには敏感であるが、足音が接近してくることに対しては仲間の足音と思うのか、意外に警戒が弱いようである(ただし、自然界に存在しない金属音には敏感に反応する)。このため接近、待ち伏せいずれにしても風向きに注意して、つねに鹿の風下を占位するよう配慮するとともに、みずからの発する体臭を最小限にするよう着意する。すなわち入浴して汗を落とし、衣服もよく洗い、香辛料のきいた食事を避け、タバコを吸わないといった注意である。

しかし欧米では、人間の臭いを消すことはどうせできないのだから、べつの臭いで鹿をだまそうというわけで、キツネの尿を発酵させたり、スカンクの臭腺から採取した強い臭いの「ルアー」を靴に塗りつけることも行なわれている。

さて、鹿のどこを狙えばよいか。最もよいのは首か背骨を撃ち抜くことである。心臓を撃ち抜くより確実で、一歩も歩かずにその場に倒れる。

鹿の心臓はP.157図の位置にある。それは脚の骨が盾になっている。もちろん銃弾は脚の骨くらい砕いて心臓まで達する力があるけれども、骨で弾道が変わり心臓をそれることがある。

また、心臓を撃ち抜いても数十メートルは走って逃げる。心臓をそれたら数百メートルも走る。筆者は胸にライフル弾を三発撃ち込まれてまだ走っている鹿を見た。

鹿がこちらの存在に気がついておらず、あるいは気がついていてもまだ距離があって鹿が逃げ出していないなら首や背骨、心臓を落ち着いて狙うこともできる。しかし、鹿が動きだしたら精密な照準はできない。あるいは銃のほうがライフルでなくスラグだったら、もともと首だの背骨だの心臓だのというだけの精度がない。そういう場合、鹿の胸にバスケットボールが入っていると想像して、それを撃ち抜くという感じで狙うとよい。とにかく心臓付近に命中していれば、走られてもそう遠くへは行かないものだ。

撃たれることを予期していない鹿の致命部に弾丸を撃ち込むことができれば、即死させることができる。しかし、興奮して逃走している鹿は致命部にかなり強力な弾を撃ち込まれても、かなりの距離を逃走する。

即死で捕れれば美味な鹿の肉も、長時間死力をふりしぼって逃走していると、どんどんまずい肉に変質してゆく。三十分以上も逃げ回った後の鹿の肉は、もう肉としての価値がないほどになる。

よい犬がいれば、鹿を追跡するだけでなく、鹿の逃走を阻止してくれ、容易に射手が追いつくことができる。もし、それほど優れた犬でなくとも、鹿は短距離ランナーであり、すぐに体温の上昇に耐えきれなくなって、体を冷やすために谷川に漬かってしまう。ここに射手が追いついて射殺する。

大鹿を仕留めて御満悦

犬がいない場合、あわてて追跡しても人間の足で追いつけるものではない。追跡されていないと思わせれば、傷を負った鹿は座り込んで休むものである。ゆっくりでよい、血痕を静かにたどってゆき、見つけたら静かに銃を構えて止めをさす。

鹿は普段でも歩きやすい場所を選んで歩いているが、逃走するときはなおのこと走りやすい（また樹木が角にひっかからないよう）開けた場所を選ぶものであるから、地形を熟知していれば鹿の逃走経路の予測もつき、あらかじめ逃走経路上に他の射手を配置しておいたり、射手が逃走経路を狙撃できる地点に移動して再度、射撃することも可能である。

猪の基礎知識

猪は偶蹄目イノシシ科で、ユーラシア大陸とその周辺の島、アフリカ北部に生息する。ヨーロッパでも重要な狩猟の対象である。北アメリカ、オーストラリア、ニュージーランドには人間の持ち込んだものが繁殖している。

体長一～一・八メートル、肩高〇・四五～一・一メートル、体重四十～二百キロ、寒い地方のものほど大型で、ロシアのウスリー地方では三百五十キロになったものがある。

猪の犬歯、つまり牙は、上下とも一生のびつづけるので年をとったものほど長い。

胃は単胃で反芻はしないが、腸が体長の十五倍（ヒトは八倍）もある。

日本では宮城以南のほとんどの地域に生息している。沖縄方面には小型のリュウキュウイノシシが生息し、これも狩猟の対象になっている。北海道にはいないが、人間が飼っていたイノブタの逃げだしたものが野生化している。

猪の生態

猪は比較的人里に近い裏山のような所に生息している。

猪は偶蹄類の中でゆいいつ巣を作る動物で、低い山の七合目くらいの薮の中に浅い窪みを掘り、草や枯れ枝を敷き、器用なものになると屋根のような覆いまである巣を作る。頂上付近にはまずいない。夏は涼しい土手の下、岩の下など風通しのよい場所で寝ていることが多い。

夜行性なので昼間は寝屋で前足を前に伸ばし、うつぶせになって寝ているが、狩猟による危険が少ないときは昼間行動することもまれではない。

行動圏は地形にもよるが、一夜に四〜八キロで、ときとして三十キロも歩く例もあるという。

よく利用する道は「シシ道」と呼ばれ、その所々に「ヌタ場」と呼ばれる泥浴び場を設ける。

猪がドロ浴びをするのは泥とともに汚れや虫を落とすためで、泥浴びの後、樹木の幹に身体をこすりつけて泥を落とす。このときその木で牙も研ぐので木には特徴的な痕跡が残される。

姿に似合わず泳ぎは達者で、数キロの川や海峡を泳ぎ渡ることができる。

視力はよくないが聴覚はよく、嗅覚は犬なみに鋭いようである。

猪の主食はドングリで、落ちているドングリだけでなく、木に体当たりして実を落とす。ドングリはまるごとかじるがクリの皮は嫌いなようで、じょうずに皮を残す。

そのほかキノコ、タケノコ、ユリの根、ヤマイモなどの植物質からミミズ、カニ、カエル、貝、ヘビ、鳥の卵や大型動物の屍肉まで食べる。

ヨーロッパの猪は穴ウサギの仔を掘り起こして食べるが、日本でもノウサギの離乳前の仔ウサギを食べているのではないかと推測されている。

地下の食物を食べるためには、鼻を使ってブルドーザーのように掘り返す。植林したばかりの若木の林でこれをやられると、大きな打撃を受ける。

また、イネ、ムギ、トウモロコシ、サツマイモなどの農作物も好んで食べるので、昔から農業の大敵であった。それで、江戸時代のことであるが、対馬では大規模な猪絶滅作戦をやって、島から根絶してしまった例もある。

雄は普通、単独で生活しているが、繁殖期になると群れの若い雄を追い払って群れに入りこみ、雌に求愛する。

交尾期には雄たちは雌をめぐって牙を使って戦う。しかし、牙の触れる頚や肩の皮膚はじょうぶで、皮下脂肪も厚いため、めったに死ぬことはない。

交尾期が終わると、雄は出産時期が近づくと草の茂みに出産場所を作る。妊娠期間は平均百十五日、四～五頭（多い例では八頭）の子を産む。

生まれた子の体重は五百～六百グラム、目が開いておりすぐ歩けるようになるが、しばらくは巣にとどまる。仔猪の淡褐色の背中には黄白色の縞模様が数本あり、そのようすがウリに似ているところから、仔猪は「ウリ坊」と呼ばれる。

生後五～六ヵ月の仔の体重は二十～二十五キロ、十八ヵ月くらいで五十～六十キロの生殖能力を持った成獣になる。

猪狩り

鹿はひとりで猟をすることもできるが、猪はひとりで狩ることはむずかしい。猪の単独猟は一人で犬を連れてやる猟で、よほどの経験者がよい犬に恵まれてはじめてできることとされている。

単独猟は「吠え止め猟」ともいわれ、犬が猪の臭いをたどって寝屋に接近し、逃げようとする猪の行く手を遮り、猪の後足に噛みつき、主人の到着まで猪の逃走を阻止する。これを「犬がからむ」という。

攻撃精神旺盛なだけの犬では猪の牙にやられてしまうので、機敏でもなければならず、猪を逃がさないようにじょうずにからむのは頭もよくなくてはならないので、これができる犬は得難いものである。

巻狩りはそれほど優秀な犬でなくともできるので、猪狩りはたいてい巻狩りで行なわれる。そんなわけで、猪猟をしたければ猪狩りをやっているグループに入れてもらうしかない。そのためには、たいした用事がなくともしばしば銃砲店に行って世間話をしたり、射撃大会にも出て人脈を広げることだ。

従来、猪狩りは地域性が強く、地方ごとに縄張りをもってやっていたような感じがあったが、ハンターの数が減り、またハンターの高齢化も進んできたため人手不足になり、よそからでも新人を入れたいと思っているグループは多くある。だから、

イノシシの足跡の幅と体重の関係

足跡の幅	体重等
約２cm	約１kg（生後まもないもの）
2.5〜3.0cm	３〜５kg（ウリ坊）
3.5cm	30kg級
約４cm	40〜50kg
約５cm	60〜80kg
5.5〜６cm	100〜120kg

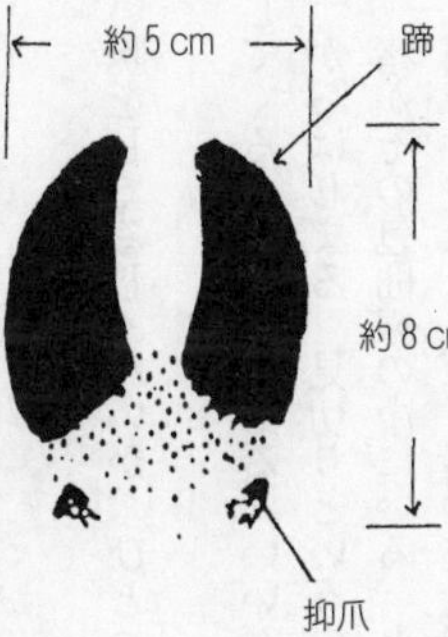

猪の足跡

かなり柔らかい土でないと
抑爪の跡は付かない。

歩幅は40〜50cmくら
いで、鹿の半分くらい。

猪の分布

「あの若いのはなかなかいい腕をしてるじゃないか、ひとつうちのグループに入ってもらおう」

と、むこうからスカウトしてくることだってある。いいグループを見つけて入ろう。

猪の巻き狩りは「見切り」からはじまる。見切りというのは、猪のいる山を包囲する予定の線を歩いて足跡を観察し、猪がその包囲線の中にいる、という見当をつけることである。

猪がこの山にいるという見当をつけたならば、猪の逃走経路となりそうな場所数ヵ所に射手を配置（この配置を「タツマ」という）し、山頂付近から犬を放し、猪を上から下へ追い出す。

人間の勢子で猪を追いたててもまずだめである。猪は薮に潜んで人間をやりすごすから、やはり犬が必要である。

猪は通り慣れた道を通るといっても、聴覚も嗅覚も鋭いので射手の気配を感じれば、当然、経路を変え、巧みに射手の目を逃れて逃走する。射手はタバコを吸ってはならないし、持ち場付近で小便もしてはならない。声も物音も立てず忍者のように気配を殺してその瞬間を待つのである。

とはいっても、猪は目が悪いので、射手は物陰に隠れなくても岩や樹木を背にしてシルエットをぼかせば猪にはわからない。むしろ物陰にいると、猪が来たのをよく見ようとして体を動かすことになり、かえってよくないものである。

猪は鹿と違って背が低く、薄暗い薮の中を潜るようにして走るので、ごく近くにならない

こんな姿のものが走っているのを「アバラ三枚」とかいわれても……
まあ、前脚の付け根あたりを狙う。
といっても走っていればいくらか前を撃たねばならないし……

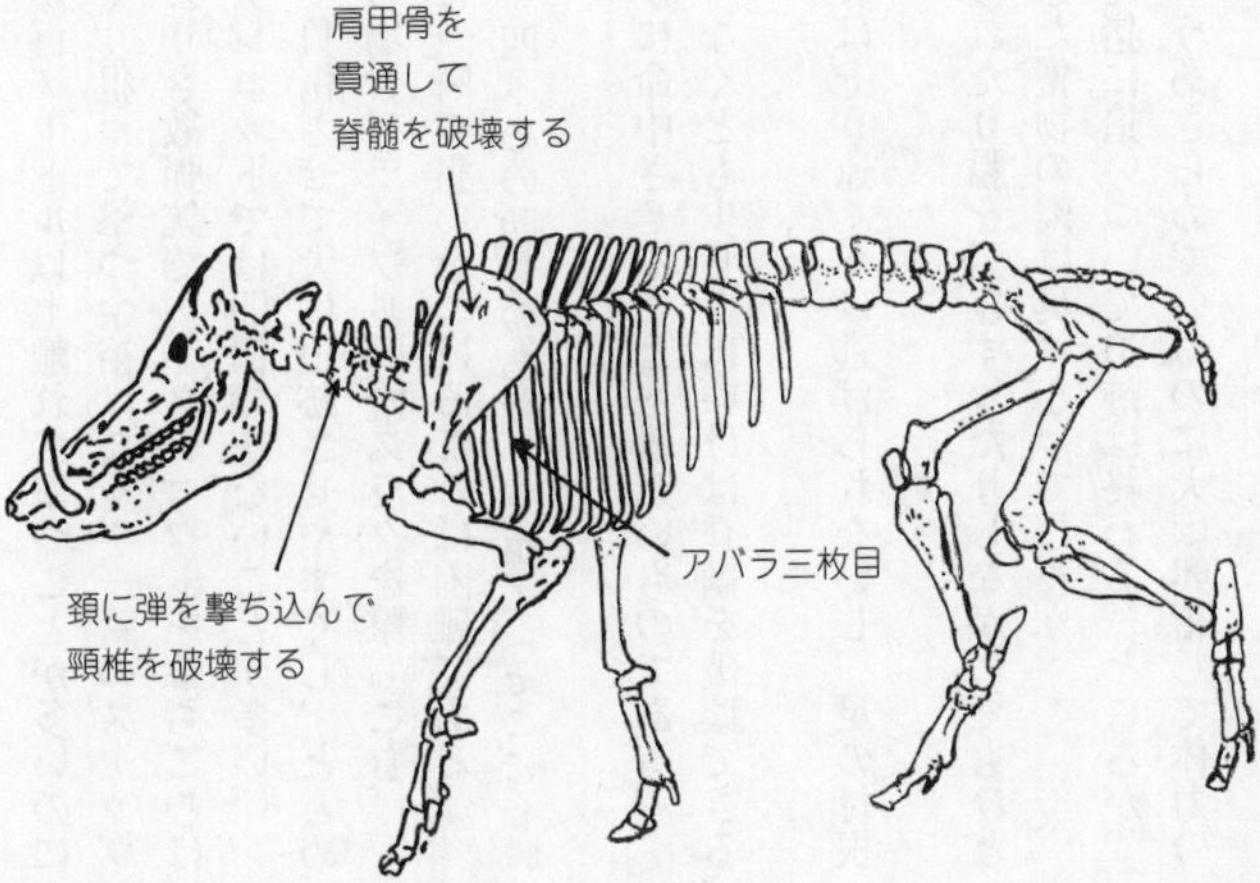
肩甲骨を
貫通して
脊髄を破壊する
アバラ三枚目
頸に弾を撃ち込んで
頸椎を破壊する

と姿を見ることができない。北海道での鹿狩りが百メートル以上離れて撃つことが多いのにくらべ、三十メートル前後のことが多い。じっくり狙って撃つ余裕はなく、一瞬のスナップショットになる。そういう射撃にはライフル銃よりも散弾銃でバックショットを撃ちこむほうが有利な場合もあるが、大きめの猪だとバックショットでは即倒できないことが多い。とどめよい犬がいれば、とりあえずバックショットで負傷させて犬に追跡させやすくし、とどめにスラグを撃ちこむという方法もあるが、多くの場合、ライフル弾かスラグを撃ちこむ。脳に弾を撃ちこめば即死に倒せるが、猪の脳に一瞬で狙いをつけることは困難である。そこで昔から「アバラ三枚」つまり前から三〜四本めの肋骨のあたりを狙え（そこに心臓がある）、ということがいわれている。

しかし、走る猪にアバラどころか身体のどこかに命中させることも難しいものである。が、ともかくそのあたりを狙う。心臓に当たらなくとも少し上にいけば脊髄を破壊できる。前にずれて首に当たれば頚椎を破壊できる。そうした致命部に当たらなくても、肺に当たればそう遠くへは逃げられないし、足の付根の骨もそのへんだ。

だが、身体の後半部に当たると最悪で、胃が破れたり腸を引きずったりしながらでもひと山ふた山逃げる。どうにか倒せても内臓が破裂した獲物の肉は臭くなってしまう。

さて、射手がみごとに猪を倒せば、犬も倒れた猪に追いついて追跡は終わる。ところが、猪にタツマを抜けられてしまった場合、人間はもうあきらめているのに犬は興奮して体力のつづくかぎり猪を追いかけ、夜になってようやくどこかの道端に座り込んでいるようなことがある。

この犬捜しは意外な時間をとられることになるので、犬の首輪に発信機をつけておき、犬の所在を電波で探知できるようにしておくことが必要である。

猪は鋭い牙をもって人に向かってくることもある動物だから、少々危険な動物ではある（犬にとっては少々危険どころではない。猪の牙にやられて戦死する猟犬は多い）。

しかし、猪狩りで最も危険なのは人を誤射することだ。

北海道で鹿の単独潜行猟をしている場合、人と鹿を間違って撃つなどということは考えられないことだ。その鹿が雄か雌か、角の大きさはどうかまで冷静に見て撃つのだから。

ところが、猪の巻狩りにはそうした余裕がない。藪の中をバリバリと音を立ててなにかがやって来る。わずかに藪の開けたところを通過するその一瞬を撃たねばならない。

ちらっ、と見えた黒い影、本当に猪なのか？　一瞬のためらいが獲物を逃がす。自分だけがやっている単独猟なら安全第一、逃がしたら逃がしたで、「事故を起こすよりいいんだ」と自分で納得すればいいことである。

だが、巻狩りである。自分のタツマへやってきた猪は仕留めねばならない、というプレッシャーがある。とくに猪狩りグループの中には獲った猪を料亭に売るのを商売のようにしているグループがあり、そうしたグループで猟をして猪を逃がすと、「三十万逃がした」「四十万逃がした」といわれる。それが冷静な判断をくるわせるのだ。

猪かどうか確信が持てなかったから撃たなかったのを非難するようなグループは、ためらうことなく抜けてしまおう。ハンティングは紳士のスポーツであり、そして彼らは紳士ではない。

いずれ、もっとスポーツマンらしいグループを見つけて仲間入りをするまでスズメやハトを撃って過ごしたほうがましである。

それに、北海道の鹿なら一人でも撃てるのだ。

猪肉

猪にかぎらず、たいていの動物は雄より雌のほうがうまいものである。また、若いほうがうまい。

猪は餌によってかなり味が異なり、ドングリや芋など植物質を多く食べている猪が美味であり、サワガニなど動物質を多く食べたものはまずい。

また、十二月以降の、発情期で雌を追いまわし雄どうしの闘争でエネルギーを使っている雄は、それ以前のものにくらべ、まずくなっている。

猪の筋肉の中にはしばしば旋毛虫（トリキネラ＝trichinella spiralis）の幼虫が潜んでいる。これを生で食べれば腸へ行って成虫になり、幼虫を産む。そのとき腹痛や下痢などの消化器の異常をきたす。さらに幼虫は筋肉へ移行し、二〜六週間後に顔面浮腫、高熱、筋肉痛、呼吸困難、心筋炎などを起こし死に至ることも多い。

また、猪はサワガニやモズクガニを食べるが、これにウエステルマン肺吸虫（paragonimus westermani）の幼虫がいて、これが猪の筋肉に移行、これを人間がよく加熱しないで食べると感染して肺吸虫症になる。

こうした猪の寄生虫による患者は日本国内で数百例もあり、「猪の心臓の刺身は最高だ」などと聞いても、フグにあたるよりずっと確率は高いから注意しなければならない。

熊の基礎知識

日本列島は鹿や猪だけでなく、熊も豊富な恵まれた地域である。

カナダやアラスカとくらべれば日本に熊が豊富とはいえないであろうが、カナダやアラスカが別格なのであって、ヨーロッパなどにくらべれば日本は熊の生息は多いほうなのである。

山の神に感謝して熊を撃ちに行こう。

といっても、熊の生息数はハンターの数より少ない。日本のハンターがみんな熊を撃ったら、熊は絶滅してしまう。

すべてのハンターが熊を撃ちたいとは思っておらず、鳥猟専門の人も多いが、熊を撃ちたいと思っているハンターが一生に一頭だけ撃てればよい、というくらいの気持ちでちょうどよいくらいだと思う。

銃を持って熊の生息する山を歩く。熊の足跡や熊の糞、木の幹につけられた熊の爪痕などを見て歩く。それだけで十分野生を満喫できるではないか。

「うん、今年も撃たなかったよ」

それでいいではないか。スポーツ・ハンティングの目的は野生の回復なのだ。

そして、ある年ある日、これと決めた熊に愛を込めて必殺の銃弾を撃ちこもう。

熊は食肉目クマ科。北極圏に住むホッキョクグマ（シロクマ）、ヨーロッパからアラスカまで北半球の温帯から寒帯にかけて生息するヒグマ、東アジアに生息するツキノワグマ、マレー半島やボルネオ方面に生息するマレーグマ、インドやスリランカに生息するナマケグマ、北アメリカに生息するアメリカクロクマ、南米に生息するメガネグマなどの種類がある。日本に生息する熊はヒグマとツキノワグマの二種類で、ヒグマは北海道に、ツキノワグマは本州に生息している。

ヒグマはツキノワグマより大きく、攻撃的で肉食傾向が強い。

ヒグマは雄で頭胴長一・九メートルから二・三メートル、体重百二十キロから二百五十キロが普通であるが、大きいものでは三百キロを超えるものがあり、最大級で四百キロである。メスはひとまわり小さく、頭胴長一・六～一・八メートル、体重八十キロ～百五十キロ、最大級で百六十キロである。

積極的に人を襲うことはまれで、まして人を食うつもりで襲う例はきわめてまれではあるが、それでもヒグマの場合には人を食うものもおり、非常に危険な動物である。

ヒグマの毛は茶褐色のものが多いようだが、かなり黒いものもある。

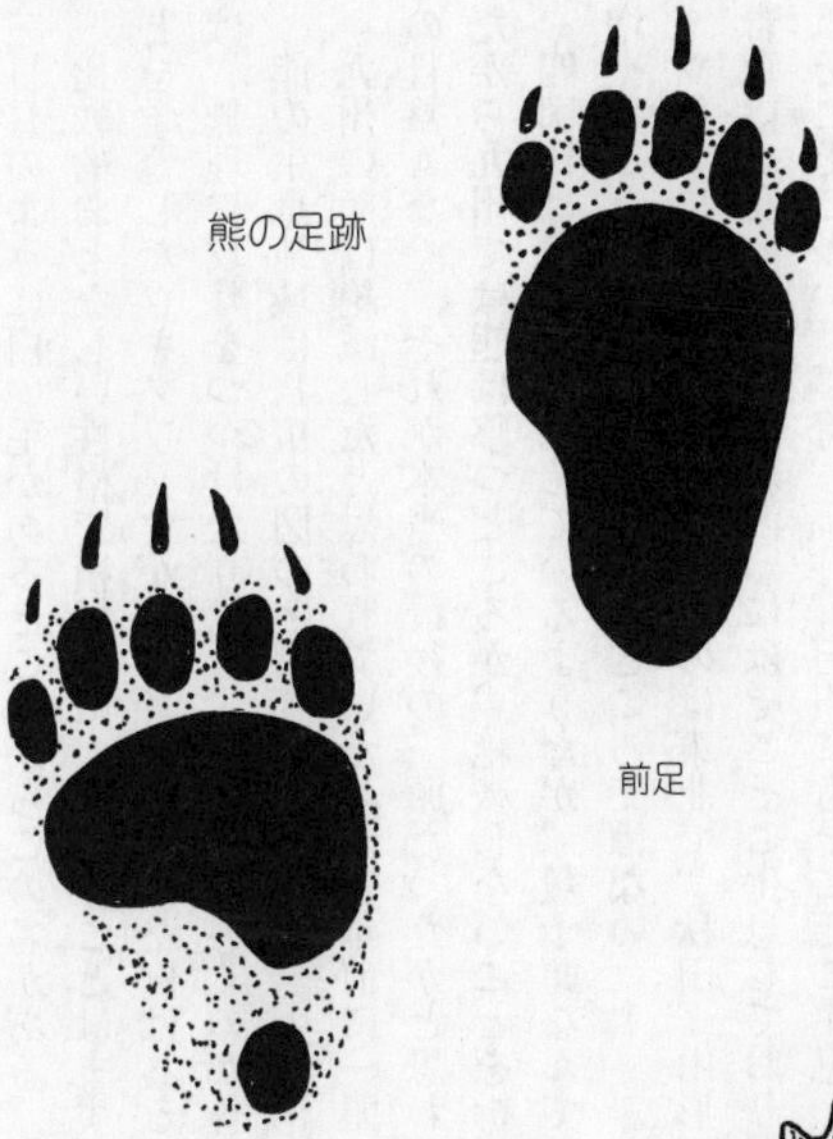

熊の足跡

前足

後足

熊の分布

ツキノワグマは頭胴長百五十センチ前後、体重百五十キロくらい、黒い体毛に首の下だけ三日月のように白い毛があるところからこの名がある。

比較的おとなしい性格で積極的に人を襲うことはまずないが、人が食べ物を持っていることを学習したツキノワグマが登山者を襲撃した例はある。それでも鉈などを使って格闘すれば、無理に攻撃をつづけたりはせず、逃げていくのが普通である。

熊の生息地域はP.177の図のとおり。

九州の熊は絶滅したと思われていたのが数年前に一頭、猪と間違って撃たれ、その後、熊の目撃もなく、それが本当の最後の一頭だったかと思われていたが、最近また目撃された。だから九州では熊は撃つどころか、絶滅しないことを祈るくらいのものである。

四国には数十頭生息しているようだが、数十頭なんて数は絶滅寸前といってもいい状態で、増やすことを考えこそすれ狩猟どころではない。

ツキノワグマの生息数が多いのは東北で、秋田、山形、岩手が最も多く、宮城はそこそこ、青森は少ない。福島、新潟、にはそこそこ生息しており、富山は少ないほうか。栃木、群馬はそこそこ多い。長野、福井、石川にもそこそこ生息している。山梨、岐阜、静岡にもそこそこ生息している。埼玉にも山奥にいないことはない。滋賀と奈良、和歌山の山奥にもいる。京都・兵庫の山奥には東北ほどではないが意外に多い。広島・山口・島根、鳥取の県境付近の山地にはそこそこ生息している。

これらの地域に具体的に熊が何頭生息しているのか、熊が住民登録してくれるわけではないので正確なところはわからない。意外なことだが、本州のツキノワグマについての学術的調査は北海道のヒグマの調査より遅れているようである。

本州全体で一年間に狩猟と有害鳥獣駆除で獲られるクマの数は千百〜千二百頭くらいだから、その少なくとも五倍、たぶん十倍近く生息しているはずである。

北海道のヒグマについては北海道の面積のほぼ半分が生息地域で、二千〜三千頭が生息していると推定され、毎年約三百頭前後が獲られている。

しかし、これは鹿にくらべると百分の一以下の数である。

つまり、熊は鹿の百倍獲りにくい獲物だということだ。

さらに、鹿がハンターに反撃することはまれであるし、人が鹿に殺傷されることはきわめてまれである。しかし、熊は仕止め損なえば反撃してくるし、人を殺すだけの力を持っている。なればこそ、「勝負！」とハンターの血もたぎるわけである。

さあ、熊を撃ちに行こう。

熊の生態

熊はどこにいるか？　さきほどの分布図に示された地域に行けばいるといえばいるのだが、もっと具体的に、どんな山へ行けば熊が生息しているのか？

「熊出没注意」という看板でもあれば、当然、熊はいるはずだ。

過去に熊が出た山は、まず今もいると思ってよい。どこそこで熊が撃たれた、というニュースがあれば、ほかの熊もその地域にいる。

しかし、熊が生息しているのに地域の人が気がついていない場合だってある。というのは、熊は人と出会うことを嫌い警戒心が強く、猪以上に暗い所、藪の中を好み、人の気配を察すると逃げるので、熊が生息している地域を歩いても意外に熊に出会わないのである。

そこで熊情報がなくても、熊がいそうだと思う山を歩いてみて、熊の足跡、糞、食痕などのフィールドサインをさがしてみよう。

熊の生活圏は五十～八十平方キロである。つまり、そうした痕跡を見つければ、十キロ四方以内に熊はいるのだ。

熊はどんな山を好んで住んでいるか、といっても、どうも熊の好む特徴的な山の相というものがない。しかし、熊が生息するためには餌が必要で、熊の餌になるものが豊富にある山には熊がいる。

では、熊はどんなものを食べているか？

熊は雑食性の動物で、人間の食べるものはなんでも食べるが、人間より範囲は広い。たとえば、ミズバショウとかザゼンソウなど人間が食べれば口が腫れ上がるようなものを平気で食べるし、人間には食べられないような腐った肉も食べる。しかし、鹿や牛などの本格的な草食動物にくらべると腸が短いし、植物質の消化能力が低いので、草類は熊にとってあまりよい食べ物ではない。植物質で熊が好むのはやはり木の実である。

肉食動物としては、トラやライオンのように狩りの能力が高くない。鹿を襲って食うこともあることはあるが、あまり成功しない。怪我や病気の鹿が食われるていどである。

雑食で食性が広いのは有利なようであるが、この草食獣としても肉食獣としても半端な能力しかないというところが熊の泣き所であろう。

熊は分類上、「食肉目」ということになっている。まあ、ホッキョクグマは完全な肉食だ。しかし、その他の熊は雑食で、ヒグマにせよツキノワグマにせよ、動物質より植物質のほうを多く食べているのではないかと思われる。

しかし、先に述べたように熊は草食動物としては植物の消化能力が低い。それで熊の巨体を維持するためには大量の餌が必要になる。

ドイツ語で、ものすごく空腹だ、というのを「ベアリン・フンガー（熊の空腹）」という表現があるが、そういうことばができるほど、熊は「ガツガツ、ムシャムシャ」と長時間、大量の餌を食べる。

餌を食べているときは警戒心も薄くなり、人が近づいて来るのに気がつかないことも多い。そこへ山菜取りなどに行った人も熊の存在に気がつかず、突然、熊と人が出合ってどちらも驚いて……驚くと熊は反射的に攻撃する、という事故がときどき起きる。

そう、熊は餌に夢中になっているときは警戒心が鈍くなり、接近できる。つまり撃てる、ということだ。

熊は植物質を消化する能力が低いので、いかにも草という感じのものは好みではなく、人間が山菜として食べられそうな雰囲気のものや木の実を好む。

熊の食べる植物は数十種類におよぶが、熊が最も多く食べているのはザゼンソウである。これは春から秋まで存在するので、食べられる期間も長い。

ザゼンソウに似ていて、同じように湿地に生えるミズバショウは、鹿は食べるが熊は好まないようである。しかし、食べないわけではなく、ザゼンソウがない場所ではミズバショウも食べる。

つぎにフキを食べる。フキを食べるときは茎だけを食べ葉は食べない。そして、茎の繊維質の皮をいくらか残して食べるので、根のほうと葉のほうが食べ残された筋でつながっている。これは熊がフキを食べた特徴なので、この食痕によってクマの存在を知ることができる。また、春にフキノトウが出ると葉や茎は食べるが、なぜか花はほとんど食べない。

ウドやエゾニウは実がなる前は茎や葉を食べるが、実がなると実だけを食べる。

チシマザサのタケノコもよく食べるが、六月ころしか得られない。

夏から秋にはキイチゴ、アケビ、サルナシ、ヤマブドウ、コクワなどの柔らかい木の実がなり、当然、これらは熊の好物であるが、量としてはドングリやブナの実のほうが重要な位置を占めているようだ。また、オニグルミのような硬い実も食べるし、ウワズミザクラとかミズキなどの小さな木の実も食べている。

これらの木の実を食べるために、熊はしばしば樹に登る。そして、枝を手繰り寄せては実を食べ、食べ終わった枝を尻の下に敷く。このため巨大な鳥の巣ではないかと思うようなものができる。これを「熊棚」という。

ときには、満腹するとこの上で寝てしまうこともあるようだが、たまたまそうなっただけであって、熊が鳥のように樹の上に巣を作るわけではない。

動物質としては、鹿を食べることもあるが、狩りは得意ではないので、怪我や病気の鹿、死んだ鹿を拾って食べるていどのことである。

北海道のヒグマは獰猛なので、牧場の牛や馬、羊、豚、鶏などを襲って食うこともあるし、人を積極的に襲って食うこともある。土葬が行なわれていたころは、墓を掘り起こして食った例もしばしばある。

ヒグマは共食いをする。ケンカして倒した熊を食うことがあり、また、発情したオスがメスの連れている小熊がじゃまで小熊を食ってしまうことはまれでない。

熊が川でサケを獲って食べるのはテレビや本の写真でよく見るが、日本の場合、知床半島以外ではサケは海から川に入るとすぐ人間にとられてしまって熊の口には入らない。

サケ以外の川魚も食べなくはないようだが、小さすぎて捕らえにくいのだろう、あまり獲っているようすがない。むしろ川のものとしてはザリガニやサワガニを好んでいるようである。

腐った倒木の中にいる昆虫、とくにアリをよく食べるし、クワガタムシの幼虫も食べる。また、ハチの巣を壊してハチミツを舐めるだけでなくハチを食う。刺されるとまったく痛くないわけではないようだが、あまり気にしないようである。

アリなんかで熊の腹の足しになるのか、と思うが、朽木の中のアリを食べると重量にして

モミジイチゴ
バラ科の低木。樹高２ｍほど。
中部以北に分布。実は６月に熟す

チシマザサ
ネマガリタケともいい、北海道から
本州では雪の多い日本海側に生える。
タケノコは山菜として人気がある

エゾニウ
セリ科の多年草。高さ２～３ｍになる。
本州北部から北海道にかけて分布

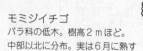

ミズナラ
ブナ科の落葉広葉樹。樹高は20m以上にもなる。寒い地方や標高の高い地域に分布。ドングリは直径2センチほどで大きい

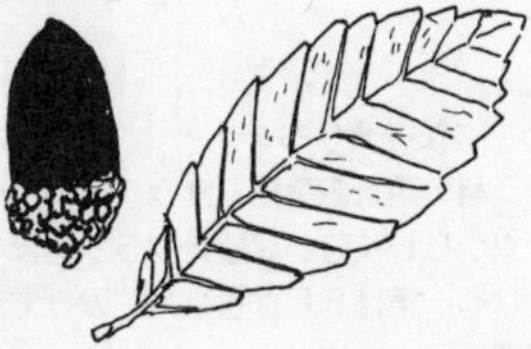

ブナ
ブナ科の落葉広葉樹。樹高は20m以上にもなる。東北地方を中心に分布

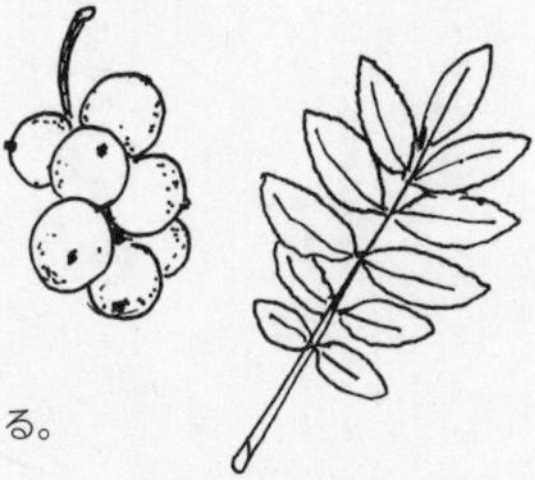

オニグルミ
クルミ科の落葉広葉樹。樹高20mにもなる。川沿いの湿気のある場所に生える

一キロくらいある。

熊は雑食で人間の食べるものならなんでも食べるから、人里へ降りてきて田畑に害をなすこともまれではない。りんごやカキ、ぶどうなどの

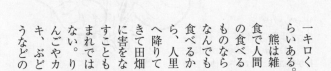

ウワズミザクラ
バラ科の落葉広葉樹。サクラという名であるが、サクラらしくない試験管ブラシのような花穂をつける。実は８月から９月にかけて赤から黒に熟す

ミズキ
ミズキ科の落葉広葉樹。
樹高は15ｍにもなる。
実は10月、11月に黒く熟す

ザゼンソウ
サトイモ科の多年草
早春に特徴ある花が地面から顔を出し、花が終わると葉が大きく伸びる

果樹、トウモロコシ、ニンジン、馬鈴薯、米、麦も食べる。乳牛から搾《しぼ》った牛乳を缶に入れておいたものを缶を壊して飲んだり、人家に侵入して冷蔵庫の中のものを食べたり、酒を飲んだ例さえある。鉄砲で撃たれなければ、牧場の家畜用飼料だって袋を爪で引き裂いて、座り込んでむさぼり食う。養蜂家のミツバチの巣箱を破壊してむさぼり食う。

さて、熊の足跡を追跡してみよう。熊の足跡はP.177図のとおりである。足跡の大きさで身体の大きさを判断するのは固体差もあって誤差が大きいが、おおざっぱにいえば、つぎのようになる。

足跡の横幅が十センチであれば、頭胴長百三十センチ前後
十二センチなら、頭胴長百五十センチ前後
十四センチなら、頭胴長百六十センチ前後
十六センチなら、頭胴長二百センチ前後

熊の足跡を追跡して行くと、突然、熊が天にでも昇ったかのように足跡が消えていることがある。これは「止め足」といって、追跡して来る敵をあざむくため横っ飛びに飛んで横の藪に入ったものであり、そのまま逃げるならまだよいが、ハンターの後ろに回り込み背後から襲うことがあるので注意が必要である。

熊の糞（上）と鹿の糞。獲物の痕跡をさがして追いつめる

熊の生息地域を捜索していれば、当然、熊の糞にも出会う。

熊の糞は食べたものや体調にもよって、さまざまな状態のものがある。植物質の餌を多く食べたときは馬糞のようにベチャッとした糞である。植物の消化能力が低いため未消化の繊維が多くふくまれ、木の実も消化されずにふくまれていることがある。また、人間のようなソーセージ状の場合もある。鹿などの獣を食べれば毛がふくまれており、アリなどの昆虫の殻も消化できない。ドングリやクリの皮も消化されない。

もっとも、よく観察しなくとも山の中で人間より大きな糞をする動物は熊しかいない。

樹木の皮剥ぎ痕や爪痕も熊の存在を示している。熊はしばしば樹木の皮を剥いだり爪痕を残したりする。

皮を剥ぐのは、なにかたわむれに剥ぐこともあるようだが、硬い外樹皮を剥がし水分と栄養のある内樹皮（甘皮ともいう）を食べ、樹脂を舐めるためである。キハダ、スギ、ヒノキ、カラマツなどが剥がれていることが多い。ヒグマはツキノワグマほど皮剥ぎをしないように思われるが、それでもトドマツやキハダの皮剥ぎをしている。

横幅十数センチ、縦二十〜六十センチも樹の皮が剥がれている。

また、木登りをしたとき樹木に爪痕を残し、あるいは戯れに、あるいは自己の縄張りの印としてか、木の幹に爪痕を残す。

熊が樹木に背中をこすりつけ、そのため樹木に熊の毛が付着していることがある。おそらく背中がかゆいような場合にこすりつけるものと思われる。

さて、こうした痕跡によって熊がその山に生息することがわかったら、さあ熊狩りだ。

熊狩り

巻き狩りは、鹿や猪の巻き狩りと同様、勢子が声を上げたり爆竹・鉄砲などを鳴らして熊を追い出す。

熊はたいてい稜線を越えてひと山向こうの谷へ逃げ込もうとする。そして、たいてい稜線を越えるときはその低い部分「鞍部」を通る。そこを狙撃できる地点に射手を配置するのである。

忍び猟は、熊がいそうな所を捜索して歩く。熊はそこに餌があるかぎり、同じ場所の同じ餌を何度も食べに来るので、熊の餌場を承知しておき、いくつかの餌場を巡回したり、待ち伏せたりする。

待ち伏せをする場合、熊の大好物である蜂蜜やりんごを置いて誘い出す方法もある。

雪が降りはじめても、熊はすぐには冬ごもりには入らない。筆者はしばしばクリスマスころでも雪の上に熊の足跡を見たし、そのころ熊に出会った人、撃った人、襲われた例も多い。

熊が冬ごもりに入れば、その穴を襲撃する。熊の入っている穴を見つけて、棒で突ついたり犬を吠えさせたりして熊を怒らせ、穴からなかば出てきた(顔だけ出したくらいで射殺すると穴から出すのが大変になるし、出てしまってからでは危険だし逃げられるおそれもある)ところを撃つ。

穴を捜すのが大変だが、一度熊が冬ごもりに使った穴は、その熊が撃たれても翌年あるいは数年後には別の熊が利用することも多い。だから長年その山を歩いて、たくさんの穴を知っていれば、そのいくつかには熊が入っているわけだから、もうその熊は自分のものみたいなものである。

出熊猟というのもあって、春、冬ごもりから覚めて活動を開始したばかりの熊を追跡する。まだ残雪があるので足跡がわかりやすい。しかし狩猟期間ではないので、これは有害鳥獣駆除として地元の人だけが行なうことである。

熊のどこを狙えばよいか。

熊も鹿や猪も基本的には同じで、首や心臓すなわち前足の付け根付近を狙うのが好ましい。脳に命中させることができれば理想的ではあるが、熊は頭は大きく見えるけれども脳は握りこぶしくらいの大きさのもので、なかなか正確に脳に命中させることは難しいものである。さらにメルカバ戦車の砲塔のように前方に尖った厚い頭蓋骨は弾を滑らせてしまうことさえある。

熊がこちらを向いていれば、四足で歩いていても二本足で立ち上がっていても首の付け根、四つんばいで横を向いていれば、いわゆるアバラ三枚が狙点である。

熊は矢強いようであるが、狙われていることに気がついていない熊に突然、弾を撃ちこむと、意外に弱い。初弾を致命部に撃ちこむことに失敗し、いきり立った熊は急に矢強くなる。そこであわてることなく、冷静に数発、致命部へ撃ちこもう。

熊肉

熊肉にはトリヒナという寄生虫がいることが多い。けっして刺し身など生で食べてはならないし、ステーキでもレアくらいではまだ不安である。

熊の筋肉の中に嚢胞に包まれた幼虫が存在し、これを食べたヒトの胃の中で幼虫が嚢胞から出て、小腸粘膜に行って成虫になる。

成虫の大きさはオスが体長一・五ミリ前後、メスが三〜四ミリである。メスは〇・一ミリほどの幼虫を千匹以上も産む。幼虫はリンパ系から心臓に行き、そこから全身に回り各部の筋肉に侵入する。

トリヒナに寄生されたヒトは腸に寄生された段階で下痢・腹痛・発熱が現われ、筋肉に寄生されると筋肉痛や呼吸・咀嚼《そしやく》の困難を生じる。

「熊のイ」

昔から胃の薬として珍重され、同じ目方の金より高く取り引きされていた「熊のイ」というのは、胃ではなく胆嚢である。

胆嚢はかならずしも熊の大きさに比例せず、個体差も季節差も大きいが、だいたい直径十センチ前後の、ゴム袋に胆汁を入れたような感じのものである。大きな肝臓の近くに隠れているので解体するとき気がつかずに傷つけてしまうおそれがあるので、慎重に扱う必要がある。切り取ったら胆汁がこぼれないように切り口を凧糸で縛り、ポリ袋に入れる。

これを時間をかけて乾燥させるのだが、ただぶらさげておくと、胆汁がポタポタ滲み出して落ちるので、最初は燻製でも作るように煙で燻《いぶ》して表面を乾燥させる。あるいは熊の脂を塗って胆汁が滲み出さないようにする。

あるていど硬さがでてきたら、板か「すのこ」に挟んで円盤状に押しつぶして数ヵ月も乾燥させて完成させる。

消化不良、健胃、駆虫、発熱、イボ、痔に効能がある。マッチの頭ほどを湯に溶かすか、そのまま飲む。ひどく苦いので、オブラートに包むと飲みやすい。

「熊の胆」が最も品質がよいのは、冬ごもり中あるいは穴から出た直後とされる。その後は食物を食べることによって胆汁が食物の消化に使われて減っていく。

第五章　ハンティングに行こう

北海道へ鹿狩りに

狩猟免許をとった良太郎は、おじさんと北海道へ狩りに行くべく、猟友会事務局を通じて北海道に狩猟者登録をした。北海道の「狩猟者登録証」「鳥獣保護区等位置図」バッジなどが送られてきた。

「さて良太郎君、鹿はどこにいるだろうね」

ベテランのおじさんが、ハンター一年生の良太郎に北海道の地図を見せて、どこへ鹿を撃ちに行くか、どこ行けば鹿が捕れるか考えろ、というのだ。

昔おじさんは、どこに鹿がいる、などということはだれに教えてもらったわけでもなく、鹿の生態から考えて、地図を見て「こういう地形が鹿の好む地形だ」と見当をつけて猟場を開拓したのだという。

北海道の「鳥獣保護区等位置図」を見よう。「鹿可猟区」として色分けされている所ならどこにでもいる。とくにメスを撃っていいことになっている地域は、鹿が増えすぎて農林業の被害が甚大なので鹿を減らしたがっている地域だから、それこそうじゃうじゃ鹿がいるのだ。

とはいうものの、そのように色分けされた地域なら、どこへ行っても鹿がいるというものでもない。

鹿は、あまり高い山にはいない。鹿は本来、草原の動物なのだ。しかし、外敵から身を守るため、寝るのは山の中だ。

わかるだろうか、鹿は比較的、人里近くの山にいる。あまり山奥へ行く必要はない。

鹿は、険しい山は好まない。比較的なだらかな起伏のある、山というよりは丘陵地帯を好む。そして水が得られやすいように小川が流れてい

北海道にて。獲物をもとめていざ出陣

るところ。

そうした観点から、良太郎は北海道南東部のいくつかの地域を上げた。

「いい判断だ、正解。ただし実際にはここと、ここはカラマツ林でね、鹿はカラマツ林には住まない。それとこのへんは本当に鹿の大好きな地形なんだが、開拓されて牧場になっている。で、その周辺部に鹿がいる。

で、今回行こうと思っているのは、この白糠というところだ。

六十キロ走る間にガソリンスタンドが一軒しかなく、そのガソリンスタンドというのが農家の庭先に給油機を置いてあるような感じでね、『ごめんくださーい、燃料入れたいんですけどー』というようなとこだよ。その六十キロの間、舗装されているのはその国道だけで、枝道は牧場や林道へ入っていくだけの道だ。

周囲の山には何万頭もの鹿がいる。夕方になれば牧場の牛の餌を横取りしに鹿の大群が山から下りてくる。牛を飼っているのか鹿を飼っているのかわからないほど、牧場の中を鹿がわがもの顔に牧草を食っているよ」

まるで外国の話を聞いているようだ。北海道とはいえ、日本にそんなところがあるのか。

「北海道は全世界平均より人口密度が低いんだ。アメリカにくらべれば二・五倍、ロシアにくらべれば九倍の密度だが、旧ソ連から独立したウクライナよりやや低く、中国の半分、アフリカのガーナより少し低く、ケニアの一・四倍というところだ」

北海道の人口密度はケニアの一・四倍でしかないのか、そりゃ熊でも鹿でもたくさんいて当然だ、と良太郎は納得した。

いざ、白糠の山中へ

夜の常磐自動車道を、おじさんと良太郎を乗せた四駆が走る。

良太郎は関東に住んでいるから、大洗港からフェリーに乗っていく。もっと北のほうに住んでいる人なら仙台や八戸、あるいは青森からフェリーに乗ることも考えられるだろう。新潟から小樽へ行くフェリーもある。

関東の人だって東北高速を走って仙台や八戸まで行き、そこからフェリーに乗ることは考えられるが、大洗から夜中の二十三時五十五分出港のフェリーならば、その日、仕事が終わってから乗れる。船に乗っている時間は長いが、北海道へ上陸できる時刻は仙台や八戸から乗るのとあまりかわらない。そして船は寝ている間に走ってくれるのだ。

フェリーでは時間がかかりすぎると思えば、飛行機で行ってもいい。帯広空港か釧路空港へ下りる。あるいは女満別でもいい。飛行機から降りたら、もうそこが猟場みたいなものだ。そこにレンタカーを予約しておく。

飛行機に銃を持って乗ることに問題はない。

客室に持ち込めないだけで、貨物室預けで銃も乗せられる。ソフトケースでなく、鍵のかかるハードケースに入れて、カウンターであらかじめ銃である旨を話して預ければ預かり証をくれる。目的地の空港に着いたらその預かり証を持ってカウンターへ行き銃を受け取る。

あるいは、目的地近くの銃砲店に宅急便で送ってもいい。あらかじめ電話をいれておけば銃砲店は快く引き受けてくれる。よほど欲深い店でない限り手数料も取られない。まあ、その店で弾でも買えばいいだろう。北海道で弾を買った記録は、将来ライフル銃の所持許可申請をするとき、「北海道で猟をしている」ということを証明する有効な証拠書類になるので、譲受票のコピーをとっておこう。

飛行機で行けばレンタカーを使うことになる。四駆のレンタカーはあまりないので、四駆にくらべて不利といえばいえるが、あまり奥地まで行かなくても除雪してくれている道路から少し歩いて山へ入ったくらいの所で鹿はとれるものだ。

それに、十一月の解禁当初ならば雪はまったくないか、あってもわずかだ。

どうしても自分の四駆を使いたい、でもフェリーに乗っていく時間はない、という場合には、車だけフェリーで運んでもらって、自分は後で飛行機に乗って行き、現地で車を受け取ることもできる。

そうそう、車につねに車検証を乗せておくのは当然だが、フェリーに車を乗せるときは車検証を提示しなければならないから、出発前に車検証がちゃんと車に乗っているか確認しよう。

お盆や年末年始をのぞけばフェリーはほとんどトラックを運んでいて、乗用車の客は少ない。客室はガラガラだ。一万三千トンのフェリーは、海上自衛隊の輸送艦「おおすみ」より大きい。ほとんど揺れを感じない。クルーズ用の客船のように豪華ではないが、あるていど客船の要素も持った船で、ゲームコーナーでゲームをしたり、ラウンジで読書をしたり風呂にも行ったり、ゆったりとすごせる。だが、さすがにまる一日、船に乗っていると退屈してくる。だが、これでいいのだ。上陸後の行動にそなえてゆっくり体を休めておくのだ。

「本船はただいま苫小牧《とまこまい》港に到着いたしました。お車でご乗船のお客様は車両甲板へお進みください」

さあ、北海道だ。

運転席に座り、船のローディングランプが開くのを待つ。揚陸艦の中で敵前上陸を待つ兵士の気分。しかし、弾が飛んでくる心配はない。気楽な戦争だ。

ランプが開いた。誘導員の信号にしたがってゆっくりと動き出す。北海道上陸だ。

船から下りたら、そのまま国道へ向けて走って行く。

カセットテープを押し込む（おじさんの車は少々古くて、CDじゃないのだ）。聞こえてきたのはドイツ語の歌。「アウフ、アウフ、アウフ、ツム・フォーリッヘンヤーゲン（さあ、楽しい狩りへ）」

十一月の苫小牧付近は、まだ雪もない。

苫小牧市内で燃料を補給する。郊外へ出ればすぐ田舎道になり、夜間営業しているスタンドなどないのだ。それと、おじさんの車はディーゼル車なので、北海道に上陸したら、すぐ北海道で売っている寒冷地用の燃料を入れるのだ。ディーゼル燃料は温暖な地方で売っているものを寒冷地で使うとゼリー状になって、タンクからエンジンへ流れていかなくなるのだ。北海道どころか北富士演習場でさえ厳寒期には自衛隊の車が動かなくなった例があるという。しかし、北海道でも十一月くらいでは心配することはないようだが、おじさんは北海道へ上陸したら北海道の燃料を入れる習慣にしているという。

「だが、灯油を使う、というてもある」

と、おじさんはいう。ポリタンクに灯油を十リットルほど持って行き、これを軽油に混ぜてやると寒冷地用ディーゼル燃料として使えるという。ただしディーゼル燃料とストーブ燃料は税金が違うから、これは脱税行為になるのだそうだ。

道路は広く交通量は少ない。苫小牧市街を抜けて国道235号線に入れば、まるで道路貸切状態である。

富川で左折して237号線を日高へ向かう。

日高へ行かないで浦河方面へ行ってもいいそうだが、今回の目的地は日高を越えて白糠方面だ。

苫小牧上陸から四時間近く、夜の寂しい道を走りつづけて日高町へ着く。右折して274号線を日勝峠へ向かうのだが、その前に右折しないで左のコンビニに寄って休憩。

トイレに行くと、なんとこのコンビニはトイレの小便器が六つもある。それほど利用者が多い交通の要衝、砂漠のオアシスだ。夜食を買って、一息ついたら、さあ難所の日勝峠が待っている。

「いや、日勝峠へ行かなくとも左の道、日高樹海ロードを夕張・札幌方面へ走っても、その両側の山に鹿はいる。また、北へ直進して占冠《シムカップ》方面へ行ってもいい。しかし、まあ今回は、わたしの一番よく行っている白糠方面へ行こう」

ここまで快調に走ってきたが、日勝峠、ここだけは難所だ。夏ならば、カーブの多い山道にすぎない。山道といっても幅は広い。雪さえなければ、なんということもない峠だ。

「十一月に雪があるかどうかは年によって違う。雪があっても、地元の車は信じられないような速度で走っている。しかしそんなことに惑わされず、慎重に走ろう。道幅はある。死に急ぐ車にはどんどん道をゆずって、われわれは生きて帰ろう。北海道へハンティングに来て、一番危険なのは銃を撃つことでも、知らない山を歩くことでも熊に出会うことでもない、雪道を車で走ることなのだよ。

だが、この峠だけのことだ。それでも雪の峠越えをしたくない、といって山越えをせず、太平洋岸の道路を行く人もいる。それでもいいし、白糠だの釧路だのまで行かずとも浦河・襟裳の山もいい……今年は雪がないな、いいぞ、快調だ」

日勝峠を越えて下り坂になると、眼下に町の明かりが見えた。下り途中にコンビニがある。

「雪でこわい思いをしたのなら、そこのコンビニで休憩していくといいが、今日は雪もなく快調だった、このまま一気に清水ICまで行って道東高速に乗ろう」

道東高速は、高速道路にしては道幅が狭いが、交通量も少なく、ほとんど道路貸し切り状態で走れる。

「この道路の周辺も地形的には鹿の好む山の形だがね、残念ながらカラマツ林なので鹿はいない」

と、おじさんが説明してくれるが、夜なので窓の外は見えない。

ワインの町池田で下りる。この高速はさらに延長工事中で、そのうち高速を下りたらすぐ猟場ということになるだろう。

池田ICを下りたら国道242号を本別に向かって走る。本別の町の入口で右折して274号線に入る。寂しい夜道を走りつづけると、やがて釧勝トンネルを抜ける。そこはもう鹿猟場、白糠の山である。

「鹿だ！」

車のライトに照らされて、道路脇に何頭もの鹿が跳ねているのが見えた。

半分眠りかけていた良太郎の目が覚めた。だが、深夜である。

「この道路に沿って流れている谷川がタクタクベオベツ川、両側の山からこれに流れ込む幾筋もの沢道がすべて鹿の寝屋への入口だ。さて、今夜はここで寝る」

道路工事をしたときに資材置き場にでもしたのであろう空き地に車を入れ、すでにフラットにしてある後部座席へ行き、スリーピングバッグにもぐりこむ。

車の中で寝るというのは鉄の箱の中で寝るということで、テントで寝るより寒いものである。そこでエンジンをかけっぱなしにして寝る人もいるが、おじさんは、うるさいからそれはしない、真冬でもスリーピングバッグを二重にして、懐炉を入れて寝ればだいじょうぶだ、という。

夜中に雪が降っていても何も心配することはない。北海道は寒いけれども、新潟のように大雪が降ることはなく、夜降った雪で車が動けなくなるような心配はない。

「距離四百二十」狙撃兵の世界

朝だ、さすがに寒い。エンジンをかけて車を温め、魔法瓶のお湯でコーヒーを入れる。朝食は昨日、日高のコンビニで買ったサンドウィッチだ。

朝飯をゆっくり食ってはいられない。朝夕が獲物に出会いやすい時間帯なのだ。ハンターは朝食は簡素にすまさなければならない。山へ入り、ひと合戦してから二度めの朝食（ドイツ語で「ツバイターフリューシュテック」というそうだ）午前のおやつを食べるのがいい。

朝早くや夕方に林道を走れば、鹿の姿を見ることができる。車で走って、鹿の姿を見れば車を止めて鹿を撃つやりかたを「流し猟」という。

あまり猟らしくない猟で、これで獲ったのは自慢にはならないが、初心者がとにかく獲物を持って帰りたければ、まずはこの方法か。

しかし、この方法は、射手とドライバーの最低二人いないと、自分で運転して、鹿を見つけて車を止めて、銃を持って車から降りて……それまで待ってくれるのんきな鹿も絶対いないわけではないが、たいていは逃げられる。自分ひとりしかいなければ、やはり山の中へ、鹿の足跡を追って行くほうがいい。

だが、猟銃を持って十年、ライフルを持てるようになったら、鹿が逃げようという気にならないほど遠距離から狙撃するという流し猟もできる。

なお、車で流し猟をするときは、車の中で銃をむき出しにしたまま走ったり、路上から発砲するといった違反行為をしやすいので注意が必要だ。

昨夜、あれほどいた鹿はどこへ行った。ぜんぜん姿を見ない。しかし、林道の両側の山に鹿がいることは間違いない。山の斜面にはおびただしい鹿の足跡がついている。

良太郎たちは、ほかのハンターの車が来たとき交通のじゃまにならないように、道路脇に車を止め、鹿の足跡を追って行くことにした。

山へ入る前にもう一度、装備をチェックしよう。

銃袋、絶対もとの場所へ下りてこられるとは限らないのだ。もし、なにかのかげんで少しでももとの場所とずれた場所に出て銃を持って道路を歩くことになったとき、銃をむき出しで歩けば違反だ。

無線機は、GPSはちゃんと機能しているか、予備の電池は持ったか？
水と非常食は持ったか、懐中電灯は、地図は、雨衣は、ナイフは、肉袋、ロープ……。

まず、車を止めた位置のGPS座標を記録して、さあ山へ入って行こう。

足跡がたくさんついている。鹿も歩きやすい所を選んで歩いているから、足跡を追うのはそうきついものではない。もちろん、登山道でもない獣道を登るのだからそう楽なことではないが、急ぐことはない、周囲に注意し、周囲の音に耳をすませ、何歩か歩いては立ち止まって周囲の音に耳をすませ、ゆっくりと自分のペースで登って行けばいいのだ。

むこう斜面の鹿を狙撃。まさにスナイパー

鹿は、山の稜線からわずかに下で、下界がよく見えて警戒しやすい、そして日あたりはよいが姿をかくしやすく風を遮ってくれる笹の茂った所で昼寝していることが多い。

そういう場所に真下から攻めて行っても鹿はすぐに気がついて逃げてしまう。一度稜線まで上がり、鹿の寝屋を側面や背後から攻撃しよう。

鹿がどのていど警戒心が強いかは、その時その時、一頭一頭の鹿ごとに違う。足音が近づいて来るのを聞いて人間だと思わず、「だれだ、俺の縄張りへ侵入するやつは」と、立ち上がって吠える鹿もいる。

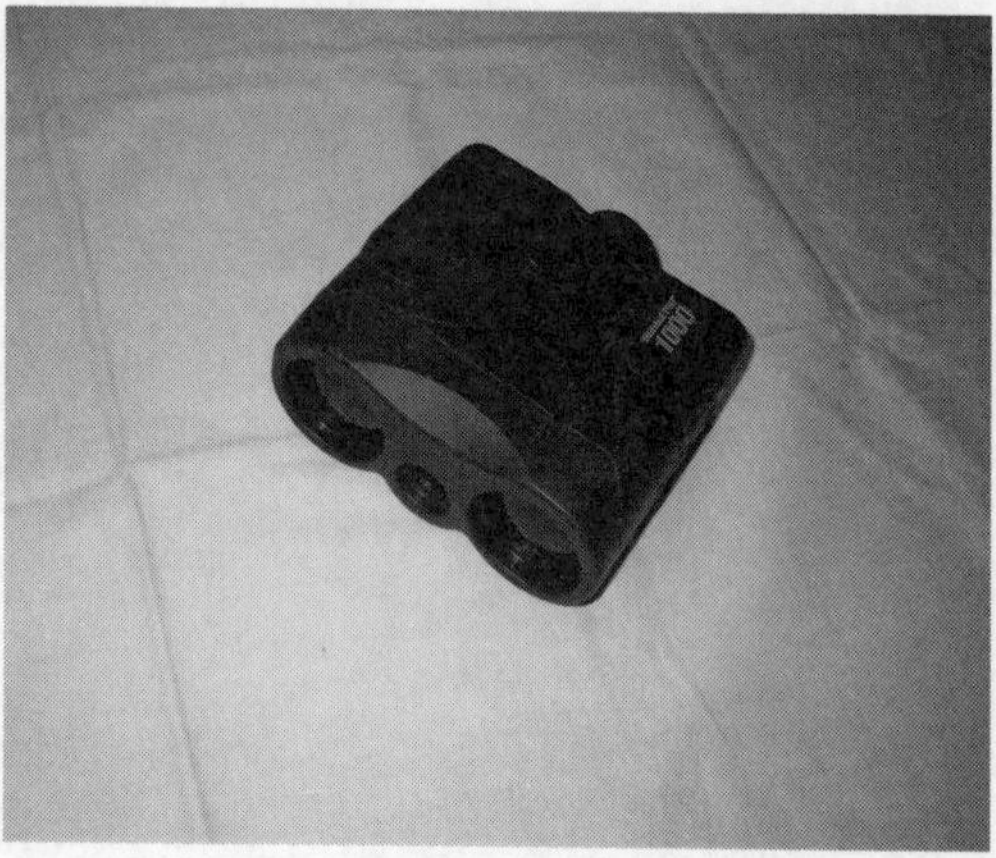

レーザー距離計。獲物との距離を正確に計測

「十年ほど前、ここで、そんなやつを撃った」

と、おじさんは近くの笹の茂みを指さした。

もう一時間も尾根を歩いたが、鹿が寝ていたらしい笹の窪みがあるだけで鹿はいない。それでも何ヵ所か探すうちに鹿に出会う……はずだが、どうも今日は出会わない。

休憩。見晴らしのいい尾根の上で、魔法瓶のお湯で紅茶をいれ、ビスケットやソーセージをかじる。

食事をしながらも、散弾銃の良太郎は自分のいる尾根からの下り斜面を、ライフルのおじさんは谷を越えたむこうの斜面を見ている。

おじさんが鹿笛を出して吹いた。「ビョ～ォ」

やや間を置いて、遠くから「ヒョー～」と鹿の声がした。

「だれかほかのハンターが鹿笛を吹いているのか、本物なのか……」

おじさんはスポット・スコープを三脚に取り付けて向こう斜面を観察しはじめた。バード

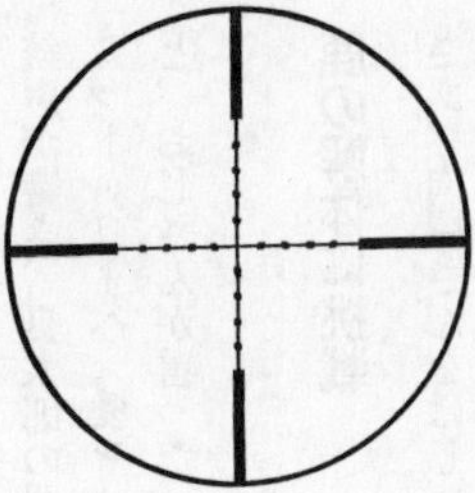

ミルドット入り
ライフル・スコープ

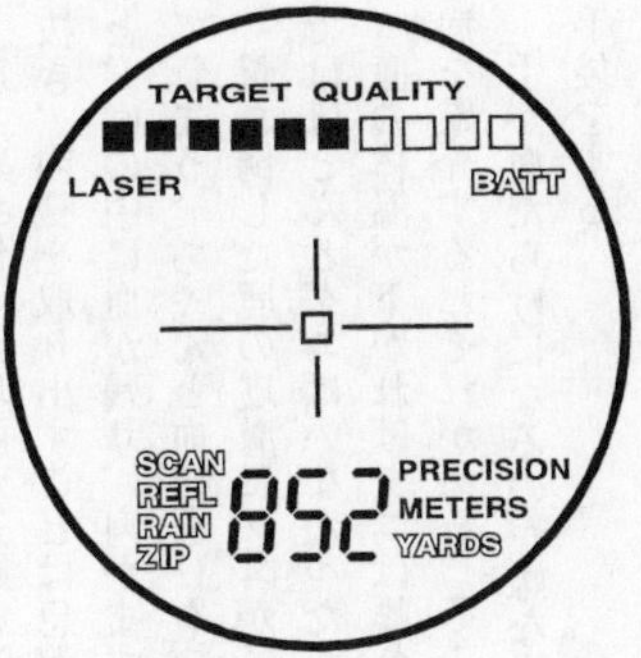

レーザー距離計のレティクル

ウォッチングに使うのと同じものだ。射撃場で標的にあけられた弾痕を観察するのにも使っている。

「十時の方向四百メートル、尾根が左カーブして下り坂になっている所」

おじさんが少しの興奮も感じさせない静かな声でいった。おじさんはレーザー距離計を出して、鹿との距離を測る。

「距離四百二十、風はなし」

おじさんはリュックサックの上に銃をのせ鹿を狙う。おじさんの銃のスコープにはミル・ドット入りのレティクルが施されている。三百メートルで零点をとっている。四百二十メートルだとそれより四十センチほど下に着弾するはずだ。そこで中心からひとつ下のミル・ドットを鹿の胸に合わせる。

すごい、スナイパーの世界だ。と、良太郎は興奮する。戦場ではないし、相手は人間ではなく鹿だが、これはまったく映画でしか見たことのない狙撃兵の世界だ。そこに自分が参加している。

銃声が響き、良太郎の覗いている観測スコープの中で鹿の首から血が飛び散るのが見えた。

「ミット・リーベ（愛を込めて）」

と、おじさんが言った。

鹿の解体に挑戦

「さあ、肉屋さんをはじめよう。鹿の肉は日本で手に入る最も美味でヘルシーな肉だ」

おじさんは鹿を仰向けにころがし、ナイフを取り出した。

鹿を撃ち倒した場所が道路に近く、姿のまま引きずり出せるとしても、まずとにかく血を抜き、内臓を取り出すことは急がねばならない。鹿にかぎらず鳥でも、血抜きをよくしないと、肉の中に血が残り、肉がまずくなる。内臓が残っていると腐敗が早くなり肉が臭くなってしまう。ちゃんと血抜きワタ抜きをした鹿肉は刺身で食べても絶品である。

撃ち倒した鹿の皮膚にダニが多数付着していることがある。おじさんの経験では、北海道ではほとんどダニはいなかったが、内地の場合は割合多いようだ。

鹿の体温が下がればダニは離れていくが、それを待ってはいられない。ダニはツツガムシ病を媒介するおそれがある。そこで殺虫剤をスプレーしてやるとダニは逃げ出していく。

手が血だらけになるのが嫌な場合は、ゴム（あるいはポリエチレンやビニールなど）製の手袋をする。

鹿を解体するのにアクション映画の主人公が使うような大きなナイフはいらない。かえって使いにくい。刃渡り十センチ前後のものが使いやすい。それで胴体から脚を外すこともできるのだ。

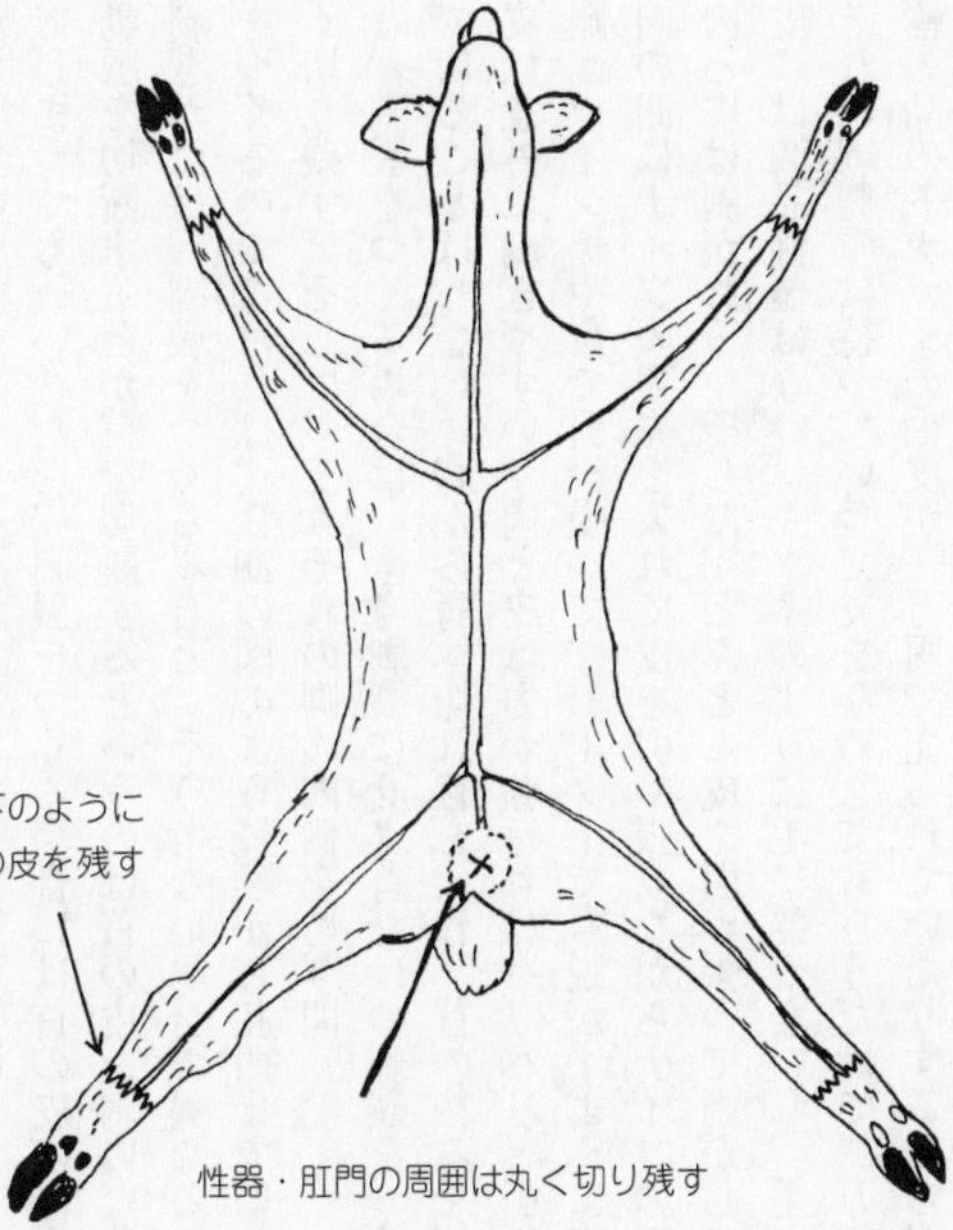
靴下のように
足の皮を残す
性器・肛門の周囲は丸く切り残す

鹿の皮を剥ぐとき、普通は最初このように切れ目をいれる。

ただし剥製をつくる場合には首の正面側に切れ目をいれないほうがよいので、つぎのページの図のようにする

　さて、まず血抜きである。アゴのすぐ後ろで頸動脈を切断し、首を低い方へ向ける。首を切断してしまってもいい。ただ、剥製をつくる場合には首の皮に傷をつけないほうがよいので、頸動脈を切断するとか首を切断するというのは首の皮を剥いだ後になる。

　皮の剥ぎかたは、剥製をつくる場合と、そうでない場合で異なる。

　剥製をつくるのでなければ、P.209の図のように喉から肛門まで切り開く。性器・肛門の部分は丸く切り残す。そして、それぞれの脚の内側を切り開く。

　しかし、剥製をつくる場合は、全身剥製にせよ首だけの剥製をつくるにせよ、首の正面をナイフで切ることはしない。胸から肩へ切れ目を入れ、首の後ろを切り開くのである。

　鹿の皮は意外に剥ぎやすい。肉と皮は力が強ければベリベリと引き剥がせるくらいのもので、実際、ウインチや車で引っ張って、セーターでも脱がすように皮を剥ぐこともできる。

　皮と肉の間にナイフの刃先を入れて皮を引っ張りながらナイフの刃先を動かしてやると、簡単に肉と皮は剥がれる。そして、どんどん皮を引っ張って剥がしていけばいい。

　鹿の皮には商品価値はない。キツネのように毛に艶がないし、毛が抜けたり折れたりしやすい。それに剥製屋に持っていって皮をなめしてもらうだけで二万円くらい手間賃をとられるが、輸入品のトナカイの毛皮が一万円で売られていたりするから、自分で撃った記念品として以外には皮を持ち帰る意味はない。

　だから、たいていの場合、皮を完全に剥ぐ必要もなく、解体のとき肉に木の葉や土がつかないように敷物として利用するだけ、ということが多い。

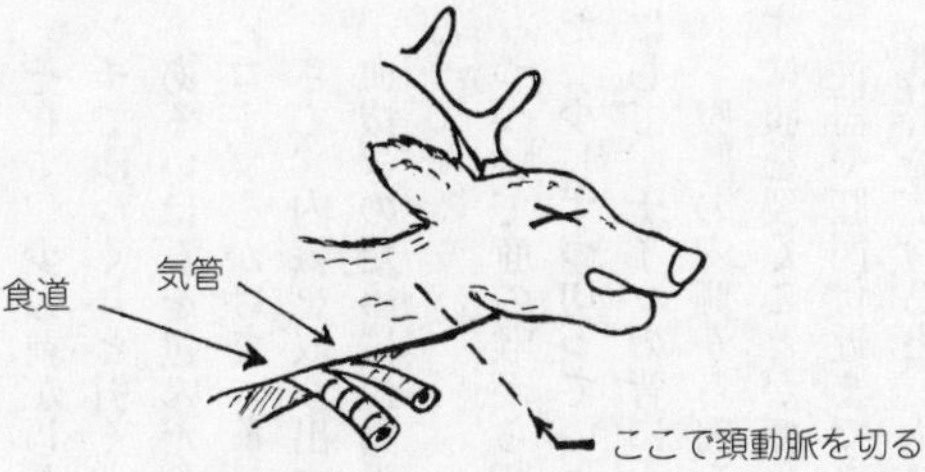

顎のすぐ後ろのところで頸動脈を切って血抜きをする。
剥製をつくるつもりなら、ここまで皮を剥がしてから中の首を切り落とす。顔の皮を剥ぐのは時間がかかる（寒いので、手がかじかむ）し、難しいので頭の部分は中身が入った状態で剥製屋に持っていったほうがよい

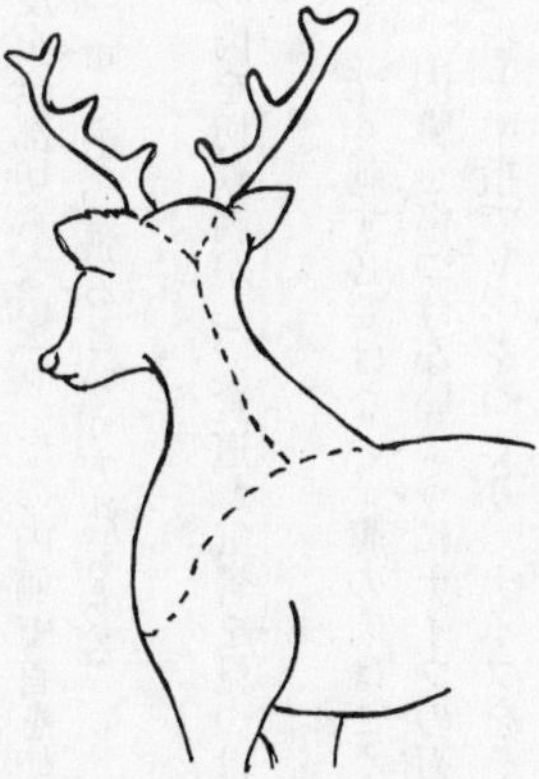

剥製をつくる場合には胸から背中へ切り込みを入れ、首の後ろを切り開く。
首だけの剥製をつくる場合でも、首だけというより余裕をもって腹から取るくらいの感じで皮を取るほうがよい

ウインチや車を使って皮を剥がす、というのは図のように、鹿の脚の下半分を切り落とし、木の枝などに首を吊り下げる。もし首の剥製をとるのであれば、後脚のほうを縛ってぶらさげる。

そして、少し剥がした皮の外側に、にぎりこぶし大の石を入れてロープで縛り、車かウインチでゆっくりと引く。ベリベリと皮が剥がれる。

あるいは石を包んだりしなくとも、首の皮を全部切らないで、皮の内側で首を切断し、首にロープをかけて（前足を樹木に縛りつけて）車で引っ張るという方法もある。

さて、内臓を取り出す。

血抜きのために頸動脈を切った付近で首の肉を切り剥がし、食道と気管を見つけて切断する。

つづいて鹿の喉から肛門付近まで切り開く。深く刺す必要はない。腹の肉はごく薄いものだ。少しずつ切っていって、腹腔が開いたら、内臓を傷つけないようにナイフの刃を上向きにして、ナイフの背に手をあてがい、人差し指と中指でV字をつくり、ナイフをその間に入れ、腹腔の内側から肉を持ち上げるようにしながらナイフの刃を進めてゆけば内臓を傷つけずに腹を裂くことができる。

性器や肛門付近まできたら、いったんそこで止める。

腹腔を広げると、大きな胃袋が出てくる。

鹿は牛科の動物で胃袋は四つある。牛のように草をあまり噛まないで飲みこみ、あとで胃

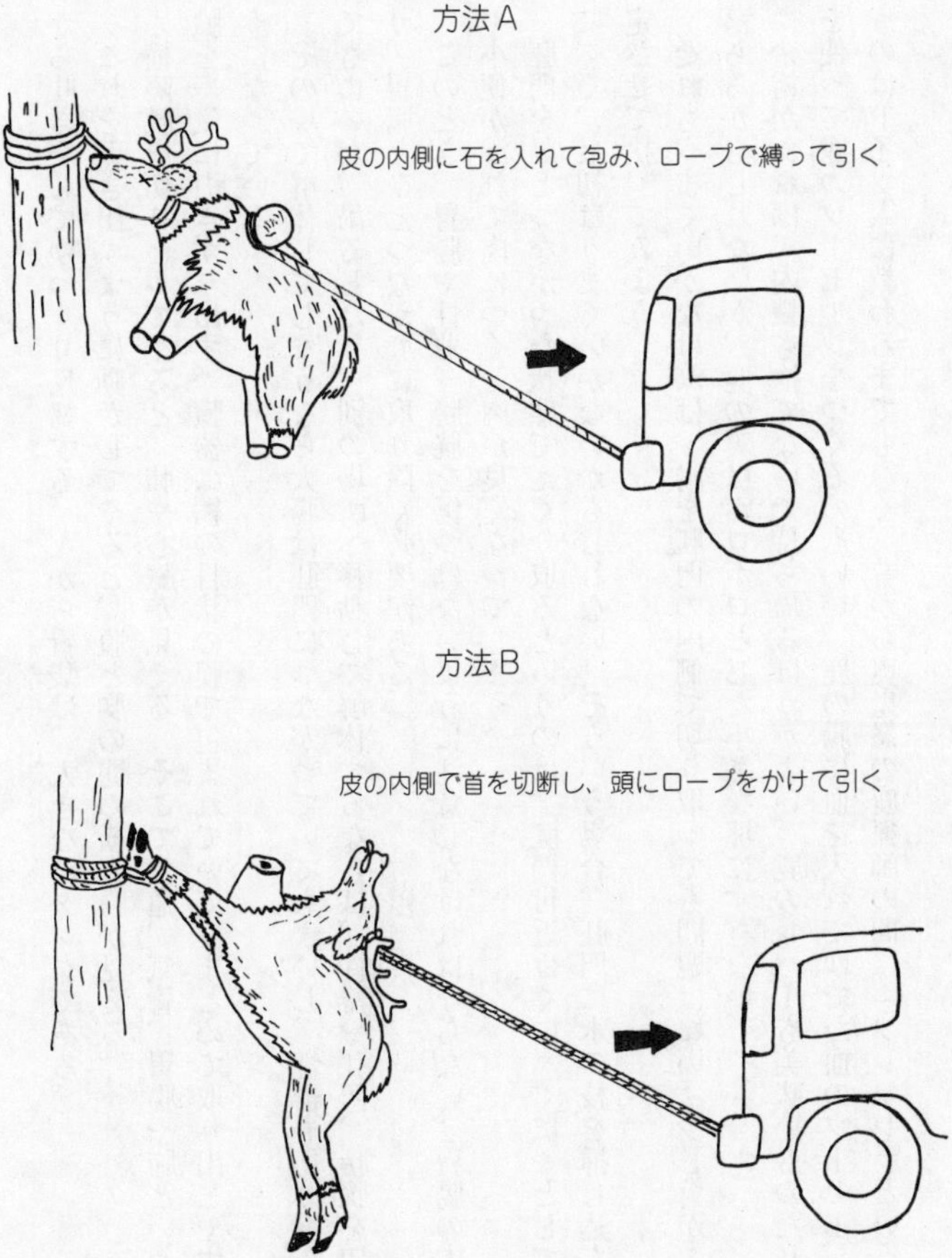
方法A
皮の内側に石を入れて包み、ロープで縛って引く
方法B
皮の内側で首を切断し、頭にロープをかけて引く

自動車またはウインチで皮を剥がす要領

から吐き戻してゆっくり反芻する。だから胃袋は、大きな草タンクである。

これを引き出すように動かしてやると、腹と胸の間の横隔膜が見える。

横隔膜を切りとってやると、肺や心臓が見える。そこで食道、気管、胃腸や肺といった内臓を一気に引きずり出す。臓器は網の目状の膜で包まれていて、まとめて取り出しやすいようになっている。

その場で解体してしまうなら大腸は肛門につながっていてもよいし、性器も切り取らなくてもよいが、吊るしたり、別の場所へ移動して解体するならば、性器や肛門、膀胱を切り取り、胃腸とひとつながりに取り除く必要がある。

このとき、胃腸や性器、膀胱を傷つけないように注意しなければならない。胃腸の内容物や小便が漏れて肉につくと肉が臭くなってしまう。

肛門を腸とつながった状態でえぐり取るというのは、肛門付近はぐにゃぐにゃとして切りにくく、最初はうまくいかないかもしれない。そういう場合、肛門に木の枝を挿し込んで安定させて抉《えぐ》ってみよう。

それもうまくいかなければ、腸を肛門の内側で切り取っても問題はない。少し糞がこぼれ落ちるかもしれないが、鹿の糞はポロポロとした小さな塊にすぎない。

余裕があれば、内臓も捨てないで持ち帰るほうがよい。鹿のレバーも美味いものだし、腸を使って鹿のソーセージをつくるのもいい。鹿の腸に血を入れてゆでた血のソーセージというのはドイツ人に教わるまでもなく、昔から奥鬼怒の鹿猟師の間に「ソレソレ」という名で

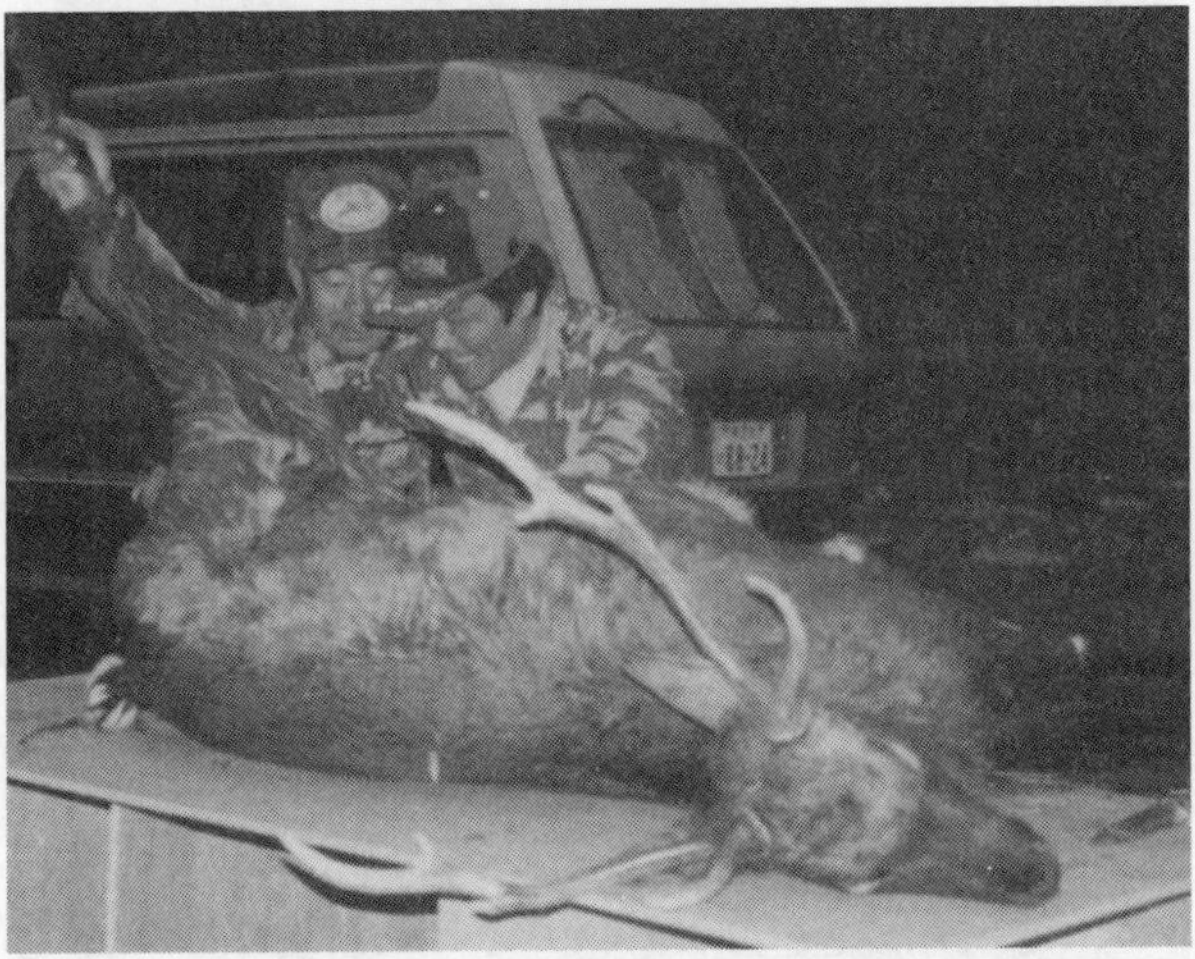

小さいナイフを巧みに使って鹿を解体してゆく

伝わっている。

しかし、単独潜行猟の場合、まず内臓まで持って帰る余裕はないものだ。まあ、レバーくらい持って帰ろう。

その場で解体するなら、かならずしも内臓を取り出す（ワタ抜きをする）必要もなく、いきなり肉の解体にかかってもいい。

人間ほどの大きさの動物の腹が切り裂かれ、内臓が摘出されてゆく。

良太郎は、おじさんといっしょにハンティングをやってみたいと思ってはいたが、獲物の解体が自分にはできるだろうか？　という思いがあった。交通事故で死んだ犬や猫の死骸さえも気持ちが悪いのに、自分の手で鹿をバラバラにする。

そんなことができるだろうか？

「いやー、わたしだって車にひかれた犬

や猫は気持ちが悪いよ。それどころか、わたしゃミミズやゴカイが気持ち悪くてね、あれを釣り針につけることもできないんだが、自分で撃った獲物というのは、また感覚が違うのだよ」

と、おじさんはいう。

本当にそうだ。ぜんぜん気持ち悪くない。良太郎は少しずつ、おじさんのやってみせたとおりに、自分もナイフを使って解体をはじめた。

鹿の脚を胴体から切り離す。

やったことがないと、どんなナイフを使って、どんなふうにしたらいいのか見当もつかないだろう。

だが、あの大きな太ももを胴体から切り離すのに「ランボー・ナイフ」のような大きなナイフものこぎりもいらない。大きすぎるナイフは使いにくい。十センチくらいのナイフでじゅうぶんだ。

脚を内側から広げながら、胴体と内股の間をナイフで切り開いていく。

最初から熟練したナイフさばきなどできるわけがない。いいのだ、とにかく脚を引っ張って、ナイフの刃の入りやすそうな所をえらんで切っていけばいい。

「わたしなんざ、だれに教えてもらったわけでもない、雑誌の記事をもとに自分で試行錯誤して解体を覚えたんだ。へたくそでもめちゃくちゃでも、ナイフで切れば肉はとれるんだ。何回かやっているうちにうまくなるよ」

骨盤と脚の関節が見つかった。直径数センチのボール状の関節は、まわりの筋を切りとってねじってやれば意外に簡単にポロリとはずれた。

太ももには肉がたっぷりついているが、膝から下にはほとんど肉がないので、膝の関節のところでも関節まわりの筋を切り、そこからポキンと折ってしまう。

背骨の両側にある長い柔らかい肉、これがロースだ。肉を運び出す余裕がないとき、とにかく少しの肉でも持って帰りたいときには、優先順位第一番で取るべき肉はここだ。外からでは取れないが、内臓を取り出した後、腹腔側から接近できる内ロースはさらに上等な肉である。

ロースを取る場合、ロースだけ取ると死後硬直で肉が縮む。縮むと硬くもなる。だからロースは背骨ごと取るのがいいことはいいのだが。アバラ肉だって骨つきがいい。そうするためには、さすがに小さいナイフではだめで、ナタのような大型ナイフが必要になる。しかし、骨つきが理想ではあるが、リュックサックに収めるにはかさばる。どうするかは車までの距離による。

肉はポリ袋に入れるとムレるので木綿の袋に入れる。ハンター用品として肉袋が販売されている。もっとも冬の北海道ならば、ポリ袋でも問題ない。

「途中でナイフから手を離すとき、ナイフは獲物に突き立てておくか木に突き立てておく、地面に置くと雪や枯葉に埋もれてわからなくなる。いままで何本もナイフをなくしたよ」

良太郎に手ほどきしながら、一時間ほどで解体を終えた。おじさんがひとりで手際よく解体するなら、三十分くらいで解体してしまうのだろう。

おおざっぱに、よい肉だけをとっても十五キロから二十キロはある。ずしりと重くなったリュックサックをかついで獣道を下る。枯葉も雪も濡れた地面も滑りやすい、一歩一歩ふみしめながら下っていこう。

「ジュテイム」いとしい初獲物

「ちょうどお昼だ。車の所へ帰ったら、さっそくこの鹿をステーキにしよう」

戦果があがっての帰り道だが、おじさんは油断せずに銃を胸の前で斜めに保って歩いている。良太郎も、いつ突然、獲物が出ても撃てる体勢で歩く。

良太郎の足が止まった。下り斜面前方八十メートル、鹿。

条件反射のように銃をかまえ、鹿の胸に狙いをつける。生まれてはじめて自分で鹿を撃つ。だが、なんの興奮もない、心は平静である。射撃訓練をしっかりやってきた成果だ。

射撃は心を落ち着かせる修行のようなものである。銃をかまえて座禅をやっているような、いや、おそらく座禅など組むより射撃をやるほうが精神修養になるはずだ。

銃をかまえれば無念無想、心を落ち着かせることが条件反射になっている。静かな心で静かに引き金を引き落とす。

反動が肩をけとばし、銃声が響く。

良太郎が必殺の一弾を発射する

銃弾は胸の正面から入り、背骨の下を尻まで行って止まった。鹿はその場にベタっとしゃがみこんで動かなくなった。

はじめて抱いた女の子、じゃなかった、はじめて仕留めた鹿。

良太郎は自分が仕留めた獲物をいとしく感じ、鹿の首を抱き寄せて、

「ジュテイム（愛している）」

といった。そして仰向けに寝かせ、解体にかかった。

良太郎の撃った鹿も解体して車を止めた場所に帰り着くと、昼飯時はとうに過ぎていた。

車から折りたたみの椅子やテーブルを出し、携帯ガスコンロで湯を沸かし、パック飯を温め、フライパンに胡麻油をひいて鹿のロース肉を塩、コショウでステーキにする。

ゆっくり昼食を食べて、コーヒーを飲んで、体を休めていると、冬の北海道は陽が傾くのが早い、ま

だ午後の三時にもならぬというのに、太陽はもう西の山の上にある。

「では、白糠市街まで出て、この肉をクール宅急便で家へ送ろう」

肉はまだ温かみが残っている。なるべく早く冷やしたほうがよいので、車内でなくルーフキャリアに乗せる。これもハンティングの必需品である。

エンジンをかける。

雪がちらちら降りはじめた。ワイパーは雪用のものをつけている。冬の北海道へ行くときは、雪用のタイヤが必要なのはもちろんのこと、ウォッシャー液もワイパーも寒冷地用のものでなければならない。

カセットテープを押し込む。行進曲「バイトマンス・ハイル（狩人の歓声）」だ。

国道へ出て、白糠の町へひた走る。三十キロも走るとようやく人里らしくなってくる。学校から帰るらしい子供が歩いている。

「あれがね……」

と、おじさんが道端の大きな金網の箱を指差した。ゴミ集積所のような感じだ。

「鹿の残骸を捨てるゴミステーションだ。鹿の残骸は野山に放置しないで、あそこに出すことになっている」

「え、ぼくたち山に捨ててきましたよ」

「あれだけ山奥ならいいよ。狩りをしようがしまいが、生まれてきた鹿はいつかかならず死ぬ。ハンティングをしてもしなくても山の中にできる鹿の死骸の数は同じ。そして動物の死骸は、ほかの動物や虫に食われて土に還る。それが自然だ。

どうして人間が撃った鹿だけゴミステーションにもって行かなければならないのかね、それこそ自然に反する行為だよ。ただ、ひところ非常にマナーの悪いハンターがいてね、人里の道路脇に残骸を放置しているのが目立った時期があってね、それで残骸を放置するな、ということになったんだ」


「ボルトを忘れた！」


コンビニがあった。鉄道を跨《また》ぐ陸橋を越えるとき、「九時の方向三百、黒猫の看板」とおじさんがいった。

「あそこで肉を送る」

陸橋を越えたところで燃料を補給し、それから左折して白糠駅の裏にある、さきほど看板の見えた黒猫の営業所に車をつけた。

鹿の肉を持ちこんでも、このへんの従業員は慣れたものである。


発泡スチロールの容器など準備しておく必要はない。営業所に段ボール箱がある。すでに冷凍になっているものをとかさないようにするのではなく、さきほどまで生きていた肉を冷蔵庫に入れてこれからさらに冷やすのだから、段ボール箱のほうがいいのだ。ポリ袋も営業所にある。

「今夜は民宿を予約してある。良太郎君の初獲物もとれたし、乾杯用のシャンペンも用意してある。本物のシャンパーニュだぞ」

民宿には、おじさんが若いころ北海道の自衛隊でいっしょに勤務した古い友達が関西から飛行機で来ているはずだ。民宿で合流して明日いっしょに狩をするのだ。民宿の庭には、ほかのハンターが撃った鹿が、魚でもぶらさげるようにぶら下がっていた。

「いやー、まいった。銃のケースを空けたら、なんとボルトをつけ忘れとった。女房に電話したら家にあったんで、『飛行機で持って来い』いうたんやが、『嫌や、なんでこれ届けるだけのために私が北海道まで行かんならんの』いわれてしもうた」

銃の盗難防止というか、もし盗難にあってもその銃が悪用されないための用心として、銃からボルトなど重要部品を外して保管したり運搬したりすることが推奨されている。それはよいことだが、気をつけないと、こんなことが起きる。おじさんの古い友達、田中さんというおじさんは、ヤケ酒を飲んでいたのか、もう赤い顔をして出てきた。

「以前にも、だれかそんな人の話があったな。その人は奥さんにボルトを持って来させ、奥さんは北海道で温泉に入ることもなく、空港でUターンしたという話だったが、そうか、『嫌や』といわれてしもうたか。まあ、あんたのぶんも撃ったるよって、明日はワイらと追い込み猟しよ、勢子やり」

おじさんは関西人ではないのに、この関西から来たおじさんと話すときは自分も関西弁になっている。

翌朝、おじさんは良太郎を小さな沢の出口につれて行き、
「ワシと田中さんでこの上のほうから鹿を追い出すから、ここで撃て」
といって、良太郎をひとり残して山奥へ消えた。

人里離れた北海道の山の中、良太郎ひとり。ときおり鳥の声、枯葉の音がするだけである。なんとも心細い。良太郎は自分のいる場所がどこなのかさえわかっていない。いやGPSは、良太郎のいる座標を正確に表示してくれてはいるし、おじさんと無線も通じるのだが、「熊でも出てきたら、スラグ三発で倒れてくれるかなあ」と不安になる。

日本の法律では、散弾銃は三発以上、装填できてはならないことになっている。ライフル銃は弾倉五発、薬室一発の六発が込められる。散弾銃は鳥を撃つものだから、鳥を乱獲しないように三発に制限、ライフル銃は熊の出る山で使うこともあるから六発まで弾が入ってもいいのだ。

「俺はこんな山の中で大物猟やってんだぜ、十年なんていわずに最初からライフル持たせろよ、なんの問題があるんだい」と、心の中でつぶやく。

だが、良太郎より大変なのはボルトをつけ忘れた銃を持ってきた田中さんだ。銃なしで鹿を追い立てなければならない。銃の所持許可というのは車の運転免許とは違う。許可された製造番号の銃を所持することが許されているだけで、まったく同じ型の銃でも製造番号が一番違う銃を手にすれば不法所持なのだ。だれかの銃を借りて使うことはできない。今日の田

中さんの武器は犬の訓練に使うプラスチックのリボルバーとナイフ一本だ。ナイフを木の棒に縛りつけて槍にしている。

おじさんと田中さんは沢の左右に分かれ、「ハー」「ホー」「ヤー」などと声を上げ、おもちゃの拳銃を鳴らしたりしながら下のほうへ鹿を追い立てる。

「おい、熊の足跡があるぞ、熊のクソもある。でかいぞ、ちくしょう、近くにいやがったらワシどうすりゃええんじゃい」

無線に田中さんの声が入った。

「突撃を開始したら何があっても停止しない、突っ込め」

と、おじさんが応じている。さすがふたりとも元自衛隊員だ。

良太郎は無線の声を鹿に聞かれないようにイヤホーンで聞いている。

熊は、このように大きな声や音を立てれば逃げていくのが普通だが、反撃に出てくる熊もたまにはいるから、銃も持たずに勢子をやるというのは、やはり危険なことだ。

「ということは、追われて出てくるのが熊という可能性もあるな」

と、良太郎は緊張する。

沢の奥から、カサッ、カサッ。カサッと音が近づいてくる。音の軽さからすれば鹿なのだろう。

鹿だ、三頭。もっと引き寄せる。それまで体を動かしてはいけない。

来た、来た、いまだ！

良太郎の仕留めた鹿とレミントン M870

先頭の鹿の胸を狙って引き金を引く。昨日と同じ、銃弾は胸から尻まで突き貫ける。しかし、昨日の不意を撃たれた鹿と違って、追われて逃げている鹿はまだ走る。

ジャキーンとスライドを往復させ、薬莢が落ちるよりも早く第二弾を撃つ。鹿が向きを変える、横からもう一発。スライドを引き、ポウチからスラグをつかみ出したとき鹿は水しぶきを上げて倒れた。

「やりました、一頭だけ、二頭逃げました」

「一頭で上等だ」

翌日、一頭ぶんの肉をクール便で自宅へ送った後、田中さんは飛行機で帰っていった。

第六章　獣類のかずかず

ほかにもこんな動物が……

熊、鹿、猪のほかに日本で狩猟してよいことになっている動物には、キツネ、タヌキ、アナグマ、ノウサギ、ハクビシン、イタチ、ミンク、ヌートリア、アライグマ、ノイヌ、ノネコがある。これらの中には狩猟の対象として興味を引かないようなものもあるが、とりあえずそれらについてもおじさんが、ひととおり教えてくれた。

キツネ

キツネやタヌキは近年増えているのではあるが、これを狩る人はひじょうに少ない。なぜかというと、食ってうまいものではないし、毛皮の需要もないからである。なにしろ毛皮など、外国から輸入したほうが安いので商売にはならない。
「自分で撃ったキタキツネの帽子だ」という自己満足のために採算の合わないことをするだけであるから、数を撃ってもしょうがないのである。食うわけでも毛皮を取るわけでもないのに、ただ殺す、という気にはなかなかなれないものである。

しかし、キツネが増えた結果、ウサギやキジ、コジュケイ、ウズラ、エゾライチョウなどが激減している。ハンターとしては、こうしたおいしい狩猟鳥類の減少を食い止めるためにも、積極的にキツネは狩る必要がある。

キツネを撃つことが、キジやコジュケイやウズラ、エゾライチョウ狩りの前哨戦となる。猟というより、これは資源を奪い合っての戦争だ。敵特殊部隊「レッド・フォックス」を捜索し、狙撃する。

キツネは生息範囲の広い動物で、さまざまな環境に適応して暮らしているが、わりあい人里近くの林縁部に住んでいる。

北海道のように生息数の多い地域では、夜間に田舎道を車で走ると、ライトの光に反射してキツネの目が金色に光るのをよく見る（なお、タヌキの目は銀色に光る）。また、夕方や早朝、道路付近で見かけることも多い。

キツネの行動半径は十二キロくらいあるといわれているが、一度姿を見れば、その地域に行動してはいるので、足跡や糞を観察して行動パターンを把握し、待ち伏せしよう。

もっとも北海道のように生息数が多ければ、鹿狩りに行って偶然、キツネを見つけて撃ってしまう、ということもある。キツネは非常に警戒心の強い、嗅覚・聴覚に優れた動物とされているが、筆者の経験では鹿より撃ちやすかった。好奇心が強いのが災いして、「どんなやつが来たのかたしかめよう」とするようなところがあり、意外に銃の射程内で立ち止まってこちらを見たりするからである。

車で走っていてキツネを見つけて撃ってしまう。そんなこともあるが、せいぜい日の出から一時間くらいだ。夕方なら日没前三十分もないのではないか。その間はキツネは山の中で昼寝している。

雪のないときにキツネを探すのは至難であるが、雪があれば足跡を追うことができる。

キツネの目はライトに反射して金色に光る

カモ猟は天気の悪い日のほうがよいが、キツネは晴れた日がよい。積雪が五センチくらいまでならそのまま歩き、もっと深ければスキーをはいて歩く。

キツネの足跡が一直線につづいている間はどんどん追う。足跡が左右を気にしながら歩いているようだと、エサを探しているか寝場所を探しているのだ。

天気のいい日、キツネは警戒に便利な、やや小高い、たとえば丘の頂上よりわずかに下あたりでひなたぼっこをしながら昼寝する。

雪の上、小高い場所で昼寝しているキツネの姿は見つけやすい。しかし、それはむこうからも、こちらがよく見えるということである。

ところが、キツネは嗅覚や聴覚はよいが、目はあまりよくない。風下から静かに接近すれば、かなり近寄れる。キツネを見つけたら、あるいは直接見えないが、あのあたりに寝ているのではないかと思ったら、遠回りでも風下へ回り込んで接近する。

寝はじめたばかりのキツネは二〜三分おきに頭を持ち上げ、耳をすましているが、やがて音を聞くために頭を上げる間隔が二〜六分間隔に延び、やがて本格的に寝てしまう。

キツネが寝はじめたと思ったら、ハンターは静かに匍匐前進でキツネに忍び寄って行く。

ライフル銃なら百メートル以上離れたキツネを撃つくらい簡単なのだが、日本の法律では熊、鹿、猪以外の動物をライフル銃を使って狩猟することは禁止されている（まったく馬鹿な法律だ）。

散弾銃でキツネを撃つとなれば、「ＢＢ」（直径四・五ミリ）とか「４《フォー》バック（直径六・一ミリ）」の装弾を使う。一二番の標準装弾でＢＢなら六十粒、４バックなら二十七粒である。

ＢＢは六十粒も入っているが、弾が小さいので何粒か命中しなければならない。４バックなら七十メートルくらい離れたキツネにも致命傷をあたえられるのだが、たった二十七粒であるから網が粗くなって命中しないかもしれない。結局、BBだろうが4バックだろうが、四十メートルくらいまで接近しなければならない。

そこで筆者は、4バックを四十八粒詰めたマグナムをハンドロードして使っていた。そして七十メートルでも撃つ。

とにかく、その距離まで雪の上を匍匐前進である。

寝ていたキツネが何かの音に気がついて頭を上げる。こちらは動きを止める。キツネと目を合わさないよう伏目がちに、じっとしていれば、視力のよくない獣は意外にこちらの存在に気がつかないものだ。それはキツネにかぎらずたいていの獣がそうである。

キツネがふたたび丸くなって寝れば、また匍匐前進。

射程に入ったら、立ち上がって、勢いよくジャキーンと音を立てて薬室に弾を送り込む。

立ち上がるのは、散弾銃の反動は強烈だから、ライフルのように伏せて撃ったら肩がもたないからだ。音を立てるのは、寝ている、つまり伏せているキツネより立ち上がったキツネのほうが面積が大きくなり散弾の命中公算が増すからだ。もし銃がスライドアクションや自動銃でなく、装填するのに大きな音のしない銃だったら大声を出してキツネを起こす。「ジュテイム（愛している）」とでも叫ぼうか。

スノーモービルを使って豪快にキツネを追いまわす人がいる。

キツネは雪の上を四十五キロくらいの速度で走るが、スノーモービルは七十キロくらい出るから、隠れ場のない雪原で二台のスノーモービルにはさまれたらキツネは逃げ切れない。

キツネの足跡
イヌの足跡によく似ているが、わずかにイヌより縦長である（実際問題ほとんど識別不能)。長さ4.5cm ～5 cm、幅3～3.5cm

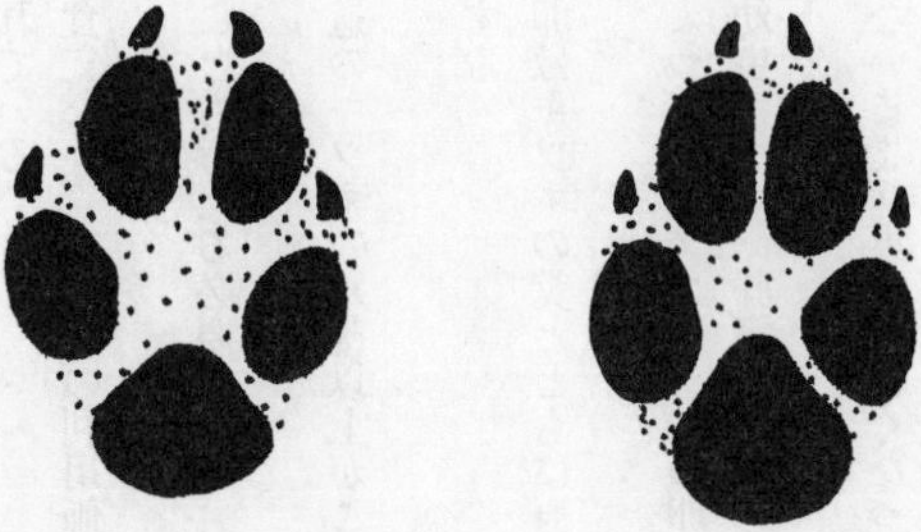

しかし、これは道東の牧場地帯でのみできることで、一般的ではない。
雪のない地域でキツネを狩るにはどうしたらいいだろう。

まず、足跡や糞を見てキツネの行動パターンを把握し、待ち伏せをするしかないだろう。

キツネは全国で年間に狩猟・駆除それぞれ六千頭ていど捕獲されている。

「タヌキ汁」というものはあるが、キツネの肉は臭くてまったく食えない。キツネの利用価値は毛皮だけである。

毛皮を剥ぐだけなら別段、内臓を出すとか血抜きをするということも考える必要はない。皮だけ鹿の皮はぎと同じ要領で剥げばよい。

北海道のキツネにはエキノコックスという寄生虫がいる。北海道のキツネの六割以上がこれに感染しているようだ。

これがキツネのみならずイヌやネコにも感染し、人間にも感染する。

エキノコックスはキツネなどの腸の内壁に寄生していて、その卵はキツネの糞とともに原野に撒き散らされる。

これが付着したノイチゴや野菜を食べたり、沢水を飲むことによってエキノコックスの卵が混じっていたということで人間に感染する。卵は腸内で幼虫になり、肝臓へ移動し、肝臓に寄生して病巣をつくる。

潜伏期間が五年から十年と長く、感染していることに気がつかないまま病巣は大きくなっていく。やがて黄疸、上腹部不快感、肝腫大の症状を起こし死に至る。

肝臓に病巣ができると手術で切除するしかないので大変である。

エキノコックスにかからないためには、沢水を飲まない、ノイチゴなどを生で食べないといった注意をすればよく、キツネに触れたからといって感染する可能性は高くはないのだが、それでも念には念を入れて、キツネ（にかぎらないが）の皮を剥ぐときはゴム手袋をしよう。こんな話をすると、キツネ狩りなんかしたくないと思うかもしれないが、エキノコックスの蔓延を防ぐためにも北海道のキツネを撃とう。これは戦争だ。

タヌキ

タヌキは東アジアの動物で、ヨーロッパやアメリカにはいない。頭胴長五十～六十センチ、体重五～八キログラムくらいで、小型の日本犬くらいの大きさである。足が短く、走る姿もキツネと異なりトコトコ走る。キツネが内股で左右の足跡が一直線になるのに対し、タヌキは肩幅ほどの間隔で平行した足跡になる。

比較的に人里の河川、沼沢等の水辺に近い山林に住んでいる。竹林や笹薮を好む。雑食性で、ネズミ、ヘビ、トカゲ、タニシ、サワガニ、ミミズや昆虫類、河川の魚、鳥類、動物の死骸、およそなんでも食べる。植物質ではカキ、ナシ、リンゴ、キイチゴ、サルナシ、クワ、ヤマブドウといった果実から、ソバ、大豆、小豆、トウモロコシ、甘藷、ヤマイモ等の作物のほか、各種野草も食べているようである。果実を食べるため、よく木に登る。

タヌキの生息地では、林の中にタヌキ道が縦横に走っている。幅三十センチほどで、同じ道をよく通るので踏み固められて光っている。キツネは比較的開けた場所を平気で通るが、タヌキは用心深くヤブの中を選んで通る。行動半径は六キロメートル以内といわれている。

タヌキは、タヌキ道の脇の決まった場所に糞をするので、多量の糞が溜まっている場所がある。これを「タヌキの溜め糞」という。

タヌキは人里付近に意外に多く生息しているのだが、まったくの夜行性で、キツネのように早朝や夕方に見ることはまずないし、キツネのように平気で開けた場所を通ることもなく、用心深く藪の中ばかり選んで歩くので人の目に触れる機会が少ない。したがって犬を使って追い出さないかぎりタヌキを銃で撃つ機会はほとんどなく、たいていタヌキはワナでとられている。

タヌキは犬に追われると木に登ることがあり、そうなれば撃ちやすい。

夜、なにかいると思ってライトを照らすと、タヌキの目は銀色に光る（キツネは金色）。

タヌキは全国で年間二万頭前後が狩猟で捕獲され、数千頭が有害鳥獣駆除で捕獲されている。

昔から「タヌキ汁」ということばはあるが、実際にはタヌキはよほど料理方法をくふうしなければ不味《まず》いもので、狸汁がうまかったという話は、たいていタヌキとアナグマを誤認してアナグマ汁を食ったということのようである。それというのも、タヌキは自分で穴を掘らないでアナグマの巣に同居することがしばしばあるからである。

しかし、タヌキは脂肪が臭い、血が臭い、内臓が臭いので、内臓を傷つけないように取り出し、血抜きをよくし、肉から脂肪を削り落とせば食える。ごぼうのささがきといっしょに、まず油でいためて下ごしらえし、それから適当に野菜を加えて味噌仕立てに煮ると食えない

タヌキの足跡
一見、ネコの足跡に似ているがネコより大きく、爪跡がはっきりしている。
長さ3.5cm、幅 3 cm くらい

ことはない。

ある人の言によれば、

「タヌキ汁をうまく食べるには酒は欠かせない。まず酒を飲んで酔っ払ってしまえば、タヌキ汁はうまい」

ということである。

また、タヌキの肉を塩漬けにしたものは山村に伝わる民間良薬で、これを煎じて飲めば破傷風、ニキビ、吹き出物に効果があるということも聞くが、筆者が自分で試したことはないので保証のかぎりではない。

ちかごろイヌセンコウヒゼンダニによる皮膚病に犯されているタヌキが散見されるという報告がある。〇・二ミリほどの小さなダニであるが、これが毛の中で繁殖すると皮膚がやられ、毛が抜けてタヌキは赤裸になる。毛が抜けたタヌキは冬を越せないで死ぬ。

このダニは、ほかのダニのように草についていて、そこを通った人間につくというようなことはないようだが、猟犬がタヌキに噛みついたり、獲ったタヌキに人間が触れたりすると、イヌや人間につくこともある。

このダニが皮膚につけば当然かゆいが、もともと人間を好むダニでもないので、いつのまにかいなくなり、たいしたことはなく終わる。ただ、イヌにつくといつまでもイヌの毛の中にいて、それが人間につくから人間もいつまでもかゆい。だからイヌが感染しているなら、まずイヌの治療が必要である。薬で簡単に退治できる。

アナグマ

アナグマはヨーロッパからアムール地方、中国、朝鮮半島から日本まで、南アジアをのぞくユーラシア大陸全域に分布するが、北海道にはいない。

タヌキとほぼ同じ大きさに見えるが、タヌキは毛が長く、アナグマは毛が短かいので、じつはタヌキよりアナグマのほうが大きい。奥の深い巣穴を掘り、熊のように冬ごもりをすることと、足跡が熊に似ている（といってもはるかに小さく、幅四センチくらいであるが）ことからアナグマというらしい。しかし、クマというよりは、やはりタヌキに似た動物である。

巣穴は日当たりのよい笹藪や崖の中腹などの乾燥したところにつくられ、たいてい枝分かれし、だんだん複雑になっていく。

入口はたいてい二つ以上あり、ひとつの入口を塞がれても他の出口から脱出できるようになっている。入口の直径は二十～三十センチくらいで、出入りするとき体でこすられて光っている。

雑食性で、昆虫やその幼虫、ミミズ、ナメクジ、カタツムリ、ヘビ、カエル、カニ、ザリガニから川魚、キジやコジュケイなどの地上性の鳥も食べる。植物性のものでは木の芽、キノコ、シイやカシの実をはじめ各種植物の実、ビワやカキも食べるが、木登りはあまり得意ではなく、下に落ちた実を食べている。

アナグマの足跡
後足の長さ７cm前後

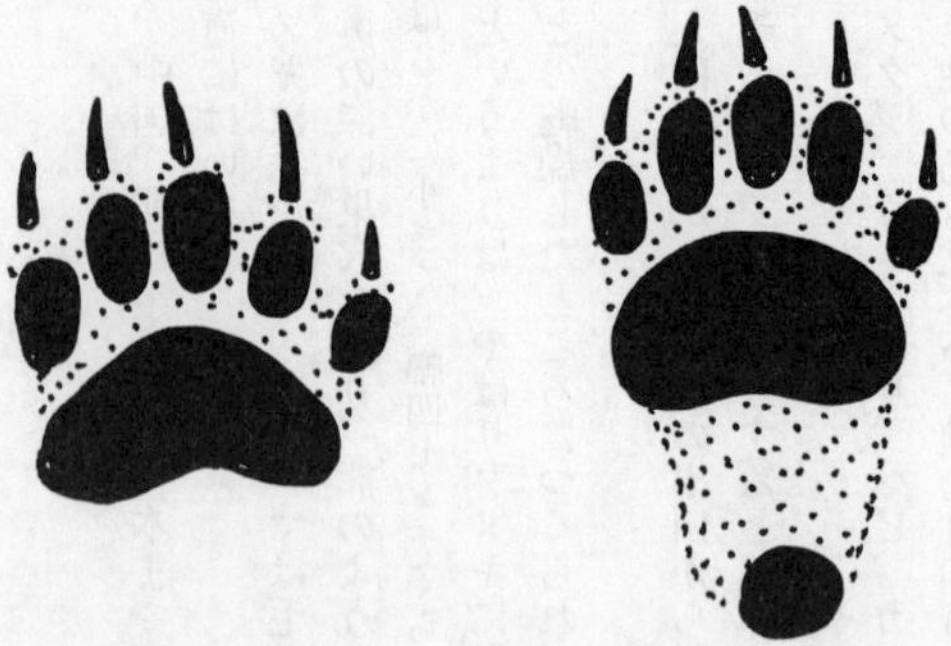

アナグマの糞は直径二センチ、長さ六センチ前後のソーセージ形で、黒からこげ茶色である。タヌキの糞と区別し難い。タヌキ同様、タメ糞をするが、タヌキが地面に直接排泄するのに対し、アナグマはいくらか浅い穴を掘ってする。

夜行性で、あまり銃で撃つ対象ではないが、

タヌキ・アナグマの皮はぎ

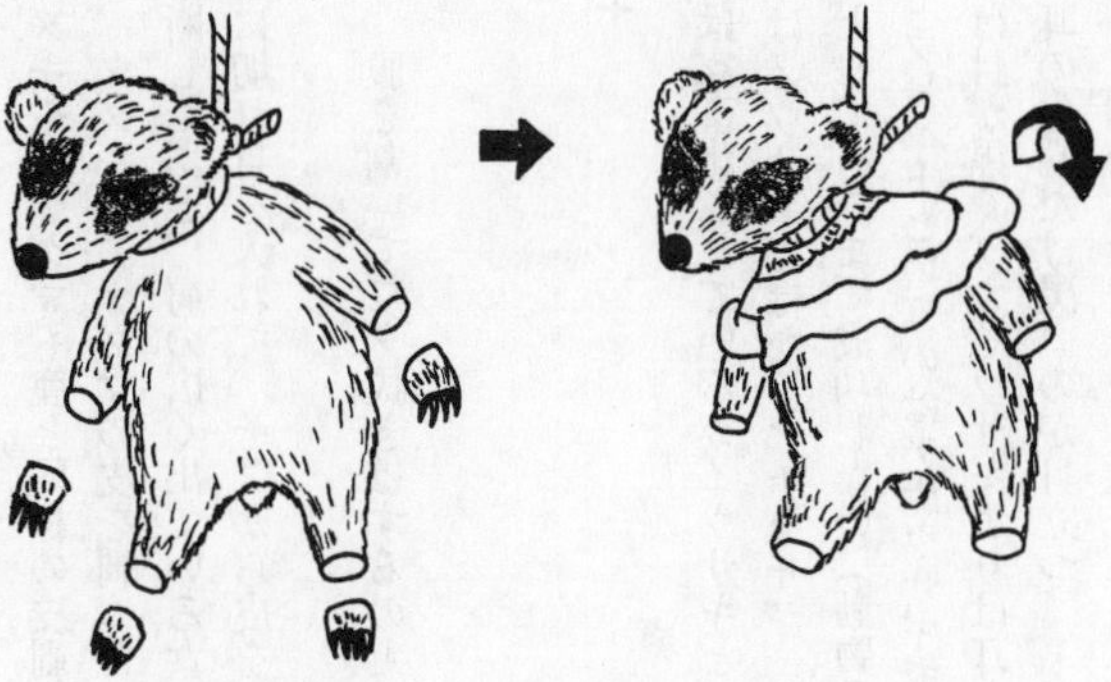

ロープで首を吊し
手首足首を切断

首の下に切れ目を入れ
下へ引きはがしてゆく

昼間でもまったく行動していないわけではないので、行動パターンを観察し、待ち伏せすれば撃てるかもしれない。

全国で年間千頭前後が捕獲されているが、筆者はじつは未だアナグマを撃ったことがないし、食べたこともない。伝え聞くところ、アナグマ汁は「マミ汁」とも呼ばれ、カモシカにつぐ美味だということである。カモシカは保護獣だから筆者は食べたことがないが、日本に生息する獣で最も美味なのがカモシカなのだそうだ。それにつぐ味だとか。

アナグマはヨーロッパにもいて、ダックスフントなどはアナグマ猟のために作り出されたといわれているくらいだから、フランスのジビエ料理の本に出ていてよさそうなものだが、とんと見聞していない。

なお、タヌキやアナグマも鹿と同様の皮剥ぎ、解体要領でよいと思うが、ある山の猟師の話によると、タヌキ、アナグマの皮を剥ぐときは、腹に縦の切れ目を入れることはなく、手首足首を切断したあと、肩の広く出ている女性のTシャツやセーターのように、首の下、肩の上あたりに切れ目を入れて、そこから皮を引き下げるようにめくって脱がせるとのことであった。

もちろん、腹を割いてワタ抜きはするのだが、それは皮を剥いでからするということであった。

ノウサギ

ノウサギは家畜化されているカイウサギとはまったく別種である。家畜化されている赤い目のウサギはノウサギではなくアナウサギ（日本にはいない）の系統である。ノウサギは人間が飼おうとしても、まず成功しない（動物学者が苦心の末にやっと飼育に成功した例はあるが）。英語でラビットというのはアナウサギで、日本のノウサギはヘヤー（hare）である。

ノウサギは目が黒く、カイウサギよりは耳も短い。耳の先端が黒い。雪の中で白いノウサギも目玉と耳の先端だけ黒いのが目立つ。

頭胴長四十〜四十六センチ、体重一・三〜二・五キロ。北海道のものはやや大きく、ユキウサギとも呼ばれ体重一・六～三キロ、とくに本州のものより後足が大きい。ノウサギはアナウサギと異なり巣穴は掘らない。子を産むときも地面の窪みに草を敷いたていどの巣で産む。

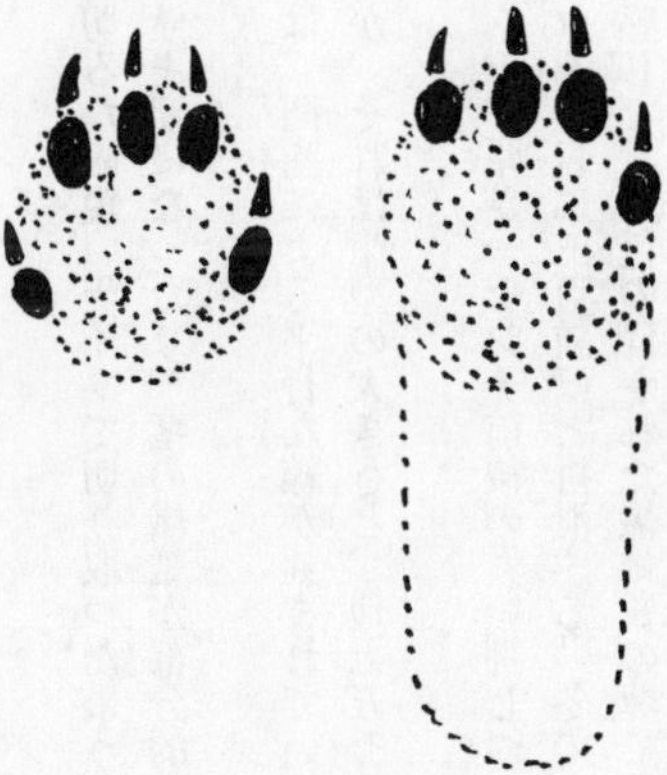

ウサギの足跡
前足の長さ4cm前後、後足の長さ9cm前後だが、北海道のウサギはひと回り大きいだけでなく、後足が長く15cmちかくある。ウサギは跳躍して進むので後足が前足の前に着く

ノウサギは夜行性で、昼間は姿を見ることはまずない。雪が降れば足跡でその存在を知ることができるが、雪がなければ糞や食痕でノウサギの存在を知ることになる。ススキ、イタドリ、オオバコ、クローバー、ハコベなどを好んで食べ、また植林された若木を頭からかじる。かじり取られた切り口はほぼ地面から三十センチまでの高さにあるが、雪の季節には雪面からの高さになり、雪面はつねに変動するから実際はいろいろな高さになる。

ウサギの食痕は、あの前歯で噛み切るため鋭いナイフで切り取ったようになるが、鹿やカモシカの食痕は切り口が不規則にギザギザになったり、茎の繊維が部分的に長く残ったりする。

もっと太い樹木の皮をかじった跡は、門歯による平行な線が刻まれているのが特徴である。ネズミも若木をかじることがあるが、それは歯型の大きさと、地上五センチ以下であることからネズミのものとわかる。

ノウサギの糞は直径一～一・五センチ、厚さ一センチ前後の丸い押しつぶしたような独特な形をしているのですぐわかる。これを一日に三百粒ほど排泄する。冬のものはいかにも木の皮をかじって食べました、という感じで、茶色の砕かれた繊維質の塊である。素手で触ることに抵抗を感じないほど乾いた感じである。夏の糞はもっと黒っぽく柔らかい。

夜行性なので訓練された犬で追い出すか、ねぐらと思われる地域を大勢で包囲して騒いで追い出して撃つ。

童謡に「ウサギ追いしあの山……」とあるように、昔の雪国では子供が集団でウサギを追い出すというのは冬のレジャーであった。山の頂上に射手を配置し、山を囲んでわいわい声を立てながら上って行けば、ウサギは射手のいる方へ逃げて行く。

犬に追い出されたウサギは、犬より速く走って逃げるけれども、しばらく走ると立ち止まって後ろを見る。犬が追ってくれば逃げ、また立ち止まって見る。この繰り返しをするが、やがてウサギは大きな円を描いてもとの場所にもどって来る。犬の吼える声でウサギがもどってきたのを察知したハンターは射撃準備し、動かないで待つ。そしてウサギが射程に入ったら撃つ。ウサギは銃弾に弱い動物で、キジなどを撃つ6号散弾で射獲できる。

ノウサギ猟で注意しなければならないものに、野兎《やと》病というのがある。これに感染しているノウサギに触れた場合、感染の危険性がある。感染すると高熱が出てリンパ腺がはれる。放置すると死亡率は二十五パーセントくらいになるが、治療薬はあるので、医者にノウサギに触れたことを述べるとよい。

ところで、ウサギの皮を剥ぐのも鹿や猪の皮剥ぎと同様でよいのだが、ウサギの場合は小さいから逆さに吊り下げて作業することが多く、腹の切れ目は入れないでセーターを脱がすように皮をめくる。腹を割いてワタヌキをするのは皮を剥いでからである。筆者はまだ試していないが、ある猟師は、

「ウサギの皮はひじょうに剥がしやすいので、脚の肉と皮の間に注射でもするように、細い

足首・内股に
切れ目を入れる
皮を下へ
めくり下げる

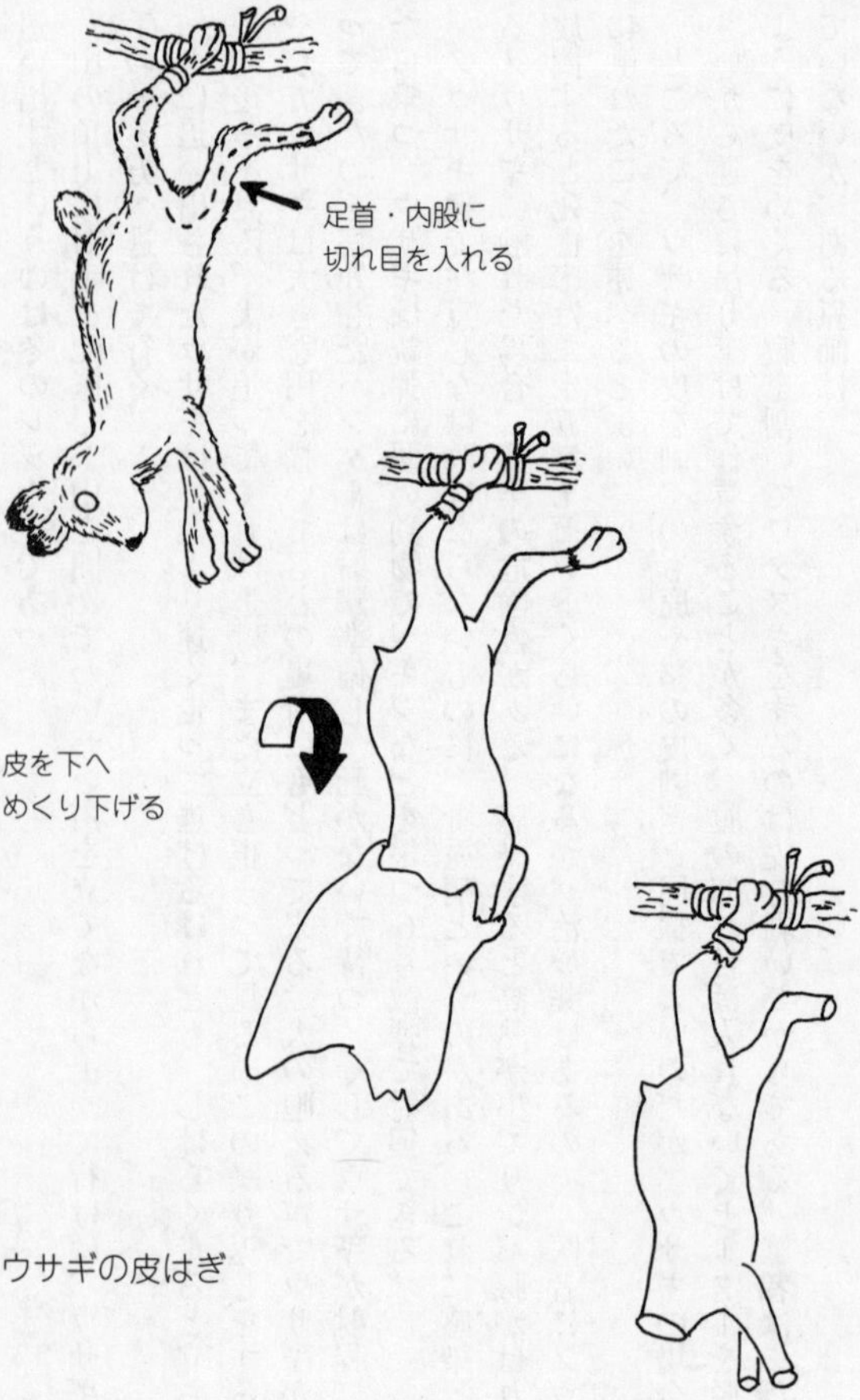
首と手首を切断する

ウサギの皮はぎ

竹かパイプなどをさしこみ、自転車の空気入れかなにかで皮と肉の間に空気を送り込めば簡単に剥げる。タヌキやアナグマはそうはいかない」

といっていた。

ハクビシン

最近、生息数が増大し、農業に被害も出てきたので狩猟鳥獣に入れられたが、昔は存在すら知られていなかった。中国南部や東南アジアに生息する動物で、日本にも昔からいたとしても不思議はないが、昔の人の話には出てこない。昔の絵にそれらしい姿が画かれてあったり、昔からいたのではないかとする説もあるが、どうも外国から入ったのではないかと思われる。

大柄のネコほどの大きさで、脚が短く胴長で尻尾も長い。頭胴長約五十センチで、尾長約四十センチである。頭頂から鼻にかけて顕著な白い筋が通っている（だから「白鼻心」という）のが特徴である。

生息数が増大しているわりには夜行性のため、まったく人目に触れない。しかし、ミカンが好物でミカン農家からは害獣とされている。そのほかカキ、モモ、ビワなどの果物が好物であるが、それらの果物がないときは昆虫類やトカゲ、カニなどの動物性のエサも食べる。入り組んだ岩の隙間、キツネやアナグマが掘った穴や木の洞など、いろいろな穴を巣穴に

ハクビシンの足跡
長さ約５cm

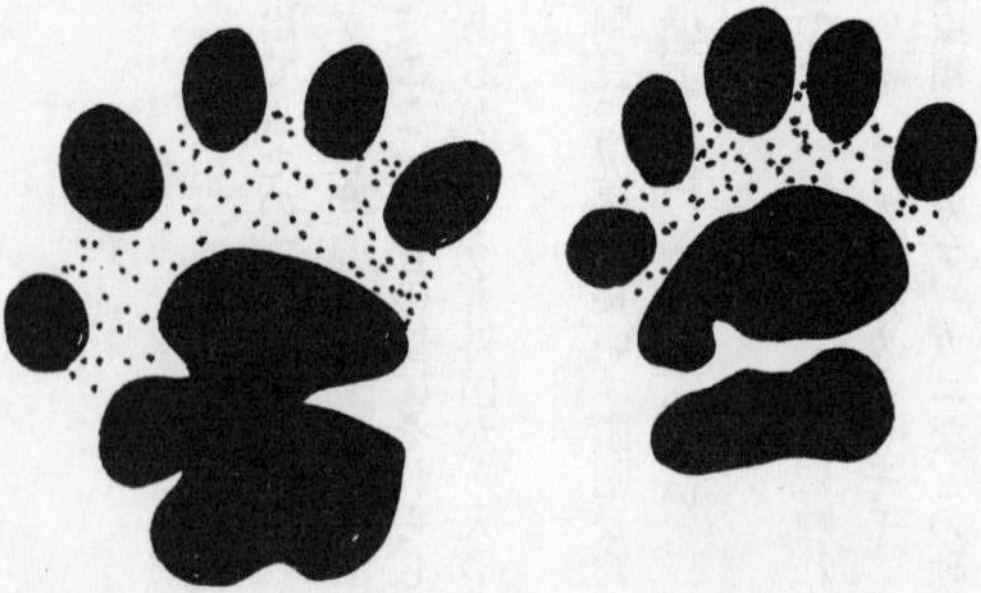

利用している。生息地域は比較的人里近くで、タヌキ、アナグマなどの生活圏と重複し、獣道もタヌキの道をそのまま使っていたりする。

しかし、夜間はほとんど樹上にいるらしい。

夜行性なのでワナで獲らないと銃で撃てる可能性はほとんどないが、撃ってみたければ果物の被害が出ている場所を調べ、足跡を探索してみよう。足跡の大きさはイヌやネコくらいだが、ヒトが指を短くして手を広げたような特徴ある形なので、イヌやネコやタヌキとは見分けがつく。

全国で年間七百頭前後が捕獲されている。

肉は美味というが、筆者はまだ食べたことがない。最近、狩猟鳥獣に指定されたばかりなので、まだ料理方法もよく研究されていない。

東南アジアの動物だから、当然、フランスのジビエ料理にもない。しかし、中国南部にはハクビシン料理もある。ハクビシンの肉は豚の三倍以上、牛肉の二倍以上の価格で取り引きされており、それだけうまいということだろう。それで食べに行ってみたいと思っていたところが、新型肺炎の病原体はハクビシン由来だとかいう騒ぎが起こり、食べに行くどころではなくなってしまった。

イタチ

イタチは東アジアの動物で、ヨーロッパやアメリカにはいない。日本でも北海道にはいなかったのだが、明治時代にネズミ取りの目的で移入したものが広がった。

日本の法律ではイタチはオスだけが狩猟の対象で、メスは獲ってはならない。

イタチのオスとメスはずいぶん大きさが違う。オスは頭胴長三十〜三十五センチくらい、尾長十二センチ、体重四百〜五百グラムくらいであるが、メスはその三分の二くらいの大き

イタチの足跡
長さ2.5～3 cm。歩幅は約30cm

さで、体重は半分くらいしかない。よく似た動物にオコジョやイイズナがいるが、これらはメスイタチよりさらに小さい。

また、イタチが人里付近の水辺に住んでいるのに対し、オコジョやイイズナは山岳地帯に住んでいる。

イタチは比較的人里近くの河川、湖沼、水田の近くの木の根元や岩の割れ目、石垣の隙間、崖の洞などに住み、夜行性で、行動半径は約一キロメートル。ほぼきまった経路を巡回してエサを獲る。

肉食性で、主としてネズミを食べているが、自分の体より大きなノウサギやキジ、ヤマドリなども襲って食べる。キジより小さいウズラ、コジュケイなど地上性の鳥はもちろん、それらの雛や卵も食べる。ヘビ、トカゲ、昆虫類、河川の魚やカニ、養魚場の魚も食べる。

ニワトリ、アヒルなどの小屋に侵入したときは大変で、食べきれないのに殺すことが楽しくて、殺せるかぎり殺していく。

また、肉食だと思っていたらスイカやカボチャ、メロンを食うものもいるということである。

生息数はけっして少なくはなく、水田のあるところイタチはいるといってもいいくらいだが、夜行性で小さいので、ふだん見ることはまれである。それで銃で撃つ対象とは考えられておらず、ワナで獲るのが普通である。

臭くて食べられるものではなく、毛皮としてもかなり集めないと何か作るほどにならないので積極的にイタチ狩りをする人の話も聞かないが、イタチが増えるとキジ、コジュケイなどの鳥が減るから駆除しなければならないハンターの敵である。全国で年間八百〜九百頭くらい捕獲されている。

ミンク

頭胴長三十五〜五十五センチ、尾長十五〜二十センチ、ネコほどの大きさの体重一・五キロほどのイタチに似た、イタチより大きな動物。

テンの足跡
長さ6～7 cm。ウサギのように跳躍して進むので
前足跡と後足跡がほぼ同じところにつく

もともと日本にはいなかった動物であるが、毛皮用に養殖していたものが野生化したものである。とくに北海道では多い。昼行性（夜間も行動するが）でもあり、毛もよいからもっと狩猟の対象になってよさそうなものであるが、狩猟獣に指定されてからの年月が浅いせいか、捕獲実績は極少で数十頭にすぎない。

湖沼・河川の岸に巣穴を掘り、魚類、カエル、エビ、カニ、ヘビ、昆虫、鳥類、およそ動物質のものなら何でも食べるようだが、植物質は食べないようである。

生活圏も植生もイタチと競合し、イタチより強いのでイタチを駆逐して増加してゆきそうである。

毛皮はよいのだが、たくさん集めないとコートはできない。しかし、これが増えるとイタチ同様、キジやコジュケイなどの鳥が減るから、猟というよりは駆除しなければならない「敵」である。

テン

テンはイタチに似ているが、イタチよりずっと大きい。頭胴長約四十五センチ、尾長約二十センチ、体重一・五キログラムくらいある。

イタチと異なり標高五百～千五百メートルの針葉樹林に住んでいるが、冬季には人里近くまで降りてくることがある。

ヌートリアの足跡
前足の長さ６cmほど、後足が12cmほど

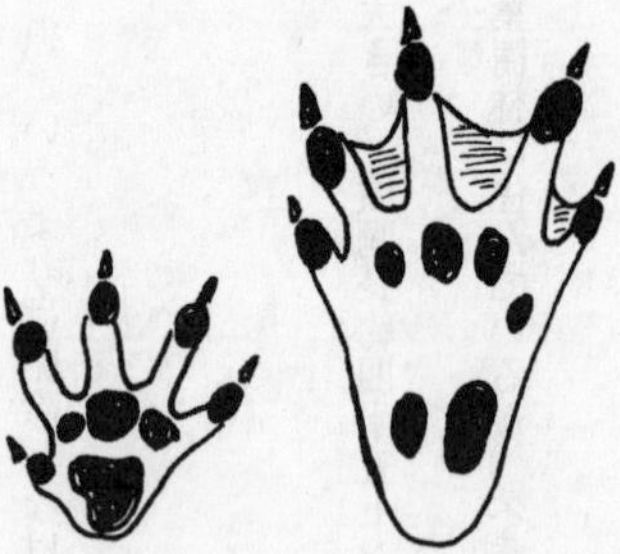

ノウサギ、ネズミなどの哺乳類のほか、ヤマドリ、ライチョウなどの鳥類、ヘビ、トカゲ、サワガニ、魚、カエルなど動物質を主に食べるが、イタチやミンクに比べると植物質も食べ、サクランボ、イチゴ、キイチゴ、サルナシ、ヤマブドウ、アケビなどの果実類を食べている。

木登りは巧みで、地上にいるときより樹上にいるほうが多いのではないかともいわれている。枝から枝へ巧みに飛び移り、リス、ムササビ、モモンガを襲って食べる。

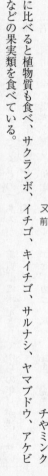

いちおう夜行性で、昼間は樹洞や岩穴にひそんでいるが、雨や雪の日、とくに人気《ひとけ》の少ない山中では昼間でも行動していることがある。

全国で年間二千〜三千頭が捕獲されているが、毛皮としてワナで獲られていて、あまり銃猟の対象ではない。北海道にはクロテンが生息しているが、これは捕獲禁止であるし、そもそも北海道ではテンは捕獲禁止である。

ヌートリア

ウサギほどの大きさの巨大なネズミの姿の動物である。水辺に住み、足には水かきがあり、泳ぎが巧みであるから、泳いでいる姿はラッコかビーバーのようである。南米原産で、昭和のはじめに毛皮用に養殖する目的で輸入されたものが野生化したものである。現在では、かなり広範囲に生息している。

ネズミそっくりなので食べる人は少ないが、じつはネズミと異なり草食で、水辺の草や田畑の作物を食べているせいかウサギに似た淡白な肉である。

河川・湖沼の岸に巣穴を設け、あるいは葦の浮島などに巣をつくる。夜行性なので昼間姿を見ることはまれだが、朝夕、とくに曇りの日は午前中かなり遅くまで行動していることもある。

行動経路を把握しておいて待ち伏せするしかない。

全国で年間、狩猟で千頭、有害鳥獣駆除で二千頭ほど捕獲されている。うまい、とはいうが、最近増加して狩猟鳥獣に指定されたもので、まだ料理法などは研究されていない。もちろんヨーロッパにはいないので、フランスのジビエ料理にもない。

アライグマ

もともと日本にはいない動物で、ペットとして輸入されたものが逃げたり捨てられたりして繁殖したものである。それがあまりに増えて農作物や池の鯉、ニワトリなどに害をなすようになったので狩猟獣指定された。

タヌキ同様、食ってうまいものではないし、夜行性でもあり、あまり銃猟の対象にはならず、罠を使っての有害鳥獣駆除の対象である。

銃で撃とうと思えば、根気よく行動パターンを観察し、待ち伏せするしかない。

大きさも姿もタヌキに似ている。生息地も行動パターンも食性もタヌキに似ている。

頭胴長約五十五センチ、尾長約二十五センチ、体重五〜八キログラム。

水辺の森林に住み、木の洞や岩の割れ目、他の動物が使用した穴などに住む。しかし、日本のアライグマはもともとペットとして輸入されたものであるため、人家の屋根裏、床下、下水などに住んでいる例も多い。

夜行性で、夜八時ころから朝五時ころまで活動し、雑食でザリガニ、小鳥、鳥卵、ヘビ、

ヌートリア。水辺に住むネズミに似た草食動物

トカゲなどの爬虫類、カエル、魚類、昆虫類などなんでも食べる。また、カキなどの果物、トウモロコシなどの農作物も食べるし、残飯あさりもする。

全国で年間、狩猟で百、有害鳥獣駆除で四百ほど捕獲されているが、おそらく今後、生息数は増加し、駆除の必要性は高まるであろう。

アライグマには、バイリスアスカリスという回虫が寄生していることがしばしばある。これはブタ、ヤギ、イヌといった他の動物ばかりか人間にまで感染し、中枢神経を犯され死にいたることがある。キツネのエキノコックス同様、アライグマの糞に回虫の卵がふくまれていて、これが人間の口に入ると感染する。

もともとアライグマは日本にはいなかった動物であり、日本から絶滅したほうが日本の本来の自然にもどるのであるから、アライグマを殺すことになんのためらいもあるべきではない。

インデアンも、ほかに食べ物がないとき、しかたなく食べることがある、というくらいのものだから、当然、ジビエ料理もない。まあ、毛皮の帽子にはいいだろう。

タイワンリスとシマリス

日本にはニホンリス（ホンドリスとか、たんにリスともいう）、タイワンリス、シマリスがいる。ニホンリスは生息数の減少により捕獲禁止となったが、タイワンリスとシマリスはまだ狩猟の対象である。

タイワンリスはその名のとおり台湾原産である。関東地方で野生化しているが、ほかの地域ではあまり見ない。頭胴長約二十二センチ、尾長十七センチ、体重二百六十～二百七十グラムでニホンリスよりわずかに大きく、ニホンリスより黒ずんだ毛の色である。

うっそうと繁った林に住み、昼行性であるが、おもに早朝と夕方に行動している。スダジイ、ツバキ、ミズキ、クロマツなどの樹の股のところに小枝や木の皮を集めて球状の巣をつくる。主として植物質を食べ、ツバキやスジダイの実や皮、その他の樹木の皮、みかんなどを食べる。動物質では甲虫類、小鳥の卵、雛を食べる。

シマリスは北海道に生息しているが、本州、四国、九州にもチョウセンシマリスが野生化して生息している。ニホンリスの半分くらいの大きさで、名前のとおり背中に黒い縦縞があり、ほっぺたの内側に袋がある。頭胴長十四センチ、尾長十一センチ体重九十グラムほどである。

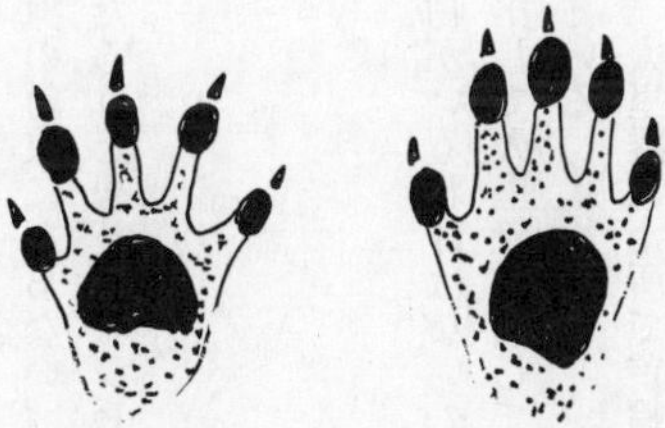

アライグマの足跡
アライグマは狸に似た姿だが足跡は違い
指の長さが目立つ。後足の長さ7～8 cm

リスだから当然、木に登るが、ニホンリスほど木登りが上手ではない。どちらかといえば地上生活者で、巣は穴を掘って地下につくる。巣の入口は木の根元や岩の隙間を利用している。穴の奥行きは数メートルある。十月下旬から翌年四月ころまで冬ごもりをする。つまり狩猟期間中は冬眠中であるから、普通は狩猟の対象にならない。

木の実を食べている動物だから味はいいだろうと思うが、ジビエ料理の本にリス料理というのが見当たらない。

ノイヌとノネコ

生物学的にノイヌとかノネコとかいう動物がいるわけはないのだが、ようするに野生の犬と猫である。人に飼われていたものが逃げ出して人里で徘徊しているのはノライヌ、ノラネコといい、ノイヌ、ノネコではないとされている。

でも、それは外観上区別できないことで、人里離れた所で首輪のない犬猫を見れば、ノイヌ、ノネコとみなしてよい。

これを狩猟してよいことになっている。といっても、だれが撃つのだ？　と思うが、数百頭捕獲されている。

これは狩猟というよりは駆除にちかい。ノイヌやノネコは他の狩猟動物、とくにキジ、コジュケイなどの地上に巣をつくる鳥を食べるので、ノイヌやノネコが増えると鳥が減るから

シマリス

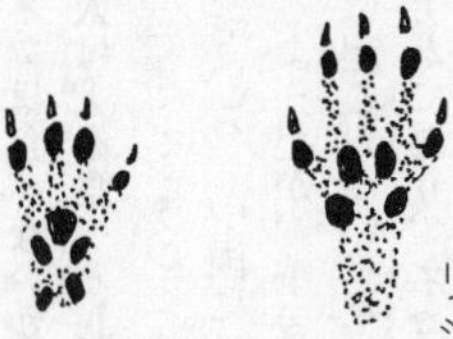

リスの足跡
シマリスの後足の長さ約３㎝
タイワンリスの後足は５㎝くらい

タイワンリス

である。

キツネやタヌキならば食えないまでも毛皮をなんとかしようとも思うが、ノイヌ、ノネコでは狩ろうという意欲も起き難いけれども、駆除することは必要である。

ヨーロッパ人はイヌやネコは食べないから、フランスのジビエ料理にはない。

しかし、韓国人や中国人は犬を食べるし、中国人は猫も食べる。

韓国の犬料理としては、「ポシンタン（犬のスープ）」「チョンゴル（犬鍋）」「スユッ（犬肉の蒸し物）」などが知られている。中国には「犬と椎茸の蒸し煮スープ」とか「犬肉の豆煮込み」とか、いろいろあるようだが、筆者「犬はハンターの戦友」だと思っているから、犬料理を食べようという気は起こらない。

ネコ料理も中国やベトナムにあり、ネコ肉は犬肉より値段が高いと聞いているが、どのような料理があるのか具体的な情報を持っていない。

第七章　鳥猟もしよう

鳥撃ちで腕を磨く

早朝、良太郎はカモフラージュ・ネットをかぶって伏せている。顔にもネットをかぶり、銃には迷彩模様のテープを貼り付けて完全に草の茂みに溶け込んでいる。

雪こそ降っていないが、付近の水溜りには薄く氷が張っている。寒い。

カモフラージュされた銃口の前は、毎日、キジが餌をあさりに来る道だ。三ヵ月も前から、大豆や小豆を巻いて、キジがここを通るようにしたのだ。だから、今日もキジはかならずここを通る。

だが、キジが少しでも人の気配を感じたら、経路を変えてしまうだろう。

映画のせりふを思い出してつぶやく。

「俺は石だ。だから動かない」

キジの剥製。日本の国鳥

　藪の中から、かすかにカサカサという音がした。

「俺の勝ちだ、俺は石のように静かだ、キジのほうが俺に音を聞かれている」

　寒くないように厚着をしてきたのだが、それでも冷たい地面に伏せていたので体が冷え、小便もしたくなり、震えそうだ。ちくしょう、早く来い。

　茂みの切れ目にキジの真っ赤な横顔が見えた。

　レティクルの中心をキジの目玉に合わせ、引き金を引いた。


　交通機関の発達した今日、鹿や猪を撃ちに行くといっても、そうたいしたことではない。東京で暮らしていて、土曜、日曜は栃木、茨城、あるいは千葉、静岡に出猟して大物猟をしている人も多いのである。

　しかし、大物猟は、獲物は大きいが発砲のチャンスは少ない。とくに巻狩りともなれば、たとえば十人で山を囲めば獲物に発砲できるのは獲物が出てきた所に待っていた一人だけだ。

それを思えば、キジバトやスズメを撃つのなら、自分の家から気軽に出かけられる近場で猟ができ、一日に何度も獲物に向かって引き金を引くことができるのだ。獲物が小さくとも、狙って必殺の一弾を送り込み、みごと獲物を手にした満足感は、猪を撃ちに行ってなにも捕れないで帰って来るより、よほどいいのではないか？

獲物が小さくとも、獲物を探す、忍び寄る、狙う、撃つといった行動を数多くこなすことはハンターとしての能力を磨くのに有効であり、大物猟だけをやっているより能力の向上は早いと思われる。

だから、鳥撃ちも馬鹿にしてはいけない。やるべきである。

というわけで、家からさほど離れていない近郊でできる鳥猟をやってみよう。

鳥を撃つのは、ふつう散弾銃を使うのだが、大物猟を志すなら空気銃やガス銃を使って猟をするのがよい。空気銃ハンターとして一人前の能力が身につけば、その腕で空気銃をライフル銃やスラグ銃に持ちかえただけで、もう大物猟をする能力は十分である。

スズメ

スズメは日本じゅういたる所にいる。といっても、あまり山の中にはいない。比較的人里の鳥である。竹林や葦原、人家の軒先にさえ住む。後で述べるニュウナイスズメと区別する場合に「マスズメ」と呼ぶこともある。

普段は虫や草の実などを食べているが、秋になると田圃の稲（つまり米）を食べる。猟期がはじまるころには稲刈りは終わっているが、落ちている籾を食べに朝、田圃へやってくる。

これを狙ってもいいのだが、どちらかというとエサを食べ終わって電線や木の枝に群れをなしているときのほうが発見しやすく狙いやすいだろう。

スズメの集まる場所を何ヵ所か見つけておけば、一日に数十羽も捕れるものである。

スズメは全国で年間四十万〜五十万羽が捕獲されている。

スズメの一種でニュウナイスズメというのがいる。まったくスズメの姿なのだが、よく見るとマスズメよりわずかに小型である。オスとメスで少し色が違う。

オスは背中がスズメよりやや赤っぽく、顔にスズメのような斑点がなく、嘴《くちばし》の下と喉の中央が黒い。

メスは背中が灰色で、目の上に灰色の眉斑がある。喉の中央部に黒斑はない。

北海道と本州中部以北の森林で繁殖し、秋には九州・四国地方まで南下する。

マスズメと異なり収穫直前の稲は好まず、その前の段階の乳熟期の稲の実を嘴ですりつぶして乳液を吸う。それを大群でやることがあるので局地的、一時的にはこの害が問題になることもあるが、全体的に見て稲作に重大な被害をあたえているというほどではなく、普段は草の実やアワ、ヒエ、虫類を食べている。

ニウナイスズメはマスズメにくらべて数が少ないため、捕獲数も少なく十二〜十三万羽である。

ムクドリ

ムクドリも日本じゅうに生息している。最近、非常に増えて場所によってはスズメより多くみかける。

雑食性であるが、どちらかというと動物性の餌を多く食べ、ミミズやコガネムシ、ケラ、アブの幼虫など、さまざまな虫を食べるので、虫を食べてくれる益鳥とされてきた。しかし、近年、数が増えすぎ、人間の栽培するサクランボ、ブドウ、ナシなどの食害が目立ってきて狩猟鳥に指定された。

筆者の推測だが、ムクドリの増加はゴルフ場が増えて芝の下にいる虫が豊富なエサになってのことではなかろうか。

朝七時ころから姿を現わし、十一時ころまで田畑、芝地で餌をあさる。しかし、その後も夕方までけっこう姿を見るもので、一日じゅう撃てる鳥である。

なお、ムクドリにはよくトリサシダニというダニがついており、ムクドリが人家の屋根裏に巣を設けると、人間がこのダニの被害にあうことがある。

ムクドリは狩猟・有害鳥獣駆除あわせて全国で年間十万羽ほどが捕獲されている。

ニウナイスズメ

スズメ

ヒヨドリ

ムクドリ

タシギ

キジバト

最近、狩猟鳥類に指定されたものなので、料理方法などまだこれからの課題であろうか。まあ、タレをつけて焼き鳥にすればよかろう。スズメより大きいので命中させやすいが、食べるとなると、スズメのように丸焼きにして骨ごとかじるには骨が硬く、骨から肉をはずして料理するには小さいのが難である。

ヒヨドリ

ヒヨドリも日本じゅうに分布し、それこそどこにでもいる。

雑食性で昆虫類も食べるが主として植物質を食べ、ノイバラ、ヤマザクラ、キイチゴ、ナナカマドなどの実、人間が栽培しているリンゴやナシ、カキ、サクランボなどの果実、キャベツやカリフラワーなども食べる。とくに果物が大好物なので、果樹園の大敵である。だから柿など果物の木の下で待ち伏せするとよい。

ヒヨドリが果樹に止まってから接近しようと思っても無理であるから、あらかじめカモフラージュされた鳥屋をつくって待ち伏せする。

散弾銃を使う場合、果樹に止まったものを撃って果樹を傷つけてはならない。散弾銃は飛んでいる鳥を撃つものだ。

ヒヨドリは年間六十万羽ほどが捕獲されている。

キジバト

キジバトというのは日本古来の野生のハトで、茶色っぽい色をしている。公園などでたくさん見かけるハトは「ドバト」といって、日本古来のものではなく、地中海沿岸原産の「カワラバト」を先祖とし、伝書鳩などとして飼われていたハトが野生化したものである。増えすぎてフン公害もあり、狩猟の対象にしてよいのではないか、という意見も強いのだが、伝書鳩と見分けがつかないので、これを撃っていいとなると伝書鳩を撃ってしまうおそれがある、ということでドバトは狩猟鳥獣からはずされている。

キジバトはスズメ、ヒヨドリ、ムクドリにくらべれば格段に肉が多い。一羽とれば一皿の料理の材料にはなる。

キジバトは日の出十五分くらい前に巣を出て田圃へ落穂ひろいにゆく。このとき田圃へ行く前に田圃と林の境目の、田圃をよく見おろせる高い樹木の枝に止まって田圃を視察する。このとき二〜三羽の編隊で飛来することが多い。この木はきまっているので、あらかじめこの木を見つけておき、この木の下で待ち伏せする。ハトの止まる木の下や幹にはハトの糞がついているのでわかる。

散弾銃ならば飛行経路の下で待っていて飛んでいるのを撃つのもおもしろいが、空気銃ならばハトが枝に止まるまでカモフラージュして待っていなければならない。

撃ち落としたハトはすぐに拾いにいかないほうがよい。すぐにつぎのハトが飛んでくるからで、静かにカモフラージュして、つぎを待つ。これができるのは、ほぼ八時ころまでである。

この枝の上から念入りに餌場の安全を確認したハトは、田圃へ降りて九時か十時ころまで菜食する。

田圃へ降りてエサを食べているハトに接近することは困難である。これも猟期間がはじまる何日も前から鳥屋《とや》(鳥を撃つためのカモフラージュされた陣地)を設けて、朝そこへ鳥が来る前に陣地進入して待つか、またはエサを食べている鳥に見つからないで接近できるような経路を設けておくのである。

イギリスではデコイ猟が行なわれているそうである。ハトがよくエサを食べにくるあたりにハトのデコイを置いておくと、ほかのハトが仲間がいると思って安心して降りてくる。

従来、日本でハトのデコイを売っているのを見たことがなかったが、最近は売られているようだ。器用な人は自作に挑戦してみるのもよかろうし、撃ったハトを剥製にしてそれをデコイにするのもよい。撃ったハトをその場で、首がタレないようにY字型の木の枝で支えたりして即席のデコイに使う方法もある。

午前中の食事が終わったハトは近くの林に入って休む。この休み場所は寝屋とは別である。松、ひのき、杉などの常緑樹をよく利用する。

午後の食事は十三時すぎから十四時半ころまで、このときもまず餌場近くに高い木に止まって警戒するので、この木の下で待ち伏せる。

食事が終わったハトは水を飲みに行く。ここでもまず水場近くのきまった木に止まる。その木は水場を覆うように枝が張り出している。水を飲んでいるときにタカなどの天敵に襲われないようにするためであろう。

水場は片方が竹林や常緑樹の林、片方が切り立った小さな崖になっている小川の縁や湧き水のある小さな池など狭い場所が多い。

この水飲み場を見つけたら、十四時ころから近くで待ち伏せる。

エサを食べ水を飲んだハトは日没一時間ほど前、猟期ならばそれは十五時ころねぐらへ帰る。

ねぐらにしている樹木をあらかじめ見つけておき、帰ってくるのを待ち伏せする。ねぐらにしている木の下にはフンがたくさん落ちているので、それと知ることができる。ハトのフンは十円硬貨大の白色クリーム状の中にカーキ色豆粒大の固形物がある。また、木の幹には流れたフンによって白い筋がついている。

寝屋入りする前にも、いきなり寝屋に入らないで、一度近くの見晴らしのよい木に止まるので、この木の下で待ち伏せする。

寝屋についたハトを勢子に追い出させて撃つ。追い立てるといっても、ただ人が接近するだけで逃げる。追われた方向に逃げるので、射手はその方向に待ち伏せする。

夕方、寝屋から追い出されたハトは飛行速度も遅く高度も低いので撃ちやすい。

キジバトは、全国で年間に狩猟で四十万〜五十万羽、有害鳥獣駆除で三万羽ほどが捕獲されている。

タシギとヤマシギ

タシギは渡り鳥であり、秋になると大陸から渡ってくる（北海道では一部繁殖しているらしい）。

湿地帯で泥の中の虫を食べる鳥である。植物はまったく食べない。シギ類にもいろいろな種類がいるが、タシギはその名のとおり湿田にやってくる。乾いた田圃にはいない。ゴム長が十センチも二十センチもめりこみ歩くのに苦労するような泥田にいる。昔と違って現代では冬期にそれほどぬかるむ田圃は多くない。そのために現代では昔ほどタシギをみないようである。

しかし、一度タシギのいる湿地を見つけると、タシギは追われたり危ないめにあっても二十～三十分もすれば、またそこにもどってくるので、同じ場所で何度も撃てる。

だが、泥田などの湿地帯であるから、タシギに姿を見られないように接近することは不可能で、かなり遠くから飛び立たれてしまう。

しかも飛び立ちは急で、ジグザグに飛ぶから命中させるのは容易ではない。

しかし、散弾銃射撃の腕を磨くにはよい獲物である。見通しのよい湿地帯であるから、矢先の確認がしやすく、小さな鳥であるから9号くらいの小さな散弾でよく、したがって流れ弾の危険度も低い。

体重百グラムていどの鳥であるから、散弾を二発も撃てば装弾の重さと獲物の体重が同じということになる。たぶん獲物を捕らえるには、その重さの数倍の弾を撃つことになるであろう。

空気銃で撃つ機会は少ない。しかし雪が降ると、タシギは田圃の周辺の湧き水や流水があって地面が露出している場所でエサを取る。こういうとき空気銃でも撃つチャンスがある。

タシギは全国で年間一万数千羽が捕獲されている。

ヤマシギも十月下旬から十一月上旬ころ日本へやって来る渡り鳥であるが、西日本の一部では少数の繁殖が見られるという。ミミズや毛虫などを食べ、植物質はほとんど食べない。ヤマシギは筆者も撃ったことがないし、撃った人の話もあまり聞かない。それはタシギと異なり、開けた湿地ではなく竹林や雑木林で地面の湿った所に住み、昼間はほとんど藪の中に潜んでいて夜間に活動するため、姿を見る機会も少ないからである。それでも犬で追い出させて撃つことはできる。

全国で年間五千～六千羽が捕獲されている。

キジとコウライキジ

キジは日本の国鳥である。国鳥がなんで狩猟の対象になっているのか、と思う人もいるだろうが、そもそも国鳥に選ばれた理由のひとつが、「狩猟鳥として人気があり、食べておいしい」だったのだ。

キジは薮《やぶ》の中に住んでいる。危険を感じて逃げる場合も薮の中を走って逃げるので、まず銃で狙うことなどできない。

それで普通、キジ猟には訓練された犬が必要である。

犬がキジの臭いをたどってキジを見つけ、ちょうど散弾銃の射程くらいの間合いに近づくと停止して身構えたポーズをとり、あるいは尻尾で主人に知らせる。そこでハンターは散弾銃を構え、犬に突進を命ずる。キジは空中に飛び上がる。これを撃つ、というのが散弾銃によるキジ猟である。

まず、訓練された犬がいなければキジ猟はできない。

空気銃でキジ猟をしようと思えば、キジの生息していそうな地域をかなり入念に何度も偵察して、日の出ころ薮の中から田畑へエサを食べに出てくるキジの行動を把握しなければならない。

キジは朝七時ころ薮から出てきて、十一時ころまで田圃の落穂、小豆や大豆などの落ちたものや草の実などを食べる。

また、十四時から十五時ころ、ねぐら付近の田畑で午後のエサ探しをする。これを待ち伏せする。

キジは全国で年間十数万羽が捕獲されている。

キジの一種にコウライキジというのがいる。

本来、朝鮮のキジで日本にはいなかったものであるが、ニホンキジのいない北海道で狩猟用に放鳥している。しかし、キツネに食べられたりして生息数は思うようには増加していない。

北海道で年間数百羽が捕獲されている。また、北海道以外では対馬、三宅島、そのほかニホンキジとの交雑を防止するため、キジが飛んで行けないような離島で都道府県知事が認めた島には放鳥してよいことになっているので、そうした地域から若干の捕獲がある。

ヤマドリ

キジとヤマドリは似たような姿の鳥であるが、キジが里の鳥であるのに対し、ヤマドリはその名のとおり山に住んでいる。日本ではキジと区別して扱われているが、ヨーロッパでは「ヤマキジ」として扱われている。

北海道にはいない。北海道の人が「ヤマドリ」と呼んでいるのはエゾライチョウのことである。

沢の奥の稜線付近の樹上をねぐらにしている。ここが地上に寝るキジと違う。ねぐらにしている樹の下には鶏の糞に似たヤマドリの糞が溜まっている。

ヤマドリは早朝まだ日も出ないうちに、キジと異なり飛んで沢へおりてきて水を飲む。こ

コウライキジ

ヤマシギ

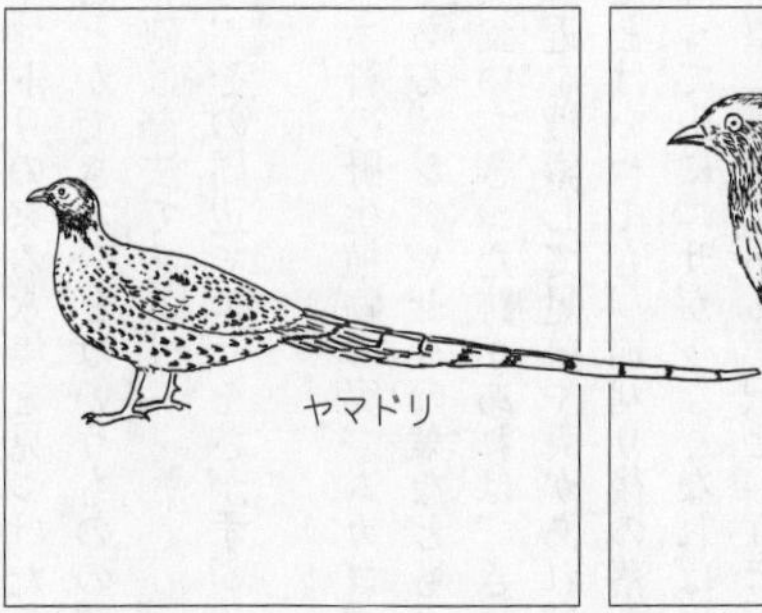
ヤマドリ

コジュケイ

エゾライチョウ

バン

の水場は一定しているので、ヤマドリの来る水場を見つけたら暗いうちからヤマドリより先にそこへ行き、待ち伏せすることができる。とはいうものの、水を飲む時間帯はまだ日の出前のことが多く、日の出前の発砲は違法である。

水を飲み終わったヤマドリは、その周辺でエサをさがす。危険を感じなければ九時、十時ころまでもエサをあさる。

ヤマドリのエサはマメ科やイネ科の野生植物の実、ムカゴ、ヤブコウジやズミ、バラなどの赤い実はとくに好物のようである。シダやセリの葉などもよく食べる。沢沿いに生えているシダの葉を観察して、小さな食いちぎった跡があれば、きっとそれはヤマドリが食べた跡である。そこで、さらにその付近を捜索して足跡や糞があれば有望である。

ヤマドリは山の鳥、沢の鳥だとはいっても、稲刈り後の落ち穂拾いに田圃へ出てくるのはキジ同様である。とくに雪が降って山にエサが少なくなれば里へ出てくる。だから沢の下のほうに田圃や穀物畑があれば有望な猟場である。沢というほどでもない小さな湧き水や流れのある、耕地沿いの森林にいたりもする。

昼はヤブの中に隠れているが、キジのようにホロ打ちもする。

そして、午後二時から三時半ころまで午後の水飲みとエサあさりをしてねぐらへ帰る。

ヤマドリ狩りはキジ狩り同様、訓練された犬によってヤマドリを飛び立たせて撃つのであるが、飛び立ったヤマドリは沢を下る方向に飛ぶことが多く、これを「ヤマドリの沢下り」という。

しかし、ヤマドリの踏み出し猟といって、犬がいなくても何人かでガサガサとヤブを歩いて行って飛び立たせることもできる。

ヤマドリは全国で年間五万～六万羽が捕獲されている。

コジュケイ

コジュケイも、中国原産の鳥であるが、明治時代に輸入されて野生化した。

コジュケイもキジ同様、藪の中に住み、草の実や穀物を食べる鳥であるが、キジよりも粗食で、キジが食べないような小さな雑草の実も食べる。

キジ同様、危険を感じると藪の中を走って逃げる。しかし、キジにくらべると、人間が藪をガサガサ歩いたり、訓練されていない駄犬でも駆け回れば、藪から飛び出して来る率は高いようである。キジよりさらに低空飛行し、ほとんど水平撃ちになる。人里で、見通しの悪い雑木林のようなところで散弾銃をほとんど水平に撃つということは、よほどの注意が必要である。

しかしコジュケイは、飛び立ったあとあまり遠くへ行かずに木の枝に止まることがしばしばあり、このときは撃ちやすい。

キジもコジュケイも日の出ころ藪の中のねぐらで目を覚まし、夜明けから一～二時間、ねぐら付近の田畑でエサをあさる。この経路を猟期前から偵察して、待ち伏せの計画を立てるのである。

小さな鳥相手の猟であるが、獲物の生態、習性を研究し、偵察をし、忍者のように待ち伏せ、そして必殺の一弾を放つというこの行動は、大物猟と何もかわることころがない。だから空気銃で鳥を撃つというのは、よい訓練なのである。

エサを食べ終わったコジュケイは、十時から十四時ころまでねぐら付近の藪の中で遊んでいる。コジュケイのいそうな藪をガサガサ歩いて追い立ててみよう。うまく木の枝に止まれば空気銃で撃てる。

コジュケイは全国で年間五万羽前後が捕獲されている。

バン

バンは水辺の鳥である。指の間に水かきこそないが、カモのように泳ぎは巧みである。オオバンという鳥がいるので、区別して「コバン」という人もいる。蓮池、水田、沼沢、河川のほとりで産卵し、子育てをする。イナゴなどの虫を主食にしているが雑草の種、ノイバラの実、稲が実ると米も食べる。

冬の間、台湾、インドネシア方面へ渡るので、狩猟期間中は九州や四国など暖かい地方でないとまずみかけない。このため狩猟鳥類に指定されてはいるものの、狩猟の対象としてあまり一般的ではない。筆者もまだ撃ったことがないのだが、聞くところによると、すこぶる美味で宮内庁料理や西洋宮廷料理にも使われているということであるから、チャンスがあれば撃ってみよう。

バンは全国で年間四千～五千羽が捕獲されている。北海道や青森・岩手など北国でも一羽や二羽捕獲されることもあるが、まずいない。やはり南国の鳥で、また水辺の鳥で、捕獲が多いのは茨城、千葉、福岡で数百、段トツに多いのが佐賀、といっても千羽ほどのことである。

エゾライチョウ

雷鳥はヨーロッパでは狩猟鳥であり、美味な鳥として食卓にのぼる。イギリスではとくに好まれ、八月十二日のライチョウ猟解禁日を、イギリス人は「栄光の十二日」と呼ぶほどである。

しかし、北国の鳥であって、日本では高山に少数が生息するのみで、天然記念物に指定されているので、食べるなど思いもよらない。

しかし、北海道に生息するエゾライチョウは狩猟鳥である。北海道にしかいないが、焼き鳥にするととても美味であるから、北海道へ鹿狩に行ったついでに姿を見たら撃ってみよう。カラマツの枝などに、撃ってくださいといわんばかりに止まっていることがしばしばある。

しかし、撃ちやすくておいしいので、ちかごろ数が減っているから、乱獲はつつしもう。

コジュケイよりわずかに大きい。針葉樹林に住み、コケモモ、ノイバラ、ノブドウの実、カエデやモミジの花穂、昆虫などを食す。

北海道で年間千数百羽が捕獲されている。

ウズラ

北海道から九州まで、全国的に生息している。キジ科のなかでは最も小さく、握りこぶしより少し大きいていどであるが、肉は美味である。

東北、北海道の平野で繁殖するが、中部や関東でも高原では繁殖している。冬には四国や九州へもやって来る。

河川敷などの草薮に住み、地面のくぼみに枯草を敷いて巣をつくり、十個ほどの卵を産む。豆科の植物の種子、稲、麦、アワ、ヒエなどの穀物、昆虫などを食べる。

樹枝には止まらないので、犬で追い出して飛び立たせてから散弾銃で撃つしかない。ウズラも低空飛行の鳥であるから水平撃ちになりがちで、矢先には十分な注意が必要である。

ウズラはせいぜい百メートルから二百メートルくらいしか飛ばないので、撃ち損じても着地した場所を見ておいて再度、犬に捜索させるとよい。

ウズラは美味な鳥であるが、近年、生息数が減少していて、このまま減少すると狩猟の対象からはずされかねない状況なので乱獲はつつしもう。

ウズラは全国で年間二千〜三千羽しか捕獲されていない。

カラス

カラスの姿は日本じゅういたる所で見られるから、猟場さがしに苦労することもなく、散弾銃射撃の腕を磨くにはよい標的である。しかし、カラスは頭が良く、なかなか射程内に接近できない。隠れて待ち伏せしても成功するのは一回だけである。

それで頭のよいカラスといかに戦うかを書いた『カラスの勝手は許さない』という本が出ているくらいである。カラス猟の方法については、この本を読んでいただくのがよいと思うので、ここでは省略する。

カラスには嘴の太い「ハシブトガラス」と、嘴の細い「ハシボソガラス」がある。どちらも普段よく見かけるもので、ややハシブトガラスのほうが多めであろうか。

ハシブトガラスは嘴が太いのでこの名がつけられているが、体全体を比較してもハシボソよりやや大きめである。ハシブトのほうがより集団的かつ攻撃的なようで、人間や他の鳥獣にあたえる害も大きいようである。

カラスは狩猟では年間十万羽、有害鳥獣駆除で三十万羽以上が捕獲されている。このように統計上、狩猟でも獲られていることになってはいるが、それは狩猟期間中に獲ったぶんは

ハシブトガラス

ウズラ

コガモ

ハシボソガラス

ヒドリガモ

カルガモ

狩猟で獲った数に数えられたにすぎず、あまり猟の対象という目では見られていない。食べられる鳥だと思われていないからである。

カモ類

カモ類は陸ガモと海ガモに大別される。海ガモが海にいるのはもちろんであるが、陸ガモというのも陸上で生活しているわけではなく、河川や湖沼といった淡水の上で生活しているのが陸ガモである。

海ガモといってもはるかな洋上にいるわけではなく、比較的陸に近い海でエサを採っていて、河川や湖沼にいることもしばしばある。逆に陸ガモでもまったく海上に出ないわけではない。

現在、狩猟の対象となっているカモ類のうち陸ガモにはマガモ、コガモ、カルガモ、ヨシガモ、ヒドリガモ、オナガガモ、ハシビロガモがあり、海ガモにはスズガモ、クロガモ、ホシハジロ、キンクロハジロがある。

カモ類のほとんどは秋冬に北から渡来する渡り鳥であるが、カルガモは日本各地で広範囲に繁殖している。東京あたりでは池のカモの引越しで大騒動し、テレビで報道されたりするが、田舎では珍しくもなんともないもので、田舎道を歩けばしょっちゅう見るものである。筆者の通勤途上の小川にもいる。

スズガモ

オナガガモ

ホシハジロ

クロガモ

ゴイサギ

キンクロハジロ

カルガモのように多くはないが、コガモは山地の水辺で繁殖している。
晩秋の朝早く、北の海岸にいるとカモの大群がつぎつぎと飛来するのを見ることがある。
「こんなにたくさん来るのだから、いくら撃っても減りはしないよ」
と、思うのだが、カモの付場となる沼や溜め池、河川の屈曲部といった所が、埋め立てられてゴルフ練習場になったりして著しく減少した。

カモ類は夕方、河川や湖沼の岸辺近くの茂みに飛来し、そこで夜をあかす。とくに陸ガモは植物質を主食とし、淡水性の藻やイネ科植物を食べるので、夜は餌を食べるためにかならず淡水の河川、湖沼、田畑の用水路などに来る。かなり山奥の池や沼にもいる。陸ガモが昼間、湖や海の沖へ出るのは安全のためである。天気が悪いと昼間になっても沖へ出ない。

これに対し、海ガモはあまり内陸部には来ない。海ガモは魚や貝を主食にし、昼間に海で餌を取り、夜間に岸辺に来るのは、寝ている間に風や潮流に流されないでゆっくり休むためであるから、陸ガモほど淡水の河川などに来る必要性は低いからである。しかし、天気が悪いとやはり河川、湖沼岸辺の茂みに避難する。

カモ猟は忍び撃ち、待ち撃ち、船撃ちに大別できる。

忍び撃ちは早朝や夕方、河川や湖沼の岸辺を歩いて、まだ沖へ飛び立っていないカモを撃つ。天気のよい日は空が明るくなれば、日の出前から飛び立ってしまうから成功率は低いが、それでもあるていどはいる。天気が悪いほど、風が強いほどカモは岸辺に残るので成功率は高まる。

しかし、有効射程までカモに気づかれないような接近経路を選ばなければならない。

以前、筆者はとてもよいカモの付場を見つけた。そこは早朝行くと決まってカモがいて、しかも姿勢を低くすれば葦の茂みに隠れて接近でき、ちょうどよい距離で銃を構えて立ち上がるとカモがこちらに気がついて飛び立つ。飛び立ちを迎え撃つからたいてい命中である。いい付場であったが、その後、台風で地形が変わり、さらに埋め立てられてゴルフ場になってしまった。残念なことであった。

待ち撃ちは朝ならば沖へ向かう飛行コース、夕方ならば寝屋に帰る飛行コースを把握しておいて、その途中で待ち伏せする。

といっても、カモの出発地点から遠くなると高度が高くなって撃墜はむずかしくなる。カモは出発した岸辺から湖や海に向かって、川筋に沿って飛ぶから、このコースをよく把握することが大切である。

夕方、カモが岸辺へ帰ってきて着水しようとする所を撃てるようなポイントを見つけたら、カモに姿を見られないように葦やススキなど利用して「鳥屋」をつくっておく。何年もカモ猟をやっているハンターは、猟期がはじまるかなり前から鳥屋をつくって準備する。

また、カモの着水予定水面にデコイを浮かせておく。数は多いほどよい。

上空からデコイの群れを見たカモは仲間がいると思って、あまり警戒しないで降りてくる。

デコイでなく「鳴きガモ」といって飼っているカモをおとりにし、姿だけでなく泣き声で呼び寄せるという方法もあるが、これはたくさんのカモを飼える人にしかできない。

そこで、デコイを並べ、カモ笛やテープレコーダーを使って呼び寄せる方法もある。

こうしたおびき寄せは、夕方に帰って来るカモだけでなく、昼間でもあるていど効果がある。射程外の池の中ほどに着水しようと思っていたカモが岸辺近くに配置されたデコイにつられて射程内にやって来るのである。

「船撃ち」というのは、小船を使った忍び猟である。忍び撃ちが陸からカモをさがして撃つのに対し、小船を使って岸辺付近にいるカモをさがして撃つのである。水面から出ている葦の茂みのむこうにいて陸から見えないカモも水上からなら見つけることができるわけである。

「沖撃ち」というのも船を使うのだが、沖に出ているカモの群れを船で攻撃する。一直線に群れに向かっても射程外から飛び立たれるので、釣りでもしているふりをして、群れの周囲を回りながらゆっくり射程内接近したり、あるいはわざと飛び立たせて別の船に撃たせるといった方法もある。沖撃ちはたくさんのカモを見て、たくさん弾を撃ち気分爽快、終わってみれば獲れたカモの目方より撃った弾の目方のほうが重かったりする。

カモ類は全国で年間五十万羽前後が捕獲されている。

美味いのは陸ガモで、海ガモは臭みがあり、あまり美味いものではない。それでも味噌・生姜味の料理にすれば、けっこううまいものである。また、ホシハジロは海ガモのなかでは臭みやクセがないほうである。ウミアイサ（現在は禁猟）はけっこういけた。黒ガモはかなりまずい。

陸ガモの味の順位は、食べた人により料理により、諸説あっていい難い。筆者の独断と偏見でいえば、肉のうまいのはカルガモ、鍋にしたときダシがよく出て野菜類をうまくするのはコガモだと思う。しかし、マガモこそカモ類の王者と主張する人もある。

ゴイサギ

全国的に分布するが、北海道には少ない。水辺の鳥であるが昼間は森林中に群生し、夜になると鳴きながら水辺に出てきて魚類、蛙、貝類、昆虫などを食べる。しかし、昼間でもときおりみかける。

全国で年間二千羽ほど捕獲されているにもかかわらず、ゴイサギ料理というものを聞いたことがない。筆者も食べたことはないが、どうも美味いとは思えない。聞いた話では、

「たいていの鳥は食べられるがゴイサギは無理」

ということであり、それでもゴイサギが撃たれているのは剥製専用か、それとも釣堀や養魚場などがゴイサギに荒らされたので駆除をしたというようなことか?

第八章　ジビエを食べよう

獲物をおいしく「いただきます！」

日本では、狩猟の獲物が肉屋に並んだり、レストランのメニューに載ることは希《まれ》である。

そういう伝統文化がない。

だがヨーロッパでは、肉屋に狩猟の獲物、毛のついたままのウサギやカモやキジがぶら下がる。これを果物がぶら下がっているのでも見るように、

「おいしそう」

というのがヨーロッパ人の感覚である。

そして、彼らはレストランで料理の肉の中から散弾が出てきたりすると、

「養殖ものでなく天然ものだ」

といって喜ぶ。

料理の素材としての野生鳥獣をフランス語で「ジビエ gibier」といい、ジビエ料理はフランス料理の重要な分野である。それゆえ日本でもフランス・レストランではジビエを扱うところが少しはある。

もちろん狩猟の獲物を料理することはフランスのみならずヨーロッパ共通の伝統文化であるから、獲物料理を意味することばはそれぞれの国にあり、ドイツでは「ヴィルト wild」英語では「ゲイム game」というが、料理用語というとやはりフランス語が多く用いられているし、料理の世界ではジビエというのが最も通りがよいから、本書でもジビエということばを使うことにする。

さてしかし、筆者は料理人でないどころか、自分で料理をつくることにはほとんど無縁、料理のことなどなにも知らないといってよい。「あなたつくる人、私食べる人」の食べる専門である。

しかし、猟の話をするならば、「獲物をどう料理して食べる」ということを考えないわけにはいかない。

筆者の身近な猟友たちは幸いにして、獲った獲物は食べているが、世の中には狩猟をただ生きた標的を撃つだけの射撃訓練と心得、ただ鳥獣を殺すだけで食べないような罰当たりもいるそうである。そんなことではいけないと思うが、料理方法を知らなければそうなってしまうではないか。

では、本屋へ行けばジビエ料理の本があるかというと、これはもう絶無。

となれば、本書を読んで狩猟の世界に入った諸君がただの殺し屋にならぬようにするためには、本書で料理についても書かねばならないであろう。

というわけで、じつは料理をろくに知らない筆者が知ったかぶりをして各種鳥獣とその猟法だけでなく、ジビエ料理についても簡単に触れておくことにした。

まあ、猟をはじめた人が獲物をむだにするよりは、ないよりましな参考資料として役に立てていただけるなら幸いである。

仕留めた獣類の処置

獲物をおいしく食べるためには、狙われていることに気がついていない獲物を狙撃によって即死させるのが理想である。

猟犬や勢子に追われた獲物の肉はまずいものになっている。とくに傷を負って長時間逃げ回ったものの肉はかなりまずいものになっているし、内臓に弾を受けて胃の内容物を撒き散らしながら走ったり、腸を引きずりながら犬に追われたものなど最悪である。

しかし、「遠距離からの狙撃など猟ではない、巻き狩りこそが猟であり、犬の猟芸を見ることこそハンターの喜び。肉の味など二の次だ。だいたい肉を得るために狩りをするのはスポーツ・ハンティングではない」という考えもあるだろうが……。

それにしても、撃った獲物を食べもしないで捨てるのは罰当たりなことで、やはり獲物はおいしく食べたい。

獲物の肉をおいしく食べるためには、撃ち倒したらすぐ血抜き、ワタ（内臓のこと）抜きをすることが重要だ。その要領は、すでに鹿や猪のところで述べたとおりである。

つぎに、なるべく早く体温を下げることが重要だ。だから可能なかぎり谷川など水場に運び、水に漬けて冷やすことが望ましい。雪があればワタ抜きをしたあとの腹腔に雪を詰めるのもよい。

血抜き、ワタ抜き、冷却が終わったら、皮はぎ、解体は急ぐことはない。理想的には獲物が死後硬直し、さらに死後硬直が解けるまで骨つき皮つきの姿のままであることが望ましい。つまり、そのままの姿で熟成させるのだ。

ただ、首や頭を撃って即死させ内臓を傷つけることなくワタ抜きができたものはよいが、内臓を傷つけたならば、ワタ抜き後、腹腔をよく水洗いしておくことが必要である。そして洗ったあとは、水気を除去（筆者はタオルなど使っていたが、紙オムツを使うという人もいる）しておくことである。腹腔が汚れていると腐敗しやすく、肉が臭くなる。

姿のまま熟成させるのがよいといわれても、山奥で仕留めた場合など、解体しなければ運び出せない場合もある。

また、北海道や東北の冬ならばよいが、暖かい地方では冷蔵庫に入れないと腐る。獲物が丸のまま入る大きな冷蔵庫があればよいが、そうでなければ解体するしかない。その場合でも、なるべく大きな骨のついた状態で保存することが望ましい。

仕留められた獲物は死後硬直する。骨なし肉になってから死後硬直すると肉が収縮し、肉汁が絞り出されてウマみが失われ肉は硬くなる。骨がついていれば、骨がつっかい棒になって収縮を防いでくれる。

死後硬直前にバラ肉にされて冷凍され、その後、解凍されてから死後硬直をむかえた肉は価値が半減する。

肉は死んだ直後よりも何日か置いて熟成させたほうが柔らかくウマみも増す。どれくらいの期間、熟成させるのがよいかは獲物の種類や温度にもよることだが、大きな動物ほど時間は長く（しかし、バラして小さな塊にすると時間は早まる）、温度が高ければ熟成は早まるが、2℃～4℃くらいの温度で鹿や猪なら一～二週間といわれている（もちろん、きれいに血抜きワタ抜きをしていての話である）。しかし、欧米人は、もっと寝かしたほうがよいという。ウサギの場合は数日であろう。

仕留めた鳥類の処置

鳥も撃ち倒したらすぐに血抜き、ワタ抜きをしなければならない。そうしないと不味《まず》いどころか臭いものになってしまうのだが、フランス人の味覚・嗅覚には日本人とかなり違うところがあるようで、鳥はワタ抜き血抜きをしないという。

しかし、日本人の感覚では、少なくとも腸だけは抜くべきである。

腸を抜くには腸抜きの針金を肛門から刺しこんで、ぐるぐると腹腔をかきまわして引き出す。でてきた腸を手でつかんで引き出したり、ふたたび腸抜きをさしこんでこねまわしたりして腸を抜く。腸を破ったり他の内臓を傷つけたりしがちであるが、獣の場合と異なり、それが肉の風味を損なうというほどのこともない。

内臓のうち心臓、肝臓、砂ギモは料理の素材になる（砂ギモは砂と消化途中のエサが入っているから、切り開いて洗う必要がある）。

さらに肉の味をよくするためには、血抜きをする必要がある。首をちょんぎるか、大きく切れ目を入れて逆さに吊るせばよい。

鳥は獣のように何日も熟成させる必要はない。せいぜい一日か二日だ。しかし、フランス人はキジを一週間も熟成させる。そもそも、肉を熟成させることを「フザンダージュFaisandage」というのは、キジ（フザン）からきているのだ。

ウズラのような小さな鳥は、まったく熟成させる必要はない。しかし、フランス人はシギを四〜八日も熟成させるという。これなども日本人の感性には合わないものになるであろう。カモは比較的大きな鳥だが熟成の必要はなく、ある人が試みに八日も寝かせてみたら、かえってまずくなったということである。

仕留めてすぐ、体温があるうちのほうが毛は抜きやすい（もっとも熟成させるには羽をつけたままのほうがいい）。しかし、猟場で羽をむしる余裕があるかどうかはそのときの状況による。

毛むしりは紙袋を用意し、紙袋の中で行なうと、毛がそこらじゅうに飛び散らなくてよい。毛の入った紙袋は燃えるゴミに出す。

ほとんどの羽根は指で引き抜くことができるが、翼の前縁など抜けにくい場合もあり、それはペンチで引き抜く。細かい羽毛は取りきれないこともあるが、火であぶって焼いてしまうとよい。その焼け残りはタワシを使って水洗いする。

剥製をつくりたい場合、羽根をむしらず獣のように皮を剥がねばならないが、難しいのでなにもせず、そのまま剥製屋に持っていけばよい。

剥製もつくりたい、肉も食べたいとなると、なるべく毛が抜けないように注意して胸を切り開き、胸の肉だけ取るとよい。

獲物を家へ持ち帰るのにポリ袋など通気性の悪いものに入れてはいけない。ムレてしまう。もし、家までの距離が長く気温も高いようなら、車にアイスボックスを準備しておくとよい。

首を落とし、翼の関節から先、脚の膝から下を切り落とし、肛門から肋骨までナイフで腹を切り開き内臓を取り出す。

内臓のうち肝臓と砂ギモは料理の材料になるので保存する。砂ギモは柔らかい外壁と非常に硬い（食べられない）内壁からなっているので、ふたつ割りにして内壁は剥がし落とす。

そのほか鳥の種類・料理によっては捨てないで使う部分もある。これで「鳥」から、料理の材料の「鳥肉」になった。

熊料理

熊鍋

熊の肉を食べやすい大きさに切り、骨もあればいっしょに煮るとよいダシが出る。酒も加えたほうがいいという説と、酒を加えると熊らしい風味が失われるという説があるが、好みの問題である。アクが浮いてきたらすくって捨てる。煮立ってきたら大根の乱切り、ごぼうのささがき（あらかじめ水で煮ておくと味がよくしみる）、白菜、春菊、にんじん、こんにゃく、とうふ、きのこ類を加える（味噌味の場合、しいたけは合わないという人もあるが、筆者の味覚ではそんなことはないように思う）。ネマガリタケのタケノコなど適当な山菜を入れる人もある。

煮えてきたら味噌仕立てにする。あるいは醤油仕立てにする人もある。いずれにせよ肉が柔らかく煮えてから味噌や醤油を入れるべきで、味噌や醤油を入れると肉はそれ以上、柔らかくならない。

熊かやき

熊肉をひと口大にブツ切りにする。水で煮る、酒を加えるとかビールを混ぜるとよい、という人もある。アクが浮いてきたらすくって捨てる。醤油と味噌を等量混ぜたものを加える。大根の乱切りをあらかじめ水で煮ておいたものを加え、汁気がなくなるまで、焦げつかないようにかきまぜながら煮て出来上がり。

熊飯

熊の肉を細かく切り、水で煮たのち、網で漉《こ》すなどして煮汁と肉を分ける。煮汁で米を炊き、取っておいた肉に塩味をつけてライスに混ぜる。

あるいは、米を炊くとき肉も混ぜて炊く、好みの野菜も入れて炊き込みご飯にする、というのもある。

熊肉焼飯《シユンロウチヤオフアン》

このような中華料理が本当にあるかどうか知らないが、前記の熊飯よりも「これならチャーハンにしたほうが好みだ」と思って筆者が創作したものである。ただチャーハンの肉に熊を使うだけのことである。

熊のソレソレ

「ソレソレ」とは、マタギのことばで血のソーセージのこと。熊だけでなく鹿でもつくる。ソーセージなんだから熊や鹿より豚の親戚である猪のほうがもっと適しているだろうと思うのだが、なぜか猪のソレソレは見聞していない。

熊の腸をしごいて中身を絞りだしたのち裏返して水洗いし、また裏返してもとにもどして、一端を縛り血を注ぎ込む。ソーセージになるようにところどころ縛る。これを煮て血を固めて出来上がりであるが、血は煮たとき膨張するので、腸が破裂しないよう、入れすぎないように注意すべきだということである。筆者は実際につくってみたことがない。

熊肉。どんな料理にしても美味である

モツ鍋

熊の内臓もブタ同様にモツ鍋にしてもうまい。モツ鍋はたいてい味噌味だが、熊は塩味もうまい、ということであるが、筆者はまだ試していない。

熊の掌料理

中国に熊の掌料理というものがあるということは聞くけれども、実際にお目にかかったことはない。それは当然で、中国には日本より熊の生息数は少ないのではないかと思う。本物の熊の掌が手にはいらないから、代用品をくふうしているというような話も聞く。しかし、東北のほうでは公式のメニューにはないけれども、食べさせてくれるレストランはあると聞く。だが、筆者はそれがどのような料理なのか知らない。

熊の掌料理というならば、むしろアイヌの料理にあって、熊の手を骨つきのまま三日三晩煮込んでトロトロに柔らかくし、塩味で食べるということである。

また意外なことだが、フランス料理に熊の掌料理は「かつて存在していた」ということである。

フランス語で熊は「ours《オルス》」という

フランスのレストランのジビエのメニューに熊料理があるというのは聞いたことがない。それもそのはずで、ヨーロッパでは熊は絶滅を心配しなければならないほど減っており、保護を考えこそすれ食べるどころではない。

だが、昔は熊料理もあったはずだと文献を調べると、たしかにあった。それにルーマニアでは猟ができるほど熊が生息しているというし、ロシアにも熊はいて、ザンクト・ペテルブルクのレストランでは熊料理も出るという。

Patte d'ours a l'anglaise《パット ドゥールス アラ アングレーズ》（熊の掌フライ英国風）

なぜ英国風なのか、イギリスに熊料理はあるのか？　とにかく文献には、このようなものがあった。これは熊の掌の皮をむき、たまねぎ、セロリ、にんじんをきざんだものと香草と肉を白ワインに二日間漬け込んだのち、肉を白く柔らかくゆで上げ、さましてから紐状に切り、塩、コショウをふり、小麦粉、卵、パン粉をつけてバターで焼き、コショウ味のトマトソースを用いるものだそうである。

Civet d'ours à la dourguignonne《シヴェドゥルスアラブールギニョーヌ》（熊肉の煮込みブルゴーニュ風）

熊肉は、あらかじめ赤ワイン、レモン汁、にんじん、たまねぎの薄切り、タイム、ローリエ、塩、コショウなどの漬け汁に二十四時間漬けておくことが推奨される。

この肉を取り出して食べやすい大きさに切り、肉といっしょに漬け込んでいた野菜類といっしょにバターでいため、小麦粉をふってこげ色がついてきたら、ふたたび漬け込んでいた汁といっしょに鍋で煮る。肉だけ取り出し、煮汁は漉して、その汁に血とクリームを混ぜたものを加えて煮てトロみをつけてソースにし、皿に盛った肉にかける。小たまねぎとマッシュルームをバターいためして皿に加える。

血は解体のとき熊の血をとっておくことができるなら最もよいが、ニワトリの血で代用してもよいし、それもなければレバーをすりつぶしても代用になるということである。

NOisette d'Ours chasseur《ノワゼットドゥールスシャスール》（熊肉のステーキ、マッシュルーム）

ステーキとして適当な大きさに切り、たまねぎ、セロリ、にんじんなどの薄切り、香草とともに白ワインに漬け込み、肉を取り出してバターで焼き、マッシュルームの薄切りを散らし、マディラ酒をふりかけドゥミグラスソースで食す。

Cuissot《キュイソー》 d'ours《ドゥールス》 François《フランソワ》-Joseph《ジョゼフ》（熊肉の蒸し煮、フランソワ・ジョゼフ風）

フランソワ・ジョゼフとはオーストリア皇帝フランツ・ヨーゼフのことをフランス語読みしたものだが、フランツ・ヨーゼフ帝が熊料理を好んだものかどうかはさだかでない。そう昔の人ではないから、オーストリア領内にも熊はほとんどいなかったろうと思うのだが。

これは熊の腿肉をステーキに適当な大きさに切り、たまねぎ、にんじん、セロリなどの薄切りと香草とともに赤ワインに二日間漬け込み、油で焼いて焼き色がついたら野菜もいためて肉の周りに置き、漬け汁も加えて蒸し煮にする。焼き汁は漉してジュード・ヴォーとドゥミグラスを加え、これにシャンペンを加えて煮詰めてソースとする。

Escalpe《エスカロープ》 d'ours《ドゥールス》 poivrade《ポワヴラード》

熊肉をステーキとして適当な大きさに切り、少したたきのばして塩、コショウをふり、小麦粉をつけてバターで両面を焼き、ポワヴラードソースを用いて食す。

ポワヴラードソースは酢をカップ半分、コショウ、タイム、にんじん一片とたまねぎ大一個のあら切りを半量になるまで煮詰めて漉し、ブリュヌソース（バター六十グラム、小麦粉大匙一杯、ブイヨン、塩コショウを混ぜて十分煮たもの）を加えて十分ほど煮詰めてつくる。

そのほか文献には十数種類の熊料理が紹介されているが、これらフレンチの熊料理はいずれも筆者が食べたことがないのはもちろんである。

筆者が食べた熊の洋食といえば、ただ塩、コショウをふって焼いたステーキだけであるが、いやそれでも美味であった。

鹿料理

生で食べるとおいしいのだが……

鹿の最もおいしい料理は刺身である。熊だの猪だのは寄生虫のいる確率が高く、刺身で食べるべきではないが、鹿は安心だ。と、思っていたら、最近、E型肝炎ウィルスを持つ鹿がいて、これを食べた人が肝炎になったという事例があるので、やはり刺身はやめておこう。

「ルイベ」というアイヌの食べ物で、冷凍刺身というようなものもある。凍らせた鹿肉を半解凍くらいの感じで切るというより削って食べる。わさび、あるいは生姜醤油をつけて食べる。あるいは「カルパッチョ」というイタリア風刺身もある。厚さ五ミリ前後に薄切りした肉を皿に並べ、黒コショウをふりかけ、オリーブオイルと醤油をまぶし、みじん切りのにんにくと浅葱を散らし、レモン汁をかけて食べる。

こうした生肉料理はいずれも美味であったが、肝炎ウィルスがいるとなっては食べられない。幸い筆者は、いまだE型肝炎にはかかっていない。

タタキ

生で食べられないとなれば、刺身に最も近いのはタタキだ。肉の表面だけを直火で焼く。内部はレア状態。直火でなくフライパンで焼いてもできるが、網などにのせて直火で炙《あぶ》り、脂をしたたり落とすほうがよい。

表面が焼けた色になったら冷水で冷やし、冷えたら水から出して、布巾等で表面の水を吸い取る。これを厚さ五ミリ前後に薄切りし、すりおろしにんにくと醤油をつけて食べる。

酢物

鹿肉を薄切りにしてからゆでる。ゆでたら冷水に浸して冷やし、冷えたら冷水から取りだし、布巾等で表面の水を吸い取る。これに、すりおろした生姜をまぶし、酢にみりん少々を加えたものにしばらく浸しておき、これを食べる。

カラ揚げ

鶏の唐揚げと同じ要領。みりん醤油とたまねぎのすりおろしのタレに漬け込んだ肉を、てんぷら鍋で唐揚げにする。

タタキ風フライ

これは前記のフライのようにパン粉をつけて油焼きするのであるが、表面だけ焼き、内部はタタキのようにレア状態に保つものである。

付け焼き

まず、漬け汁をつくる。しょうが一かけらをすりおろす。にんにくひとかけらをすりおろす。乾燥とうがらし一～二本、長ねぎ四分の一本をみじん切りにする。これらを、醤油大さじ三、砂糖大さじ二、ごま油小さじ二、白ごま小さじ二と混ぜ合わせる。

これに肉を三時間ほど浸して、その後、フライパンか焼き網で焼く。

シシカバブー

本来は中東料理で、羊肉の串焼きであるが、これを鹿でやる。

鹿肉を食べやすい大きさに切り、単純に塩、コショウだけの味つけにするか、あるいは塩、コショウのほかにオリーブ油、たまねぎのすりおろしを混ぜたものに漬けこんでから焼くなど、味つけはさまざま。

シチュー

市販のビーフシチューのルーを買ってきて、牛肉のかわりに鹿肉を使うだけで、箱の説明書きにあるようにつくる。

フランス語で鹿はchvreuil《シュヴィルイユ》。しかし、細かいことをいうといろいろあって、フランスにはcerf《セール》（雌鹿はbiche《ビッシュ》）、日本の本州鹿のような白斑のあるdaine《デン》（その雌はdaine）、そして食用として最も好まれている小型の鹿がchvreuilと、この三種の鹿がいるようである。

日本で魚のブリが成長段階によっていくつかの呼び名があるように、これらの鹿も成長の段階によって呼び名がある。

セールの場合、生後六ヵ月までをfon（フォン）、六ヵ月から一歳までをhere（エール）、一～二歳をdaguet（ダゲ）またはjeune biche（ジューヌ・ビッシュ）、三歳までをtiersan（ティエール・アン）、四歳までをquatrieme tete（カトリエーム・テット）、五～六歳をdix cors（ディ・コール）という。

シュヴルイユの場合は、また年齢による区分が違っていて、生後十八ヵ月までがfaon、二歳までがbrocard（ブローカル）、あるいは雌の場合chevrette（シュヴレット）、それ以降はdaguet（ダゲ）という。

また、デンdaimでも年齢による区分が異なっていて、こちらの場合、八ヵ月までがfaon、二歳までがhereとなっている。

まあ、そんな区分にこだわりたくもないが。

Chevreuil《シユヴィルイユ》 steak《ステイーク》 grille《グリエ》（鹿の網焼き）

鹿肉をステーキとして適当な大きさに切り、塩、コショウをふり、オイルを塗って網焼きにする。メートル・ドテル・バターをのせ、フライド・ポテトと適当な野菜を添える。

Civet《シヴエ》 de《ドウ》 chevreuil《シユヴィルイユ》 a《ア》 la《ラ》 bouguignonne《ブールゴイニユ》（鹿の赤ワイン煮込みブルゴーニュ風）

肉を一口で食べやすい大きさに切り、塩、コショウをふり、ミルポワの野菜（たまねぎ、セロリ、にんじん、にんにくなど、だし汁、ソースなどをつくるとき、漬け汁をつくるのに使う野菜類）と香草類（タイム、パセリの茎、ローリエなど、「ブーケガルニ」としてセットで販売されているものを使うとよい）とともに赤ワインに二日間漬け込み、肉を取り出して焼き色がつくまで油炒めしたのち、漬け込みに使った野菜と漬け汁とともに鍋に入れ、ジュー・ド・ヴォー（子牛のだし汁）を加えて煮、取り出して別の鍋に暖めておく。

煮汁を漉して血とクリームを加えて煮詰めてトロみをつけ、塩、コショウ味を調えてソースとする。血は鹿のものがなければニワトリの血で代用しているレストランも多く、また、レバーをすりつぶしても代用になる。

これに小たまねぎの煮からげと、マッシュルームを添えて盛りつける。

Escalope《エスカロープ》 de《ドウ》 chevreuil《シユヴィルイユ》（鹿のカツレツ）

厚さ五～十ミリの鹿肉を少したたき伸ばし、塩、コショウをふり、小麦粉、溶きたまご、パン粉をつけてバターで両面を焼き上げる。

Côtelette《コートレット》 de《デ》 chevreuil《シユヴィルイユ》（鹿肉のコートレット）

コートレットは英語のカツレツに相当するが、カツレツというとパン粉をつける。コートレットは小麦粉をまぶすだけでパン粉はつけない。食べやすい適当な大きさに切った肉をミルポワの野菜・香草とともに赤ワインに二日間漬けたのち肉を取り出し、小麦粉をつけてバターで両面を焼く。

Gigot《ジゴー》 de《デ》 chvreuil《シユヴィルイユ》 rôti《ロテイ》（鹿腿肉の丸焼き）

骨つきの腿肉に豚脂の細切をピケ針という道具で多数埋め込む。これをミルポワの野菜、香草とともに赤ワインに二日間漬け込んでおき、肉を取り出してオーブンに入れ、オイルまたはラードをかけながら焼く。漬け込んだ野菜も肉のまわりに入れて焼く。野菜が焦げるようであれば漬け汁をそそぐ。肉野菜を取り出したあとの煮汁を漉して赤ワインとジュー・ド・ヴォーをそそいで煮詰め、コショウを加えてソースとする。つけあわせを適当に添える。

Filet《フイレ》 de《ドウ》 chevreuil《シユヴルイユ》 Cumberland《カンバーランド》（鹿肉のバター焼きカンバーランド風）

肉をステーキとして適当な大きさに切り、少したたき伸ばし、塩、コショウをふり、ミルポワの野菜と香草を振り散らし、サラダオイルをたらし、しばし浸しておいてからバターで両面を焼いて皿に盛る。それにカンバーランド・ソースをかけて食す。

カンバーランド・ソースは柑橘類の皮と赤すぐりの実からつくる甘いソース。これをつくるにはオレンジやレモンの皮を細かくきざんで茹《ゆ》で、冷水で冷ましておく。皮をむかれたオレンジやレモンの実のほうを絞った果汁に砂糖とポートワインを加え、「赤すぐり」のゼリーをまぜるが、日本でそこらで手にはいるわけもないのでイチゴジャムで代用し、火にかけて煮詰め、カタクリ粉かコーンスターチなどの澱粉を加えてトロみをだし、これにさきほどのきざんだ皮をまぜる。このソースは冷まして使う。

猪料理

牡丹鍋

これはまず、土鍋で猪の骨を煮てダシをとる。アクが浮いてくるのをすくって取り去る。骨がなければ昆布ダシでも市販の「かつおダシの素」でもかまわない。肉を薄く切って鍋に入れる。好みで酒も入れる。肉が煮えてきたころ大根の短冊切り、ごぼうのささがき、にんじんのささがき、長葱、白菜、こんにゃく、焼き豆腐、きのこ類（しいたけ、しめじ、えのき等）を加えて、あわせ味噌を溶かし込む。春菊を加えてできあがり。

これらの材料のなかには好みで入れないものもある。猪鍋に白菜は合わないという人もある。人により細かいところでいろいろ違う猪鍋がある。

焼肉

牛肉を使った焼肉と同じ要領である。猪は脂が多いから、鉄板に油をひかなくともよいくらいである。たまねぎ、しいたけ、えのきたけ、じゃがいもなど好みの野菜といっしょに鉄板の上で焼いて焼肉のタレをつけ、あるいは塩、コショウで食べる。酢醤油を好む人もある。サラダ油を使わずバターを使って焼き、肉が焼けたところにブランデーをかけ、蓋をして数分待つ、というのもある。

カツ

トンカツと同じである。カツに適した大きさの肉にコショウと、おろしにんにくを擦《す》り込んで三十分ほど置く。小麦粉をつけ、とき卵の中に漬け、パン粉をつけて油で揚げる。

すきやき

これも牛肉のすきやきと同じ要領である。鍋の底に油をひいて温め、薄切りにした肉をいため、醤油を入れ、ねぎ、糸こんにゃく、しめじ、白菜、とうふなどを入れて、好みに応じて適量の砂糖を加えて煮る。

牡丹鍋。猪肉を野菜、きのことともに味噌味にして食す

シシどんぶり

これは牛丼のような感じである。猪肉をまず水で煮る。肉が煮込まれて柔らかくなったところで小さく切ったたまねぎを入れ、醤油と砂糖で味つけする。これをライスの上にのせ、その上にとき卵をのせる。

味噌漬

肉を厚さ一センチほどに切り、塩と山椒をふりかけ、味噌に醤油とみりんを混ぜたものに漬ける。これをタッパーに入れて三〜六日たったころが食べごろで、鉄板あるいは網で焼く。

モツ鍋

内臓をブツ切りにし、大根その他、適当な野菜を加えて煮る。

猪も豚も親戚だから、そのほか豚を使う料理はなんでも猪に合う。猪カレーやシチューもよいし、肝臓はレバニラいためもうまい。

フランスのジビエ料理でも猪は重要な素材である。猪はフランス語で sanglier《サングリエ》 という。もっとも生後六ヵ月までのものは marcassin《マルカッサン》 といい、一歳のものを beterousse《ベートルース》 と呼んでいる。

Noisette de sanglier chasseur《ノワゼット ドウ サングリエ シャスール》（猪のステーキ、マッシュルーム）

肉をステーキとして適当な大きさに切り、ミルポワの野菜・香草とともに赤ワインに二日間漬け込み、肉を取り出してバターで焼き上げる。漬け汁にドゥミグラスとマディラ酒を加え、薄切りのマッシュルームを混ぜて煮詰めてソースにする。

Noisette de sanglier Magenta《ノワゼット ドウ サングリエ マジエンタ》（猪のステーキ、マジエンタ風）

肉をステーキに適当な大きさに切り、サラダオイルで焼き上げる。ポテトの薄いコロッケをつくり、その上に焼けた肉をのせ、ローヌソースをかける。ローヌソースは1／2カップの酢に五十グラムの砂糖を加えて煮詰めカラメルをつくり、このなかに少しのドゥミグラスを加える。

Civet《シヴェ》 de《ドゥ》 sanglier《サングリエ》 à la《アラ》 bourguignonne《ブールギニョーヌ》（猪の血入り煮込み、ブルゴーニュ風）

生後六ヵ月未満の猪を使えばシヴェ・ドゥ・マルカサンとなり、一歳の猪を使えばシヴェ・ドゥ・ベートルースと呼ぶことになる。

まず、赤ワイン、油、レモン汁、にんじん、たまねぎの薄切り、タイム、ローリエ、塩、コショウなどの漬け汁に二十四時間漬けておくことが推奨される。

この肉を取り出して食べやすい大きさに切り、たまねぎといっしょにバターでいため、小麦粉をふってこげ色がついてきたら赤ワインを加える。小たまねぎとマッシュルームを二十個前後バターいためして加え、漉した漬け汁も加える。蓋をして四十五分から一時間煮る。

血のソースは、煮汁に血と生クリームを混ぜて煮詰めてつくる。猪の血でなくともニワトリの血でよいし、レバーをすりつぶしても代用になる。

こうしてできた煮込みを皿に盛り、栗のピューレか、じゃがいもの細切りとクレソンを添える。

Roty《ロティ》 De《ドゥ》 sanglier《サングリエ》（猪のロースト）

猪のロース肉に塩、コショウをふり、バターを溶かした鍋に入れて百九十度のオーブンで五分間焼く。

これにマディラソースをかける。横にほうれん草の塩ゆで、きのこの油炒め、ヌイユなどを添える。

マディラソースは猪肉をローストした鍋に残っている余分な油を捨て、マディラ酒を加え半分になるまで煮詰める。これに猪のフォン（骨にサラダ油をかけ、オーブンで十分焼いたのち、炒めたにんにく、クローブ、黒つぶコショウ、ブーケガルニを加えた赤ワインで六時間ほど煮だした出し汁）を加えて半量になるまで煮詰める。

Pot-feu de sangrlier《ポトフードゥサングリエ》（猪のポトフー）

猪の背肉を鍋に入れ、鳥ガラスープ（本格フランス料理では、ただの鳥ガラスープではなく、フォン・ドゥ・ヴォライユといって、少々手のこんだ鶏のスープをつくる）を加えて沸騰させる。これに姫にんじん、姫だいこん、小たまねぎ、ブロッコリーを小房に分けたものを加え、塩、コショウを加えて二十分ほど煮る。

鍋を火から下ろし、猪肉を厚さ一センチほどに切り、皿に盛りつけ、鍋のなかの野菜も肉とともに皿に盛り、スープをかける。

ウサギ料理

ウサギ汁

適当な大きさの骨つきブツ切り肉を鍋に入れ、水炊きする。多量の酒も入れる。多量のアクが出るので、すくって捨てる。アクが出終わったら大根、白菜などを入れ、醤油や味噌で味をつける。
ノウサギは脂の少ない肉質なので、ゴマ油やあぶらげも加える。最後に豆腐とねぎを入れる。

ウサギの唐揚げ
ニワトリの唐揚げと同じ要領で、ウサギ肉を唐揚げにする。下味（醤油、にんにく、しょうが）をつけて、唐揚げ粉をつけて油で揚げる。

ウサギの串焼き
焼鳥のように、ウサギ肉をひと口で食べられる大きさに切る。塩・コショウ味にするもよし、酒・みりん・醤油・にんにくなどを煮詰めてつくったタレをつけるもよし、竹串に刺して焼く。
ノウサギはフランス語でLiévre《リエーブル》、飼いウサギはLapin《ラパン》である。

Liévre《リエーブル》 a《ア》 la《ラ》 royale《ロワイヤル》（王様のノウサギ）
ウサギの腹にフォワグラを詰め、赤ワインでまるごと煮たもので、日本人の多くはその姿を見ただけで仰天するだろうが、フランスでは高級料理である。ウサギ一匹が四人分。

内臓はすべて除去してもよいが、できれば心臓、腎臓、肝臓は腹腔に残しておく。

腹にフォアグラ約二百グラムを詰める。たまねぎ一個、にんじん二本、セロリ一本を乱切りにする。これを赤ワインに浸し、ブーケガルニ、ねずの実、クローブを加え一晩浸す。この汁と具を分離し、汁を沸騰させてシノワで濾過する。取り出しておいた野菜類をサラダ油で炒め、これと肉、香料をふたたび汁にもどし、弱火で三時間煮る。肉、野菜類をふたたび取り出し、汁を三分の一になるまで煮詰め、フォアグラを裏漉しして煮汁にまぜ、塩・コショウ味をつける。この鍋にウサギをもどしてもう一度軽く煮てでき上がりである。

Levraut a l'alsacienne《レヴローアアラルザシエーヌ》（アルザス風、仔ノウサギ）

レヴローとは仔ノウサギのこと。この料理も姿焼きである。

皮をはぎ、内臓を抜いたウサギに豚脂をピケ針という道具で多数植えつけ、バターをかけて蒸し焼きにし、一カップのブランデーを振りかけて火をつけアルコール分を燃やして皿にのせる。ザウアークラウト（酢漬けキャベツ煮込み＝このドイツ風なつけあわせがアルザス風なわけ）とチップ・ポテトを添える。焼き汁に一カップの白ワインを加え、ジュー・ドゥ・ヴォーを少し加えて煮詰めてソースをつくる。

Levraut《レヴロー》 piquee《ピケ》 rôti《ロティ》（仔ノウサギのピケ・ロースト）

これも姿焼きであるが、腹に詰め物をする。

ウサギの背と股一面に豚脂をピケ針で埋め込む。細かくきざんだたまねぎをバターでいため、細かくきざんだマッシュルームとパセリを加え、パン粉、塩、コショウ、ナツメグ、卵黄を混ぜ合わせてウサギの腹に詰めて糸で閉める。オーブンに入れてバターをかけて焼き、輪切りにして皿に盛る。

ソースはピカントソースを用いる。ピカントソースはバター六十グラム、小麦粉大匙一杯、ブイヨン、塩、コショウをまぜて十分ほど煮て、子きゅうりのピクルス三個前後とエシャロットの薄切り、ピクルスの漬け酢大匙一杯を合わせて十分ほど煮てつくる。

Civet de lièvre《シヴェドゥリエーヴル》（野ウサギの赤ワイン煮込み）

食べやすい大きさに切ったウサギ肉に塩、コショウをふり、ミルポワの野菜・香草とともに二日間、赤ワインに浸しておく。肉と野菜を取り出し、水気をきってフライパン等で炒め、ふたたび漬け汁とともに鍋で煮る。肉が柔らかく煮えたら鍋から取り出し、煮汁を漉してまた肉とともに鍋に入れ、小たまねぎとマッシュルームを煮て、たまねぎが柔らかくなったころに血とクリームを加えてトロみをつける。

Lapan al'andersen《ラパンアラアンデルセン》（アンデルセン風穴ウサギ）

童話作家アンデルセン（デンマーク人）風ということであるが、どういういわれがあるのか知らない。

ウサギ肉をひと口で食べやすい大きさに切り、バターで焼き色をつけ、小麦粉をふって炒め、少し色のついたところでビールをそそぎ、塩、コショウをふり、小たまねぎ、にんじんを小さく花などの形に切ったもの、ローリエの葉一枚、パセリの茎を加えて一時間ほど煮込み、薄切りのマッシュルームを加えて、さらに少し煮て出来上がり。

Côtelettes《コートレット》 de《ドゥ》 lapin《ラパン》 Diane《ディヤーヌ》（アナウサギのカツレツ・ダイアナ風）

ディヤーヌとは英語ではダイアナだが、悲劇の皇太子妃のことではなく、ギリシャ神話の狩りの女神のこと。

一度、火を通したウサギ肉と、たまねぎ、マッシュルームを細かくきざんでコロッケの形にし、小麦粉、溶き卵、パン粉をつけて油で揚げるかバターで焼く。皿の中央に栗のピューレを盛り、その周囲にコロッケを並べる。ソースはコショウ味の強いドゥミグラスソースに生クリームを混ぜたものを用いる。

アナグマ料理

焼肉

アナグマの肉を薄く切り、網で焼く。塩・コショウ味もよし、生姜とニンニクをすりおろして醤油と混ぜたタレ、あるいは好みの焼肉のタレを使うのもよい。

マミ汁（アナグマ汁）

鍋物に適した大きさに肉を切る。骨つき肉にするか肉だけを使うかは好みによる。肉をフライパンで炒める。この肉を、ゴボウのささがき、ダイコン、にんじんのいちょう切り、こんにゃく（手でちぎる）、しいたけ（四つ切り）、ハクサイ、ネギ、豆腐を入れて、味噌味または醤油味で煮込む。

アナグマはフランス語でblaireauだが、どうもフランスのジビエ料理でアナグマ料理というのを見聞していない。

スズメ料理

スズメはうまい。しかし小さいので、料理は丸焼きのヤキトリしか見聞していない。中国では竹串に三羽か四羽を刺して油で揚げたものを屋台で売っているが、どうも日本式のタレをつけたヤキトリのほうがうまい。

毛をむしるというよりは、小さいので引っ張れば皮ごと剥ける。翼の関節から先、膝の関節から先を切り落とす。

腹を開いて内臓を捨てる。なにしろ小さいので、獣や大きな鳥をさばくようにはいかないが、腸だけ出すくらいでよい。しかし、はさみを使って胸も切り開くならば内臓も出しやすくなるし、さらに食べやすくなる。小さなスズメの素嚢など気にならないが、やってみて食べてみて気になるなら素嚢もとる。クチバシをハサミなどで切り落とす。クチバシだけでなく頭を前半分切り落とすとか、頭は全部とるとか、人により多少流儀は異なる。

包丁の背中でたたいて骨を粉々にしておくと食べやすくなる。しなくても、若くて歯のじょうぶな人なら、気にならないくらいの骨であるが……。

みりん・醤油・酒でタレをつくる。市販の焼き鳥のタレでもよい。三十分でも二時間でも適当にスズメをタレに漬け込んで焼く。漬け込んでおく時間も惜しくて早く食べたいなら、焼きながらタレを塗る。

フランス語でスズメはMoineau《モワノー》。フランス・レストランのメニューでスズメ料理を見たことがなかったので、フランス料理にスズメは存在していないのかと思っていたが、文献を調べてみるとあった。

Moineau grillee《モワノーグリエ》（スズメの網焼）

背から切り開き、腸を抜き、骨をよくたたいて平らにし、塩、コショウをふり、串に平らに刺してオイルを塗って網焼きにする。つけあわせに細切りフライドポテトを添え、ソースはジュー・ドゥ・ヴォーにバターをまぜて煮たものを用いる。

Moineau《モワノー》 a《ア》 la《ラ》 chasseur《シャスール》（狩人風スズメ）

背から切り開き、骨をたたいて平らにし、塩、コショウをふり、バターで両面を炒め、白ワインをふりかけ、細かくきざんだたまねぎと薄切りのマッシュルームを炒めてスズメの上に散らし、レモン汁をふりかけ、ソースはドゥミグラスに生クリームを加えて煮たものを用いる。

ムクドリ、ヒヨドリ料理

ムクドリ、ヒヨドリは最近、狩猟鳥類に指定されたものなので、料理方法などまだこれからの課題であろうか。まあ、タレをつけて焼鳥にすればよかろう。スズメより大きいので命中させやすいが、食べるとなると、スズメのように丸焼きにして骨ごとかじるには骨が硬く、骨から肉をはずして料理するには小さい。

とくにムクドリは骨が硬い。ある人がミートチョッパーで肉も骨も粉砕して肉ダンゴにしてみたが、一～二ミリに粉砕された骨も硬くていけなかった、ということである。やはり骨から肉を剥がして食べるしかないであろう。

ヒヨドリはあまり骨が硬くない。毛を抜いたあと、魚を開くように胸・腹を切り開き、内蔵を取り除いてから包丁の背中でとんとんたたいて骨を砕くと、骨ごと食べられるようにできる。塩、コショウで焼いてもいいし、ウナギのタレをつけて焼いてもよい。あるいはカラ揚げもよい。ムクドリより断然うまい。

ムクドリ、ヒヨドリは東アジアの鳥なので、西洋ジビエ料理のメニューにはない。

ハト料理

焼き鳥

ハト肉をひと口の適当な大きさに切り、串にさして焼く。塩焼き、タレ焼き、味噌焼き、いずれも可。あるいはフライパンでバター焼きもよい。

ハトの朴葉《ほお》焼き

ハトを焼酎と醤油のタレに三十分ほど浸し、取り出したら甘めの味噌にたまねぎのみじん切りを混ぜたものを腹腔に詰める。オーブンで二十分ほど焼いたのち、さらに表面にたまねぎ味噌を塗って朴の葉でつつみ、さらにアルミフォイルでつつんで、ふたたびオーブンで十五分ほど焼いて完成。

フキの葉でつつむというのもあるし、オーブンでなく焚き火の灰に三十分ほど埋めて焼くというのもある。

Pigeon《ピジョン》 sauté《ソーテ》 a《ア》 la《ラ》 munute《ミニュト》（ハトの一分間炒め）

ハトはフランス語でもpigeon《ピジョン》という。フランス料理というと、めんどうなものが多いが、これは簡単。ハトを四つに切り分け、細かくきざんだたまねぎとともにバターで炒め、ブランデーをふりかける。皿の中央にマッシュルームのバター炒めを盛ってパセリをふり、その横に鳩を盛りつける。

Pigeon《ピジョン》 a《ア》 la《ラ》 Sylvain《シルヴァン》（シルヴァン風ハト）

シルヴァンというのは、森の妖精風という意味。名前もよいし、つくりかたも簡単だ。ハトを四つに切り分け、これとしいたけを塩、コショウ、バターで炒め、セイジとレモン汁、白ワインを加えて煮込む。

Pigeon《ピジョン》 farcis《ファルシ》 au《オー》 Chambertin《シャンベルタン》（ハトの詰め物・赤ワイン煮）

豚肉と豚脂、鶏肉をミンチにして混ぜ、薄切りのマッシュルームを加えて塩、コショウ、バターで炒めたものを鳩の腹腔に詰め、鍋に入れてバターで蒸し焼きにする。あるていど火が通ったら赤ワインを加えて煮る。煮あがったハトはふたつに割って皿にのせ、ソースは煮汁を煮詰めてバターを加えたものを用いる。

Pigeon《ピジョン》 à《ア》 l'anglaise《ラングレーズ》（英国風のハト）

ハトの腹腔に、たまねぎと鶏のレバーを細かくきざんでまぜて炒め、パン粉、塩、コショウ、ナツメグを加えた詰め物をし、鍋で蒸し焼きにする。これをふたつ割りにして盛りつける。ソースは焼き汁をそのまま使う。

Pigeon《ピジョン》 à《ア》 l'eslagnole《レスパニョル》（スペイン風のハト）

ハトを背から開いて平らにし、塩、コショウをふり、鍋にバターを溶かして焼く。焼き色がついたところで一度取り出し、その鍋にたまねぎをきざんで色がつくまで炒め、白ワインをそそぎ、コンスターチなどの澱粉をブイヨンで溶かしてトロみをつけ、ひとつまみのパプリカを加えたなかにハトを入れて煮る。

Pigeon《ピジョン》 à《ア》 la《ラ》 parisienne《パリジエーヌ》（パリ風のハト）

レモンを半分に切り、切り口をハトの表面に塗り、塩、コショウをふりかけ、鍋にバターを溶かしたなかに入れ、焼き色がついたところでブイヨンをそそいで三十分ほど煮る。オリーブの実の芯を抜いて茹でたものとクルミの皮をむいたものを加えて、さらに二十分ほど煮込み、生クリームをつぎ、グリーンピースをまぜて出来上がり。

ハトはヨーロッパだけでなく、アジア諸国でもアフリカでも、世界じゅうでよく食卓にのぼる鳥で、日本でハトを食べることが一般的でないのが不思議なほどである。

中国には、酔鳩＝紹興酒に漬け込んだハト料理、竹節鴿中皿＝ハトの挽肉を竹の筒に入れて蒸したもの、焼乳鴿＝ハトのロースト、生菜片鴿崧＝ハトの挽肉のレタス包み、など多くの料理が見られる。

中東では、マハシといってハトの腹腔にライスやレバーやたまねぎのみじん切りを香辛料とともに詰めてブイヨンで炊き上げたものが有名だが、そのほか名前を知らないハト料理がたくさんある。

シギ料理

筆者は、和食のシギ料理を知らない。「シギ壺焼」という茄子料理があって、現在ではシギの肉は使われていないが、これは昔は茄子の中をくりぬいて本当にシギの肉を詰め、柿の葉で蓋をし、蓋がはずれないように藁でからげて酒で炒め煮し、本当にシギである証拠に蓋の柿の葉にシギの嘴を刺しておいたものだという。もっと和食のシギ料理はありそうに思うのだが、まったく情報がない。西洋のジビエ料理では重要な食材であり、多くの料理がある。

タシギはフランス語で becassine《ベカシーヌ》、ヤマシギは becasse《ベカス》と言う。

Bécasses àlal'cantara《ベカスアラルカンタラ》（ヤマシギの赤ワイン煮込み）

鶏のレバーと、すでに火を通してあるしいたけとをきざんでシギの腹腔に詰めて糸で止める。シギをミルポワの野菜と香草とともに赤ワインに二日間漬け込み、引き上げて、バターを入れた鍋で焼き、焼き色がついたころミルポワの野菜を入れ、つぎに漬け汁も加えて蒸し煮にしてから取り出して糸を抜く。煮汁は漉して煮詰め、ジュー・ドゥ・ヴォーを加えて濃度のつくまで煮詰め、もとの鍋にふたたびシギを入れて、この煮汁をそそいで蓋をして熱くして完成である。

Bécasses《ベカス》 farcia《ファルシ》 à《ア》 l'écaillère《レカイエール》（ヤマシギの詰め物牡蠣添え）

除去した内臓のうち砂袋だけは捨て、残りは細かくきざみ、これに細かくきざんだたまねぎ、鶏レバー、マッシュルーム、火を通した牡蠣（黒い所は捨てる）、ベーコンの焼いたものなどを炒める。これに塩、コショウ、パプリカをふり混ぜ、シギの腹腔に詰める。バターを入れた鍋でこれを蒸し焼きにし、二つ割りして皿にのせる。これとはべつに、牡蠣を白ワインで火を通したものを添えた上にレモン汁とパセリをふる。

Bécassine《ベカシーヌ》 rôti《ロティ》（タシギのロースト）

シギをフライパンに入れ、白ワイン、コショウ、ねずの実をふりかけ、百九十度のオーブンで三分間焼く。

ソースは、フライパンに残った余分の油を捨て、マッシュルームのみじん切りを適宜加えて炒め、フォン・ド・ヴォライユを加えて煮込む。これにバターを加えて塩、コショウを混ぜて味をととのえる。
つけあわせにフライドポテト、きのこソテーなどを添える。

キジ、ヤマドリ料理

日本の国鳥となっているくらい、日本で昔から猟の対象として好まれてきたので、日本料理の種類も多い。キジとヤマドリは日本では別の鳥として扱われているが、ヨーロッパではヤマキジとして考えられている。料理については同じに考えてよい。

キジの刺身

胸肉を刺身として食べやすい大きさに切り、ザルにならべ、沸騰した湯に数秒間浸し、水切り後、冷やしてワサビ醤油で食べる。

キジの焼き鳥

肉だけでなく、肝臓や心臓も使う。長ねぎと交互に串に刺して塩焼き、あるいはタレ焼きにする。

キジの水炊き

鶏の水炊きと同様である。土鍋に水を入れ、骨ごとブツ切りにして煮る。アクが浮いてくるのは取る。これに白菜、大根、長ねぎ、しいたけ等を加え、ポン酢で食べる。

キジの寄せ鍋

肉と骨は分離し、まず骨（ガラ）を煮てスープをつくり、これを土鍋に入れて醤油・塩等で味つけし、肉、白菜、大根、長ねぎ、しいたけ等の野菜を煮込んで食べる。

キジ飯

小さめにきざんだ肉を細切りのにんじん、しいたけ、油揚げ等で炊き込み御飯にする。

キジ丼

醤油・みりん・砂糖などを煮てタレをつくる。フライパンに油を少々入れ、ひと口大に切ったキジ肉をいため、さらにタレをかけて煮る。丼飯に肉を盛りタレをかけ、三つ葉を散らし、山椒をふりかけて食べる。

キジ酒

キジの胸肉を強めの塩で両手揉みし、キツネ色に焼いて、爪くらいの小片に切り、熱燗の徳利に数分浸すとコクのある美酒となる。古来、宮中などで慶事酒として親しまれてきたものである。

Faisan rôti《フエザン ロテイ》（キジのロースト）

キジはフランス語でfasan《フエザン》。フランス料理でも重要な素材である。キジの胴体に塩、コショウをまぶす。腹腔内にも塩、コショウを塗る。ベーコン数枚を凧糸で縛る。たまねぎ、セロリをざく切りにし、塩、コショウ味をつける。レモンスライス二枚とともに腹腔に詰める。あまったたまねぎ、セロリのざく切りはキジの外側に置かれ、いっしょにオーブンで焼かれる。バターとブランデー少々も腹腔に入れ、チキンスープをたっぷりかける。腹腔内にもスープを入れ、百九十度のオーブンで約一時間焼く。途中でひっくり返し、スープを何回かける。焼きあがったら皿に盛りつける。

Côtelette de Faisan《コートレット ドウ フエザン》（キジのカツレツ）

胸肉をカツとして食べやすい大きさに切る。塩、コショウをふり、白ワインをふりかけてしばらく置き、小麦粉、卵、パン粉をつけてバターで焼くか油で揚げる。

Faisan à l'edourd《フエザン ア レドアール》（エドワード風のキジ）

英国国王の名が冠せられているわりには庶民的な料理である。キジ肉をブツ切りにして塩、コショウし、小麦粉をつけてバターを入れた鍋で炒め、厚切りのマッシュルームを混ぜ、赤ワインをそそいで蒸煮にする。べつにキジのレバーとニワトリのレバー、しいたけを薄切りにしてバターで炒め、赤ワインをふりかけ、キジ肉を皿の中央に盛り上げ、レバーを周囲に置く。

Suprême《シュープレーム》 de《デウ》 faizan《フエザン》 a la《アラ》 crème《クレーム》（キジ胸肉のクリーム煮）

胸肉を適当な大きさに切り、バターで軽く色がつくまで炒め、マッシュルームのみじん切りを散らし、白ワインをそそぎ、少し煮てから生クリームと牛乳を加えて煮込む。

Faisan《フエザン》 sauté《ソーテ》（キジのソテー）

キジ肉を適当な大きさに切り、塩、コショウし、鍋にバターを入れて炒めたのち白ワインをふりかけて皿に盛り、この残り汁にダシ汁を加え、よく煮詰めてバターを加えてソースとする。

Faisan《フエザン》 sauté《ソーテ》 a la《アラ》 cannaise《カネーズ》（キジのソテー・カンヌ風）

キジ肉を適当な大きさに切り、塩、コショウをふり、小麦粉をつけてバターで焼き色をつけ、白ワインをそそいで蒸し煮してから皿にのせる。数匙のブランデーとトマトソースを混ぜてソースとする。つけあわせには皮をむいた茄子の輪切りのカラ揚げ、四つ割りのトマトを油で軽く炒めたものを添える。

コジュケイ料理

キジと同様の料理方法がある。また、骨・肉・皮ともに出刃包丁で微塵にたたき、小団子にして吸い物の具にもよい、という話であるが、筆者は具体的なコジュケイの和食の例を知らない。

中国原産の鳥であって、ヨーロッパにはいないので、西洋のジビエのメニューにはないが、Perdrix《ペルドリ》英語でPertridge《パートリッジ》というのが、ほぼコジュケイに近い鳥だということで、ここではペルドリ＝コジュケイということでフランスのジビエを紹介する。

Perdrix《ペルドリ》 à《ア》 la《ラ》 tzigane《ツイガーヌ》（ボヘミア風コジュケイ）

背から切り開き、内臓を除去し、塩、コショウをふり、バターを塗ってパン粉に少し小麦粉をまぜてふりかけ、バターをたらしてオーブンで焼く。これを二つに切り分けて皿にのせ、その周りにマッシュポテトとマッシュキャロット、炒めたマッシュルームを配置する。ジュー・ドゥ・ヴォーを煮詰め、大匙一杯のレモン汁と大匙一杯のバターを加えたものをソースとする。

Suoreme《シュープレーム》 de《ドゥ》 perdrix《ペルドリ》 à《ア》 la《ラ》 Chantilly《シャンテイイー》（コジュケイの煮込みシャンティイー風）

胸肉だけをバターで炒め、白ワインをそそぎ、ドゥミグラスに生クリームを加えて煮込む。つけあわせにレンズ豆の裏漉しと鶏レバーをすりつぶしたものをまぜて添える。

Perdrix《ペルドリ》 à《ア》 la《ラ》 crème《クレーム》（コジュケイのクリーム煮）

土鍋にバターを溶かした鍋にコジュケイを入れて焼き色をつけ、にんにく一かけを細かくきざんで散らし、塩、コショウをふり、生クリームと牛乳で煮込み、この土鍋のまま食卓に供する。

Perdrix《ペルドリ》 farcis《ファルシ》 à《ア》 la《ラ》 forestière《フォレスティエール》（コジュケイの詰め物焼き森林風）

除去した内臓のうちレバーと腎臓は細かくきざみ、ベーコンとマッシュルーム、パセリの微塵切りとまぜて腹腔に詰め、薄切りのベーコンで巻いて止め、四十分間オーブンで焼く。これを二つに切り分けて皿にのせ、マッシュルームまたはしいたけをきざんでバターで炒め、ジュー・ドゥ・ヴォーで煮からげてパセリをふりまぜたものを添える。

バン料理

バンの丸焼き

これはただ丸焼きにするだけでなく、腹に詰め物をするとよい。詰め物は牛肉、たけのこ、しいたけ、ねぎ、しょうが、ザーサイなどをこまかく切り、醤油、砂糖、酒、化学調味料などで味つけして油でいためる。これをバンの腹に詰めて、ひもで縛り、タレをつけてオーブンで三十分くらい焼く。

バン飯

バンの肉とあぶらげ、ごぼう、しいたけ、わらびまたはぜんまいなどを混ぜ、かつおだし汁でた炊き込んだものである。バンの肉が足りなかったら買ってきた鶏肉を補ってもよい。あるいは牛肉のすき焼きと同じ要領でバンのすき焼き、牛どんと同じ要領でつくるバンどんぶり、さらにシンプルに鉄板焼きなどがある。

バンはヨーロッパにはいないので、西洋ジビエ料理のメニューにはない。

ライチョウ料理

ライチョウはフランス語でGelinotte《ジエリノツト》。もっともエゾライチョウはGrouse《グルーズ》だろうという話も聞くが、そのあたりの正確なところは筆者とてもわからない。ともかく北国の鳥なので実際にはフランスでは手に入りにくく、イギリスでも貴重品で、スウェーデンなど北欧でポピュラーな猟鳥である。

Gelinott《ジェリノット》 à《ア》 l'anglaise《ラングレーズ》（英国風のライチョウ）

ライチョウを三十～四十分、牛乳に漬けておき、塩、コショウをして胸に薄切りベーコンをのせて二十分ほど蒸し焼きにし、皿にのせて薄切りのフライドポテトを添える。

Supreme《シュープレーム》 de《ドゥ》 gelinotte《ジェリノット》 à l'nperiale《アランペリヤール》（ライチョウの胸肉バター焼き皇帝風）

インペリアールと称するわりには簡単だ。胸肉をバターで炒め火を通し、マディラ・ワインをそそぎ、皿にのせてマディラソースを少しかけ、ハムとマッシュルームの薄切りを炒めたものを散らす。

Côelette《コートレット》 de《ドゥ》 gelinotte《ジェリノット》（ライチョウのカツレツ）

ライチョウの胸肉を、そのままでは厚みがあるので切り開いて、塩、コショウし、小麦粉、卵、パン粉をつけてバターまたはオイルで揚げる。つけあわせはグリーンピースのバターあえ、アスパラガスなどを用いる。ソースはドゥミグラスソースにマディラワインを加えてまぜたものを用いる。

Grouse《グルーズ》 au《オー》 whisky《ウイスキー》（エゾライチョウのウイスキーかけ）

ライチョウの腹腔にブドウの実を十粒ほど詰め、胸に薄切りベーコンをのせて止め、オーブンで二十五分ほど焼いたのち、四分の一カップほどのウイスキーをふりかけ、アルコール分を燃やし、四分の一カップほどのジュー・ド・ヴォーをそそぎ、さらに五分焼く。皿の上に油で揚げたパンを敷き、その上に雷鳥をのせる。ソースは焼き汁に塩、コショウ味をつけ、バターをまぜたものを用いる。

Grouse《グルーズ》 à《ア》 la《ラ》 crème《クレーム》（エゾライチョウのクリーム蒸し）

バターを入れた鍋で雷鳥に焼き色をつけ、細かくきざんだにんにくを少量加えてまぜ、白ワインと生クリームを加えて蒸し煮にする。雷鳥を皿に取り出し、煮汁に塩、コショウを加えてソースとする。

ウズラ料理

ウズラは江戸時代ころまでは日本でも、わりあい食べられていた鳥である。美味であるうえに体によい食材だとさえいわれていた。だから日本料理のウズラのレシピはいろいろあるだろうと思うのだが、意外に情報がない。

養殖のウズラの卵がたくさん販売されているのだから、ウズラ肉がなぜ一般に流通していないのか不思議である。おいしい鳥なのに。たたいて団子にし、お吸い物に入れるとか、タレをつけて焼き鳥にするというのがある。

ウズラはフランス語でカイユ caille《カイユ》という。

Cailles à la milanaise《カイユアラミラネーズ》（ミラノ風のウズラ）

背から開いて胸骨と肋骨を除去し、塩、コショウし、小麦粉をつけ、おろしチーズを混ぜた溶き卵をまぶしてバターで焼く。レモン汁と白ワインをふりかけ、薄切りのマッシュルームを混ぜたマディラソースを用いる。

Cailles petit-duc《カイユプティ・デュク》（小公爵風ウズラ）

背から開いて平らにたたき、塩、コショウ、パプリカをふり、バターを塗り、パン粉をつけてオーブンで焼く。皿にのせ、まわりにマッシュルームの炒めたものを配置する。ソースはジュー・ド・ヴォーにマディラ酒と洋ワサビを加えたものを用いる。

Cailles prince Albert《カイユプランスアルベール》（アルバート公風のウズラ）

アルバート公というのは、十九世紀イギリスのヴィクトリア女王のお婿さん。細切りのフライドポテトで鳥の巣の形をつくり、蒸し焼きにしたウズラを入れ、さらにウズラ摺り実を卵の形と大きさにして蒸したものと、マッシュルームに孔をあけて栗を入れたものを配置する。マディラソースを用いる。

Cailles en pomme《カイユアンポーム》（ウズラのりんご詰）

ウズラを背から開いて骨を全部取り除き、平たい一枚の板にする。べつにベーコンと鶏のレバーを炒めてブランデーとシェリー酒を加え、少し煮てからきざんでさらに擂り潰し、塩、コショウ、ナツメッグ、オールスパイスを加え、生クリームとバターでのばす。これをウズラの肉で細長くつつんだものを、りんごの芯をくりぬいた（ただし底を残す、貫通させない）なかに入れ、オーブンで三十分ほど焼く。

Sauté cailles《ソーテカイユ》（ウズラのソテー）

ウズラの胸を開き骨を除去する。塩、コショウをまぶし、サラダ油とバターで炒める。ポルトソースは、除去した骨をたたいたものとたまねぎ、にんじん、マッシュルームのみじん切りをまぜ、サラダ油で炒める。これにコニャックとポルト酒を加えてさらに炒め、フォン・ド・ヴォーを加えて煮る。アクをすくい取る。シノワで濾過してさらに煮詰め、最後にバターを少々溶かしてソースのでき上がり。

炒めたウズラを皿に盛り、マッシュルームとセップ茸のバター・ソテーを添え、ソースをかける。

Sauté cailles au salades《ソーテカイユオーサラッド》（ウズラのソテー・サラダ添え）

ウズラをたっぷりのクルミ油とバターで炒める。油をすくってかけながら炒める。「揚げる」に近い。

これをいくつかに分割し、ハチミツにタイム、セージ、クミンなどの香辛料を加えたものを肉の表面に塗って、バーナーの炎でカラメル状に焼く。これにレタス、エシャロット、パセリなどのサラダとウズラの目玉焼きを添える。

カモ料理

カモの焼肉

適当な大きさに切った鴨肉を好みのタレに漬け、焼肉用鉄板あるいはスキ焼き鍋でネギとともに焼く。

お狩場焼

宮内庁御猟場料理として有名である。長方形のコンロの炭火の上に鉄板をのせ、カモ肉をネギといっしょに焼き、大根おろし醤油で食べる。

カモのたたき

カモ肉を皮のほうから、よく熱したフライパンで軽くこげめがつくていどに焼く。ひっくり返して赤身のほうも軽く焼く。表面だけ焼けば中は生でよい。これを氷水で冷やし、薄切りし、ポン酢にもみじおろしで食べる。

カモ南蛮

ソバ屋で鶏肉を使っているのに「カモ南蛮」という名前にしているのが多いが、本物のカモ南蛮をつくってみよう。適当な大きさに切ったカモ肉を長ネギといっしょに、水、醤油、酒少々に砂糖を加えて煮て、これをソバにのせる。

カモ鍋

筆者はカモ鍋をつくるとき、カモの骨を使ってダシをとったが、そうしないでコンブやかつおのダシを使う人も多いようである。骨を使った場合、アクが浮いてくるので、すくって捨てる。これに白菜、しいたけ、春菊、とうふ、えのき、長ねぎ、ごぼうのささがき等を加え、カモ肉は煮すぎないように最終段階で入れる。ポン酢にもみじおろしで食べる。

海ガモ類はクセが強いので、味噌味の鍋にしたほうが美味い。

串焼き

ほかの焼き鳥類同様、ひと口大に切ってネギと交互に串に刺しタレをつけて焼く、あるいは塩焼きにする。

その他、カモの和食は数えきれないほど種類がある。